中公文庫

男のイメージ

男らしさの創造と近代社会

ジョージ・L・モッセ
細谷　実／小玉亮子
海妻径子 訳

中央公論新社

目次

凡　例

一、本書は George L. Mosse, *The Image of Man: The Creation of Modern Masculinity* (New York, 1996) の全訳である。
一、本文中の＊1、＊2は原注の番号を、†1、†2は訳注の番号を示す。
一、本文中の〔　〕は訳者による注記である。

男のイメージ——男らしさの創造と近代社会

第1章　序論——男らしさのステレオタイプ

「男らしくあるためには、かくあるべし」。西洋文化の中には男らしさ（masculinity）についての明確なイメージが広く行きわたってきた。男らしさの理想は、個人あるいは国家の再生の象徴として、近代社会がみずからを定義する基盤として、あらゆる場面で引き合いに出されてきた。男らしさは、近代のさまざまな危機に際して現存する秩序を擁護するものと考えられることもあれば、変革を求める者には欠かせない属性の一つと見なされることもあった。実際、一九世紀もしくは二〇世紀前半に、「男になれ（be a man）」という呼びかけはありふれたものになっていた。本書では「man」という言葉をたえず使用するが、これはジェンダーとしての「男性」のことで、一般的な意味での「人間」を指すものではない。

では、あまりに遍在しているために歴史家たちがたいてい自明視してきたこの概念は、何を意味しているのだろうか？　近代的男性性という概念は、人間の本質と人間の行動についてのある明確な見方を表していた。それはさまざまな大義に貢献しうるものであり、近代のイデオロギーのほとんどすべてに影響を与えずにはおかなかった。それは人間本性の理論として十分に具体的かつ明確であり、容易に検証しうる首尾一貫した体系を成していた。男らしさの理想は一八世紀後半以降という比較的短い期間においてほとんど変化せず、意志の力、名誉、勇気など、いわゆる男らしい諸徳を表していた。本書を満たしているそれら、男らしさの属性とされてきたものは、今日でもなお、我々の言語生活の中枢近くにとどまっている。劇的な大変動というものは起きなかった——二〇世紀の終わりに向かって変化が加速しつつ進んでいるにしても。

私はこれまで男らしさの概念を、ナショナリズムをはじめとするさまざまな文脈で扱ってきた。しかし、単に副次的な記述としてであった。焦点は、例えば右翼運動や世界大戦の記憶の改変など、別の枠組みにあった。だが男らしさの理想も舞台の中心を占めるに値する。なぜなら、それは国家的独立や市民的価値観《リスペクタビリティ》†1や戦争についての観念形成に決定的な役割を果たすにとどまらず、近代の歴史のほとんどすべての局面に存在し影響を及ぼしたからである。近代的男性性は、固有の意義を持つ一つの歴史的出来事として分析されなければならない。だがそれは、近代社会のさまざまな不安や希望とも絡み合っている。したがって、男らしさの理想を検討することは、通常「男性的」と見なされるナショナリズムやファシズムのみを扱うだけでなく、社会主義や共産主義、そして何よりも標準的《ノーマティヴ》な社会の理想や機能も扱うことも意味しているのである。

近代的男性性は、道徳や振る舞いの標準的パターンと見なされてきたもの——すなわち、過去数世紀の社会環境において培われてきた典型的で適切とされる振る舞いや行動の仕方——の決定に関わると同時に、そこからの影響も受けてきた。本書で見るように、そうした社会の形成に中心的役割を果たしたのは中産階級だったが、その規準は貴族階級と労働者階級の双方にも広がっていた。実際、一九世紀初頭以降、男らしさの理想はきわめて確固たるものとなったために、西ヨーロッパにおけるあらゆる運動《ムーヴメント》はその理想と対決しなくてはならず、時にその属性のどれか一つを強調したり、あるいはその方向性を変えようと試みたりしながらも、その理想を取り入れなくてはならなかった——本書の終わりで論じるような最も手強い挑戦に直面するまでは。

本書は、標準的なものとなったステレオタイプ〔固定的・画一的な型〕の発展についての書であり、男らしさについての人それぞれによる定義を論じるものではない。あるいはまた、主流の近代的男性性のステレオタイプの礎石が組織化された時期に、ロマン主義運動[*1]に影響を与えた「繊細な男性《センシティヴ・マン》」などの理想も論じない。近代的男性性の歴史を調べ、焦点を合わせる方法は数多くある。例えば意志の力や自制心（「真の男は泣かない」）のような男らしさのいくつかの属性に注目することもできる。しかし、男らしさが各時代において実際どのように認識されていたかを知るためには、我々はそれを総体として見なければならない。

男らしさはまさにその始まりから、一つのまとまりとして扱われてきた。身体と魂、外面的な容姿と内面的な徳は、一つの調和的な全体を形づくり、各部位があるべき場所にある完璧な構成物をなすと考えられていた。近代的男性性は、ウェブスター辞典が「他者の固定した表象」と定義しているような意味でステレオタイプであり、規格化された心象を提示していた。そのような像が効力を持つためには首尾一貫していなくてはならず、逆に、内面化された視覚的イメージないし心象は、個人の価値を判断するために、今度は外面的な容姿の認識に依拠している。ステレオタイプは人間の本性を物象化し、一目見て理解しやすく、判断しやすくするのである。

目まぐるしい変化をともなう近代という時代にあって、抽象的なものを具象化するために象徴が探求されたが、そうした近代にステレオタイプはその真価を発揮した。かつては、体裁が重要であり、男たちは礼儀作法に従って振る舞うものだと考えられていたとしても、近代におけるようなステレオタイプは存在しなかった。男性の名誉の概念はかなり以前から重要で、それが近代に持ち込まれてきたことについては後述する。

近代的男性性の理想がいつ生まれ、近代の歴史の一部となったのか、正確な時期を指し示すことはできないが、一八世紀後半から一九世紀初頭の間のどこかの時点で生まれた。それ以前から近代的男性性の構成要素は存在していたが、近代の始まりにおいて初めて組織化され、一つのステレオタイプになったのである。その時、人体の構造の重要性が、装飾品の重要性に勝ると言わないまでも等しく重要なものになった。男らしさのステレオタイプは、男性の身体的自然に基盤を持つ全体性として考えられたのである。国旗やジャコバン党員の花形帽章《コケード》[†2]のような政治的なイメージが有力な象徴となった時代に、人体そのものも象徴としての意味を持った。一八世紀後半は、西ヨーロッパではかつてないほど視覚性に依拠する時代だった。国家的象徴だけでなく、古典的な美の規準によって男たちを分類した人相学や人類学のような新科学の成果がその好例である。男らしさのステレオタイプは、ますます視覚中心となっていく時代と、時代が行なう象徴の探求にとって、不可欠なものとなった。フランス革命が宣言したように、「新しい象徴」が新しい男性を作ることを可能にした。[*2] 人体が象徴的な形式を帯びるにつれ、身体の構造と身体の美は重要性を増した。そして、近代的男性性は、徳を象徴化した男らしい美という理想によって自己定義を行なうことになった。我々が理想的な男性的身体やその属性について幅広く扱うのは、このような理由からである。

　現代では、ステレオタイプというものは否定的な価値判断に等しい。ステレオタイプ化される人々とは、社会によって周縁化された人々にほかならない。ユダヤ人や黒人のステレオタイプとされているものは一般に流通し、差別を正当化している。確かに否定的ステレオタイプは、後述するように、近代的男性性の構築において重要な役割を果たした。しかしながら、本書では、肯定的なステレオタイプと見なされるものに焦点を合わせるつもりである。

理想は、美を対象化することできわめて容易に人間の形姿《なりかたち》となる。真の男らしさというステレオタイプが非常に強力なのは、抽象的な理念や理想とは異なり、目に見え、手で触れ、話しかけることもできるからであり、人間美、正しい道徳、待望のユートピアを生きながら喚起するからだ。それゆえ、本書では特定のステレオタイプに、すなわち否定的なものでなく肯定的で、国民と社会全般を突き動かす動力と見なされるステレオタイプに注目する。

ステレオタイプ化とは、男性そして女性を均質化し、個人ではなく類型として見ることである。ステレオタイプ化が変化しない心的イメージに依拠したものであるということは、そこには個々人のヴァリエーションはないということである。そのうえ、一八・一九世紀の科学は分類に熱心であり、個々人としてよりもむしろ諸集団として男性を分析しようと努めていた。ステレオタイプ化によって、各々の男性に、当人が属している集団のあらゆる属性が付与された。男性であればみな理想的男らしさに一致するものと考えられていた。

しかしながら、男らしさのステレオタイプは、その理想に達しない否定的ステレオタイプ——真の男らしさの対極となって、身体においても魂においても真の男らしさの引き立て役になる——によって強化されていた。ユダヤ人や黒人など、社会によって周縁化された集団がこの役割を果たした。実際、人種差別主義はステレオタイプとステレオタイプ化を基盤にしていた。そうした集団は、安定した品格《リスペクタブル》のある社会には不適合とされ、社会が大切にする諸理想、男らしさを十分に表している諸理想とは対極にある否定的な「対抗的タイプ」とされた。明らかに悪のきざしであると誰もが見て取れるような特徴のすべてが、これらの集団に付与されたのである。彼らの歪んだ体型じたい、退化の徴候だった。一九世紀初め、男らしさの性質と運命に関する著書の中で、ドイツ・プロテスタントの指導的牧師フリードリッヒ・エーレンベルクは、真の男性という理想ははっきり目に見えるようにしておかねばならないと主張して、何のためらいもなく、その対極の例として不道徳な、虚弱な、卑屈な男たちを挙げた。[*3]

ステレオタイプが広く人々に共有される性質を持っていることは、強調しておかねばならない。この性質があるために、不可視なものが可視的で広く共有されるものとなり、こうしてステレオタイプは社会的・政治的重要性を持つに至った。このような可視性を、一九世紀の終わりに、イギリスの骨相学雑誌が次のように鮮やかに描き出している。「男は、掲示物のように壁に掛けて読み取ることができるのかもしれない」と。さらに続けて、「我々の徳も、悪徳も、長所も、教養も、野蛮も、これらの外的な表示を読み取り理解することをよく学んだ鑑識眼を持つ人には、一目瞭然なものだ」と。[*4]

一八世紀後半にそのような眼を育成することは、例えば科学者や神学者たちの仕事であった。彼らは一目見ただけでいかにして人相を読み取ることができるか、あるいは人体の構造から結論を引き出すことができるかを議論していた。芸術家もまた役割を担い、新しい芸術的感受性は男らしさの美を定義づけるのに欠かせないものとなった。社会運動や政治運動もまた、そのような眼を育成した。なぜなら、フランス革命が教えたように、大衆の支持が重視される時代には、視覚的なイメージを通じて広く理解してもらう必要があったからである。近代的男性性と時を同じくして始まり発展したナショナリズムの運動も、自己表示のために男らしさのステレオタイプを採用したので、眼の育成者として重要な役割を演じた。しかし最終的には、男らしさの理想を普及させたのは近代社会そのものだった――これは本書全体を通して見ていくことである。中産階級社会が、ブルジョワ的感受性に適合するように、貴族的な男らしさの理想とは異なる男らしさのステレオタイプを創出し、それを支えることに寄与したのであった。

　男らしさのステレオタイプは、一九世紀の強力な政治的イデオロギーのいずれか一つだけに結びついたものではなかった。それはしばしば主張されるように保守的な運動を支えたが、労働者運動の支えにもなっていた。ボルシェヴィキの男性まで「樫《かし》のように力強い」と形容されていた[*5]。近代的男性性は、最初から一九世紀の新しいナショナリズム運動に取り入れられていたが、同時にコスモポリタンな啓蒙主義を背景に存在することもできた。だからこそフリードリッヒ・エーレンベルクはこう記している――真の男らしさのイメージは容易に読み取ることが可能でなくてはならない、それは男性教育の目標なのだから、と。高潔な生活を送りいつ何時も自己抑制していることは真の男らしさの一部だが、エーレンベルクにとって、強烈な解放感、自由への意志もまた等しく重要な要素であった。[*6] 確かに、近代ナショナリズム史のこの段階において、啓蒙主義によくあるように祖国と人間性は結びつけられ、一方への愛が他方への愛を排除することはなかった。エーレンベルクが形式美と意志の力と呼ぶものには、[*7] 自由の敵ではなく友としての男性ステレオタイプがある。真の男らしさが、ドイツ人の言う自己陶冶《ビルドゥング》、つまり個人の自己修養の目標となった。自己陶冶とは元来、終わりなきプロセスと考えられていたが、今や明確な到達目標が与えられたのである。

　男らしさの理想をこうした文脈に置いてみると、この理想がどのくらい個人の自律性と共存できるかが分かる。ヨハン・ゴットフリート・フォン・ヘルダーは、一七七〇年代に以下のように書いていた——自己陶冶を通じて、すべての男たちは植物のように生長して人格を開花させ、知識と道徳的課題を絶え間なく探求し、調和のとれた自律的な個人とならねばならない、と。[*8] ところが男らしさのステレオタイプというものがパラダイムになり、男性の教育の目標になるなら、このような生長は切り詰められてしまう。

　男らしさのステレオタイプはどのような政治的・イデオロギー的な背景のもとでも存在しうるが、それは一つのステレオタイプとして、不可避的に個人の自由を制限する。なぜなら、前述のように、各種のステレオタイプは、個人ではなく集団ごとに分類するものであり、男らしさとそれが体現するものはたいてい不変で、常に社会の伝統的価値観を反映したものだからである。だからこそ社会が異常とされてきたものに寛容になったり、慣例にないことを合法化しようとしたりした時に——二〇世紀にそうだったように——男らしさは厳格化された。かつて自己陶冶という終わりなきプロセスの切り詰めに手を貸したように、この時点で、男らしさのステレオタイプは保守的な力となったのである。それは、長い間保たれてきた規範からの逸脱に脅える社会にあって、社会の伝統的な規準を継承し維持する力であった。

近代社会はいくつかの構造的変化を経験したが、男性ステレオタイプはそっくりそのまま残った。それは特定の経済的・社会的・政治的な配置には依拠していないように見えた。ところが実際、男らしさは、一定の道徳的課題、容姿や行為や態度についての一定の標準に依拠していた。それで、中産階級の伝統的な価値体系が危機に瀕した時、男らしさの理想も脅かされることとなった。

この点で、男らしさの位置は女らしさの位置と似ていなくもない。例えば男らしい形象と女らしい形象は、同時期に国家を表象する公的《パブリック》シンボルになった。ところが国家的シンボルとしての女性は、男らしさが表す徳のように一般的に正統とされる規範を体現していたわけではなかった。そうではなく国家の母性的な資質を体現し、国家の伝統と歴史を示していた。そうした女らしいイメージはたいてい古代の衣装をまとい、過去を向いている

――ゲルマニア、ブリタニア、そしてマリアンヌ〔といった国家の擬人的女性像〕のように。マリアンヌはフランス革命後になると、たいてい既婚女性のような外見になった。彼女たちは、君主制であろうと共和制であろうと、国家そのものの変化に左右されることはほとんどなく、国家が大事にするものだと思われている古来の価値を、変わらざる姿を通して表現した。だからこそ革命を連想させるという理由でマリアンヌがしばしば拒絶されたことがあったが、すぐに人気を取り戻したのである。[*9]

図1・1　バルトロッツィの描いた子どもと一緒にいる『若きウェルテルの悩み』のシャルロッテの絵（1792年）には、女性性の他の象徴（トランペットを吹くエロス神、教会、緑に覆われた自然）も含まれている。(*Werther Illustrationen*, Stadtmuseum Ratingen. eds, Ursula Mildner-Flesch and Heinz Krüger [Ratingen, 1982].)

確かに、〔公的シンボルとしての女性も、その穏やかな容姿と受動的な姿勢によって標準的な社会的価値を表すことがあった。例えば非常に成功を収めたゲーテの『若きウェルテルの悩み』（一七七四年）に添えられた挿絵などの数え切れない図像において、女性は樹々や草花に囲まれていたり（生まれつき無垢である証である)、かわいい幼な子たちの隣に置かれたりした【図1・1】。

とはいえ、公的シンボルとしての女性は、社会の必要と希望を直接反映するものではなかった。それに対して男性の身体は、後述するように、秩序と進歩を求める社会の要請や、自己抑制や節度のような中産階級の諸徳のまさにシンボルと考えられていた。公的シンボルとしての女性は、過去、無垢、純潔を喚起するものだった。男らしさは、同じくそれらの諸徳を喚起するものだったが、他のもっと多くのものをも喚起した。

こうやって比較してみると、過去数世紀にわたって近代社会の基本であった性別分離を維持するのに、近代的男性性がいかに決定的な役割を担ってきたかが分かる。一九世紀初めに、女性は一八世紀の啓蒙主義の時代に獲得できたささやかなものすべてを失った。そして、男性に割り当てられた領域とはまったく別の領域に閉じ込められた。彼女たちの仕事は家庭を切り盛りすることであり、子どもを教育することであった。国家的象徴としての女性とは異なり、個人としての女性は、公的な生活に居場所を持たなかった。このような分業は、必ずしも女性が男性に劣っていることを意味するものではなかったが、しかし、男性とは異なる機能を持つもの、男女は相互に補完しあうものということを意味していた。

男女の差異は、近代的男性性の構築において非常に重要であった。近代的男性性が対抗的タイプとの対比によって自己定義したことはすでに述べたが、それだけではなく、男女の差異によっても自己定義したのである。例えば「女々しい（effeminate）」という単語は、一八世紀の間に、男らしくない柔軟さと繊細さを示すものとして一般に使われるようになった。ジェンダーの分離と、それが理想的な男性のステレオタイプを強化し助長するという効果は、一九世紀末以降、女性の権利獲得運動による挑戦を受けながらも維持されてきた。

女性運動に続いて、おおむね第一次世界大戦後に出現したいわゆる「新しい女」たちがいた。彼女たちは自立し、男性のような服装をし、ボブカットにして、タバコをくゆらせた【図1・2】。こうしてドイツ・ヴァイマール共和国時代、知識人階級と中産階級の一部では、男女のライフスタイルは重なり合っているように見えた。[*10] しかし「新しい女」が男性たちの間に引き起こした危機感は、たいてい時期尚早だった。例えば、ドイツの人気作

図1・2　オットー・ディックス「ジャーナリスト、シルヴィア・フォン・ハルデンの肖像」（1926年、ポンピドゥー・センター／パリ・国立近代美術館蔵）

家シュテファン・ツヴァイクは、第一次大戦後、男女が偽りの道徳と偽りの羞恥心から自由になったことで道徳に多大な変化が生じつつあると見たが、その変化は彼女たちの持つ女らしさにまで及ぶものではないと考えた。ツヴァイクの信じるところでは、女性の最大の資産とはその美しさやその容姿であり、その身体のラインは現代風のドレスをまとっていても、幸いにして透けて見えるのだった。[*11]

ウーテ・フレーフェルトがドイツについて示したように、中産階級のほとんどの女たちは信心深く保守的だったが、[*12]だからと言って男たちが男女の区別の緩みを脅威と感じなくなるわけではなかった。女たちは、対抗的タイプとは異なる社会的地位を有していた。対抗的タイプは、標準的な男らしさの対極として象徴化された人々で、男性としても女性としても、確立された社会の一員としてのあらゆる資質を欠くとされた人々だった。ただし定められた役割から離れた女性は対抗的タイプに引き入れられ、男らしさがみずからのイメージを研ぎあげるための敵となった。

ここで、本章の初めに示した論点に立ち返り、論点を延長させてみたい。近代的男性性が社会の理想と希望の反映であるように、近代的男性性の敵とは社会の敵なのである。こうして男らしさは、社会機構の破壊を目論んでいるとされる人々から、そして容貌や態度から悪意が明らかだとされる人々から、標準的な社会を守るという任務を果たしたのである。

一八世紀後半の男らしさの理想が近・現代を通して存続したという事実に基づき、本書は以下のような構成になった。本書の前半の各章〔第1章〜第4章〕では、男らしさの理想と、そのさまざまな規準と、それらの規準がどのように達成されたのかを明らかにする。こうしていったん近代的な男らしさの基盤を押さえた上で、その歴史の最も重要ないくつかの局面——さまざまな出来事や運動のうち、近代的な男らしさの範囲を広げようとしたもの、方向転換を試みたものについて探る。一九世紀から二〇世紀にかけての世紀転換期のデカダンスのような運動、第一次世界大戦、そして大戦後の新しい政治運動などは、男らしさの標準的な定義に痕跡を残した出来事であった。

本書における歴史分析で我々は、男らしさの例外的定義ではなく、標準的定義に関心を向ける。我々はしばしば例外的なもの、特に興味深いもの、挑発的なものにあまりに目を奪われてしまい、標準的なもの——つまり普通と考えられているもの——が、たいていの人々を駆り立て、社会に対する見方や、社会における自分の位置を規定するということを忘れている。

また、男らしさの理想の対抗的タイプにも特別の注意を向ける。前述のように、男らしさは、その敵との対峙において、自らのイメージを再確認し強化する。その敵とは男らしい男性以外のすべて、男らしさのステレオタイプのほぼ対極として構築されたさまざまな人物形象である。人種差別主義と反ユダヤ主義の歴史研究は、今日に至るまで、偏見の作動パターンにおいて近代的な男らしさが担った重要な部分について、ほとんど明らかにしていない。すなわち、そのようなアウトサイダーを裁く規準は、ほとんどの場合、男らしさの理想の持つ身体構造と精神を指標にしたものだった。ユダヤ人男性、黒人男性、あるいは劣等人種と考えられた男性はいずれも、自らの経験によって、こうした事実を実証できるだろう。いかに多くのアウトサイダーが、男性の美的理想に基づいて自らの身体を再構築したり、自分の態度を調整したりすることによって、インサイダーになろうとしてきたことか。ボディビルディング、鼻の整形、頭髪のくせを直すことなどは、この目的を達成するための工夫のほんの一部にすぎない。

　これらの対抗的タイプには、ユダヤ人やロマ〔原文では gypsies〕などの伝統的な「アウトサイダー」が含まれる（ヨーロッパに黒人はほとんどいなかった）。あるいは、浮浪者、精神障害者、犯罪常習者のような社会規範を拒絶したか、適応しない人々が含まれる。そして最後になるが重要なのが、「男らしくない」男性と「女らしくない」女性も含まれることである。一九世紀末が近づくと、レズビアン（女性同性愛者）とホモセクシュアル（男性同性愛者）はより可視的になり、そのうちの少数は、一般に認められた規範との差異をあえて誇示するようになった。あらゆる「アウトサイダー」は、後述するように、男らしさの理想と直面する時、おおかた似たような仕方でステレオタイプ化された。しかも、この男らしさの理想が固定的なものであったために、対抗的タイプにはうまく立ち回る余地などなかった——何しろ理想の掲げる容貌も性格も変えようがないのである。我々は本書の中で、これからしばしば「アウトサイダーたち」に出会うだろう。彼らは「真の男」になろうと努力するが、最後には男性ステレオタイプの表すあらゆるものから逃れたい、それを嘲笑したいという意図を持って、みずからの解放運動を築いていく。ここに、本書における研究にとってきわめて重要な意味を持つ弁証法がある。近代的男性性は対抗的タイプを必要としており、対抗的タイプの烙印を押された者たちは、理想的なタイプを模倣しようとするか、支配的ステレオタイプの対極をなすものとして自己定義するかのいずれかだった。いずれの道であれ、それから逃走することは困難だったのだ。

一般的な社会や政治における女性の受動的イメージは、さまざまな女性の権利獲得運動が公的生活から女性を排除しないよう要求したにもかかわらず、第一次大戦のかなり後まで、そのままの形で残る傾向にあった。すでに述べたように、男性ステレオタイプも不変だった——ステレオタイプやシンボルというものは容易には改変されないのだ。しかし、男性ステレオタイプは、女性のそれに比して、時代を超えていっそう一貫したものに見える。後述するように、「新しい男性」について語られた時でさえ、それはしばしば単に古い男性を拡大して描いたものにすぎなかったが、一方「新しい女」は実質的な変化を体現していた。男たちの想像力の戯れによって運命の女《ファムファタル》とかアマゾネスのような女性ステレオタイプが作られたが（国家シンボルとしての女性という神聖なステレオタイプももちろんあった）、女たちには男性のパブリックな表象を操作する本当の機会などなかった。とはいえ、女らしさの理想は実質的にほぼ不変だった——これは、女性に公的生活への意義ある参加を求める人々の間でもそうだった。

一部の男たちは、標準的なステレオタイプとは合致しない、男らしさについてのオルタナティヴな見方を積極的に提示しようと試みた。それは主に社会主義知識人で、彼らは「新しい男性」と呼ばれる存在を構築し、啓蒙主義の伝統を受け継ごうとした——この「新しい男性」は、ナショナリズムと潜在的な攻撃性を掲げる標準的なステレオタイプによって拒絶されたと思われるものだった。二〇世紀初め、マックス・アドラーのような男性は、一〇〇年近くも前に提示された啓蒙主義の理念に立ち返ったのである〔第6章参照〕。これらの社会主義者たちは、新しい男性が持つべき身体イメージではなく、新しい男性が持つべき人道主義的な精神に関心を向けていた。しかし、標準的な男性ステレオタイプを改変しようとするこの試みは、一般の社会主義者の間においても失敗に終わった。我々が主に関心を向けているステレオタイプが、あまりにも多くの社会的必要性を満たし、あまりにも深く根づいたものとなっていたからだった——本書の全般にわたる男らしさの議論を支配するのは、このステレオタイプである。

しかしながら、社会というものは、それまでは社会を結束させておくために欠かせないと考えられていた慣習、道徳、美徳などに緩みをもたらしたり、あるいはそうした緩みを許容したりもする。どんなステレオタイプであれ、そうした社会変化と同じ速度で侵食されていく可能性はある。ナショナリズムも同様に、急激に衰退することがある。それに伴って、ナショナリズムの枠組み内での男らしさの象徴的な価値もまた衰退していくかもしれない。第二次世界大戦後の西ヨーロッパでは、伝統的ステレオタイプやこれまでは好ましいと考えられてきたシンボルは、そうやって侵食されてきたのだろうか？　あるいは、近代的男性性は依然として目指されるべき理想なのか？　一九世紀と二〇世紀の大半、真の男らしさというものは政治的・社会的な力として有効であり重要だったが、今もそうだろうか？　これらの点については、本書の結論部分で回答することにしよう。

男らしさについての我々の議論は、そのステレオタイプや、それが公的生活にもたらしたインパクトに焦点を合わせているが、それは我々が設定した地理的な境界の内部においての話である。本書での議論の中心はドイツであり、またイギリス、フランス、イタリアなどの事例も、我々の分析により広い幅を持たせるために用いられている。しかしながら、この文脈で革命後のフランスについて論じることは困難である——フランスには一般的な男らしさのステレオタイプを扱った研究が相対的に少ないからである。我々は大ざっぱに言って、ユーラシア大陸のうち西洋の伝統につらなる領域に議論の範囲を限定しており、ここには西ヨーロッパの一部としてのドイツとオーストリアが含まれる。第二次大戦後、ヨーロッパ文化に多大な影響を与えたアメリカ合衆国は、本書の最終章において劇的に登場する。以上のような焦点の合わせ方によって、ある程度奥行きを持って近代的男性性の構築を見ることができ、同時にヨーロッパの他の地域、さらにはアメリカ合衆国における近代的男性性の分析のパラダイムを提示できる。

本書では男らしさと帝国について格別なことは述べていないが、大英帝国のような帝国とは非常に男らしいものであった。ボーイスカウトの創始者ロバート・ベーデン＝パウエルは、アフリカ人を雄牛のように怠惰で、鈍重な男たちであると書き、続けてこう言っている。彼らは我々の兄弟ではあるかもしれないが、男ではまったくない、と。[*13] もう一つ有名な例だが、ラドヤード・キプリング[†3]は、帝国の先駆者についての記述で、ハンサムな容貌と男らしい諸徳とを結びつける傾向があった。[*14] しかし、マーティン・グリーンがまさに教えてくれたように、キプリングの著書の中で、男たちは何よりも権力の伝導装置だった。すなわち、男性は上位者によって権力を行使され、そしてそれを別の者に行使するのだ。[*15] ただし、大英帝国でさえ、このような権力行使を無制限には許さなかった。[*16] 権力は、自己抑制および無謀な衝動の制限と組み合わされていなければならなかった。そのような自制心は、後述するように、男らしさのステレオタイプにとって欠かせない属性であった。つまり、真の男ならば情熱を抑える方法を知らなければならなかったのである。こうして大英帝国は、インド亜大陸などの場所において、ヴィクトリア朝的性格が試され強化される舞台となった。[*17]

以上のように、西ヨーロッパにおける近代的男性性をめぐる議論は、国によって多少の調整をすれば、帝国の植民地統治者にも当てはまる。近代的男性性に内在する権力を行使することは、常に他の男らしい諸徳によって抑制されていた。

男らしさとは、帝国・社会・家族・国家において剝き出しの権力をただ行使することというふうに還元することはできない。それは決して、そのように一元的なものではなかった。それどころか、近代的男性性は、社会のさまざまな現実と未来への希望をともに反映している一連の諸属性を含むものだった。後述するように、中産階級の感受性は「静かなる強さ」を求め、これはフェアプレー、調和、秩序といった諸徳と齟齬をきたさず、権力の野放図な誇示によって壊してはならないものだった。さらに第2章で男性の名誉と決闘について論じる際には、戦士のイメージは、和解の努力に道を開くものとして提示されるであろう。

帝国の植民地統治者のステレオタイプは、近代的男性性一般のステレオタイプと確かに一致している——現実はルイ＝フェルディナン・セリーヌが小説『夜の果てへの旅』（一九三六年）で巧みに描いたような、退屈して疲弊しきった、無関心なフランス人植民地官吏に近かったとしても。とはいえ我々が関心を向けているのは男らしさの理想型であり、男らしさの標準的な概念を特徴づけているものである。男性ステレオタイプは細かく見ると変化に富んでいるが、近代における男らしさが大きな政治的・社会的な力になったところではどこでも、男らしさは、社会のさまざまな理想とさまざまな希望のシンボルになった。変化はつい最近になって訪れた。社会を構成する重要な一部が新しい航路を進み始めているように見える――その射程はまだ予測できないけれども。

第2章　男らしい美の規準設定

I　騎士道的規準の修正と継承

近代的な男性性の構築は、一八世紀末に形成中だった新興ブルジョワ社会と密接に関連している。まさにその時に、我々が今日もなお認識している男らしさのステレオタイプが出現したのであった。しかし、さらに過去の男らしさの理想が近代的なステレオタイプに対して行なった寄与を、無視することはできない。男らしさの理想が一八世紀末に方向性を変えたとすれば、それは、どういう理想からの方向転換だったのであろうか？

それ以前の貴族的な男らしさの理想からの離脱は、突然だったわけではない。騎士道のような中世的な理想や決闘のような制度は、近代に入ってからも十分に存続していた。貴族階級に限定されていた男らしさの近代以前の理想は、多分に、戦士の身分に基盤を置いていた。しかし一八世紀末よりずっと以前に、宮廷社会の洗練と儀式がそのような男らしさのイメージを和らげていたのである。しかしながら中世の馬上槍試合《トーナメント》は騎士の儀礼と言うよりも戦争ゲームのようなものだった。騎士の儀礼じたい、強力な支配者が暴力に制限を加えた時代において、衰退しつつあった騎士道精神と結びついていた。[*1] 決闘——立会人の前で二人の人間が戦う——は、一六世紀からずっと儀礼化されてきていた。[*2] 対決の儀礼の中には、神の審判を求めるという要素があり、それが統御不能な暴力と、支配の粗野な象徴（例えば勝利者がその足を敗者の胸の上に乗せること）を取り払った。

決闘は男性の名誉を目的として行なわれた。名誉の概念は、それを守るうえで必要な勇気および沈着さとともに、存続して然るべきとされた。貴族の名誉は、継承された高貴な血脈と結びついていた。ある人の地位に対して敬意を表さなかったというのが、決闘の最もよくある原因の一つであった。騎士道の伝統に則り、名誉は個々人自身、彼の世評、立場、威厳に結びつけられた。しかし名誉の概念にはまた、男らしさの理想も含まれていた——臆病者と呼ばれることは最大の侮辱であった。騎士道と男らしさを同一視して、それらが英雄主義と寛容の精神を体現するものだとした著述家は、エドマンド・バークだけではない。[*3] 勇気と大胆さは男性が持たねばならない徳の一部であった。男性はまた憐れみ深く忠節で、一人の女性への純愛によって高められているものと考えられていた。このような騎士道の理想は、衰退期にあった封建社会によって作られた。貴族階級は自律性を象徴するものとして名誉の規則にしがみついた。今や貴族は職業軍人として、廷臣として、あるいは公僕として、名誉の規則を作り出した。それは一方では一連の義務を遂行することに、他方では自らの尊厳と身分意識を守ろうとすることに結びついていた。[4]

貴族の名誉の中のいわゆる男らしい特質は、騎士道精神という理想と同様に、単によく使われるメタファーとしてだけでなく、男らしさの過酷さを和らげる手段として存続するべきだとされた。アナトール・フランスは一八八六年、フランスにおいて決闘が驚異的な復活を遂げつつあった時に、以下のように書いている――剣は「文明化の最初の道具であり、男性が自らの野蛮な本能と正義の理想を和解させるために見出してきた唯一の手段なのだ」と。[5] この振る舞いの規則は、英国紳士のような適切な振る舞いが男らしさの重要な構成要素となる時代においても、継承可能なものだった。

一九世紀初頭におけるロマン主義再興によって、例えばウォルター・スコットの小説に見られるような騎士道概念の強調が行なわれた。またフランス革命を目撃したエドマンド・バークは、ジャコバン派に対する嫌悪感を示し、騎士道的振る舞いを含めマナーは法律よりも重要だと記した。[6] そしてアラン・シャルティエの一五世紀のバラード「貴族の教義問答書」において歌われた、忠義、公正さ、武勇、落ちつき、忍耐といった、完璧な騎士が持つとされた実に多くの資質は、きわめて応用可能なものであり、近代的な男性性の定義に適合していった。[7] しかしこの貴族的理想には、近代的な男性性にとって本質的である確固とした輪郭と道徳的命令が欠けていた。いずれにせよ騎士道は、目指される理想であって、もっと暴力的な時代において十全に維持されるものではなかったのである。

だが少なくとも一八世紀以降において、このような貴族的な理想が中産階級の感受性に適応したことは、近代的な男性性の構築における重要な一段階となった。勇気、冷静、そして憐れみ深さも、理想として残ったが、それらの特質は変化し、暴力の残滓の多くを捨て去り、道徳的命令の中に埋め込まれた。騎士道精神を高めるものとされていた高貴な女性への理想化されたプラトニック・ラヴは、今や結婚制度によって実践された一夫一婦制を通じて大衆化された。

さらに重要なことには、今やかつてないほど身体的な外見が重視されるようになった。振る舞いばかりでなく見かけがものを言うようになったのである。最終章で述べるように、視覚に基づいていなければならないステレオタイプの構成においては、このような男らしさの美学は決定的なものであった。そしてこのステレオタイプは、近代的な男性性に対する態度のかなりの部分を決定づけるであろう。一八世紀末になると、一貫した、そして人格全体に関わる男性のステレオタイプが出現する。このステレオタイプは、人格全体に関わり、男らしい外見・容貌・振る舞いについて明確な規準を設定するものだった。

だが、その過程で改編されながら、男らしさの貴族的理想は独自の貢献を行なった。決闘は、個人的のみならず、階級的また身分的な自律の感覚をも強めた。そのようなものとして一九世紀において決闘は、将校や学生、政治家やビジネスマンそしてまたユダヤ人たちの生活の一部となっていった。そうしたユダヤ人たちは、決闘によって、男らしくなく臆病だという自らに向けられたステレオタイプを反証しようとしたのだ。[*8] 例えばテオドール・ヘルツル[†1]もウィーンにおいて、決闘でオーストリアの反ユダヤ主義を打ち負かすことを夢見ていた。中央ヨーロッパでの「名誉の規則」は、将校にとっても、決闘に大きな価値を置いたエリート大学の社交団体《フラタニティ》の学生にとっても、自らの地位を維持するための手段であった。

貴族社会以外の社会においては、誰と決闘することができるのか、ということが今や重要な問題となった。決闘相手がもはや特定の世襲的な身分に限られなくなり、その結果、社会的な卓越性が戦いのための選別審査になったからである。決闘をするに値する者たることは、対戦相手と同じ社会的地位が与えられることを意味した。ドイツ語圏諸国のブルジョワジーはステータスシンボルとして、また自らが従う規範群として、男性的な名誉の規則を受容した。[*9] フランスでは異なっていたが、中央ヨーロッパのユダヤ人は、次第に排除されていった。実際決闘は、社会に受けいれられる人々と、社会が周縁化し権力から排除しようとした人々との間に線を引く手頃な方法となった。

中央ヨーロッパにおいては、貴族的モデルに基づいた男らしい名誉がとりわけ将校団や学生の間で創り出され、将校団は単なる軍事的な制度以上のものとなった。ドイツの学生の多くが予備役での将校になった。そのことが彼らに、以後の人生において社会的地位を与えた。その地位は、万人が見てとれる頬の傷という決闘の証によって高められた。エリート学生のフラタニティは決闘を必須なものとしていた。それはほとんどスポーツと化していた。一つには、メンバーが貴族的習慣の魔力の下で自らの地位を高めようと模索したからであり、また一つには決闘が自分たちの友愛を固めたからであり、そしてとりわけ、決闘が他の学生たちと比べて自分たちをエリートにするものだったためである。そのうえ、学生たちの決闘における負傷者の数は少なかった。[10]だが学生や将校だけが決闘をしたのではなかった。例えばカール・マルクスも、敵対者に決闘を申し込んだ。しかしながら、このような決闘を求めるに足る名誉ある存在と考えられていたのは、ドイツ社会のわずか五パーセントであったと概算されている。[11]

ドイツと対照的に、フランスにおいては誰もが決闘でき、決闘は身分のしるしであるよりも、市民的男らしさを発揮する手段であった。一八七一年にプロイセンによって打ち負かされ、面目を失った国家において必要とされた「男盛りの心と強健な身体[12]」を、フェンシング術は創り出した。

しかし男らしさの理想の構築に対する貴族的なものの貢献は、存続してはいたが、以前の形からは変わっていった。確かに男らしい名誉を守るためのものとしての決闘は、儀礼化されて残った。そこにあるのは、男らしさの名誉の侮辱、決闘申し込み、介添人の正式な取り決め、立会人、戦いのルール、そして、武器を剣とピストルのいずれにするかの選択などであった。これらのすべてはバロック時代以来ずっと規則化されていたものであったが、しかし戦争のアナロジーが受けいれられたのはドイツにおいてのみだった。依然として決闘は、時には諍《いさか》いを終わらせる力として死を伴うこともあったが、しかし中産階級的感受性が顧慮され始めると、決闘は、しばしばこの力に正義と徳への道徳的配慮をまとわせることとなった。[13]

　名誉というものの基盤を、高貴な血脈に置くことは、近代においては見当違いなことであった。そうではなしに、ロバート・ナイの研究が指摘するように、封建的秩序に対するブルジョワ的批判者は、名誉を徳によって置き換えることを希望した。[14]しかし、たとえいわゆる男らしさの資質と徳の維持が貴族的なものに取って代わったとしても、実際には決闘が、名誉の維持に用いられ続けたのである。

　しかしながら世紀末ドイツにおける決闘は通常、サーベルではなくピストルを用いることによって、フランスと違って相手を殺すことを目的とした。[15]自己統御、不動、危険の無視が重視された。剣ならば決闘者たちは自らを防御しうるが、弾丸を防御するものはない。ドイツの決闘はきわめて深刻なものであった。他方、フランスの決闘での致死率は非常に低かった。[16]ドイツの決闘に見られた軍事的傾向は、フランスには存在しなかった。しかしながら、ドイツのフラタニティの学生は、決闘を擬した一種のスポーツとなったフェンシングにおいて剣を用いていた。傷を負って苦しんでも叫び声の一つも許されなかった（ラオコーンを彷彿させる）[17]。とはいえその場合でも男らしい勇敢さと勇気は、まっすぐさ、正直さ、激情の欠如といった〔決闘を抑制するような〕他の諸徳をも同様に含んでいた。加えて無数の制約が決闘の申し込みとその受諾を抑制し、[18]したがって決闘それ自体は、ほとんど官僚的な様式へと儀礼化されたのである。

ドイツの決闘はそれなりの仕方で、近代的な男性性を吸収していった。新しい社会的現実性は、野蛮さの中にではなく、男らしさの標準的な諸相と、双方の戦い手が平等なチャンスを与えられるようにするといった正義の強調の中に、存在していた。[19]貴族的な習慣の中に新しい社会的現実性を持ち込むということが最も明確であったのは、フランスにおいてであった。決闘の目的はもはや敵を殺すことではなく、男らしさの徳を主張するというよりむしろ見せびらかすことであった。しかしここには、正義と平等のいっそうの強調という以上の、深い方向性の変化まで生じていた。それは、「もし男性が名誉に値するかのように見せかけるだけの目的で自らの名誉を守るのであれば、名誉の規則は本来の機能を果たさなくなり、茶番となる」[20]という点であり、多くの決闘が行なわれていた一九世紀末に最も強く主張された。名誉の規則が満たすはずだと考えられていた機能（少なくともドイツにおいては実際には満たせなかったが）は、すでに述べた多くのテーマに触れている一九〇〇年刊行のフランス人による決闘の研究書において、最もよく要約されていた。決闘とは男性を強く自立したものにし、法律が正義という大義を却下する場面でとりあげ、法律では罰することができない軽蔑や侮辱を罰するものなのである。[21]このようにして、法を遵守するという市民の感受性にも受けいれやすいものとなった。しかし決闘はまた、手に負えなくならないように、喧嘩を抑制することにもつながった。剣を交えた男性たちは、互いへの敬意によるある種の共感を形成すると言われていた。このようにして決闘は、正義や男らしい徳の理想に埋め込まれ、ブルジョワ社会において非常に重要な、良き秩序の原則を例示した。

男性の名誉は道徳的目的によって支えられていなくてはならなかった。ここでは正義、平等、良き秩序は、貴族社会から中産階級社会への移行に調和した、より根本的な変化のしるしであった。勇気、沈着、自分の身分に対する誇りによって定義されるような男性の名誉では、もはや十分ではなかった。決闘や、そのために必要な技術としてのフェンシングは、今では徳性のための学校と考えられた。[*22]それゆえにドイツにおいても、かつてであれば存在しなかった、漠とした不安が、決闘という手段に訴えた人々にも入り込んだ。例えばテオドール・フォンターネの小説『エフィ・ブリースト』（一八九五年）において妻に浮気された夫は、妻の誘惑者をまさに決闘で殺したのだが、常に「すべてのことは起こるべくして起こったのだ」[*23]と自らにくり返していたという事実にもかかわらず、彼は良心の呵責《かしゃく》をおぼえた。[*24]しかも、かつてはたいてい公開されていた決闘は、今や私的に戦うものとなった。我々がすでに言及した伝統的な儀礼の維持にもかかわらず、決闘はブルジョワ的感覚に譲歩していったのである。エフィ・ブリーストの夫の将校が良心の呵責を覚えたのもこの変化を示すものだが、それ以上に、今や決闘は決闘者の間で握手をして終わりとしなければならないという事実ほど、この変化を要約しているものはない。一部の決闘は依然として死という結末を迎えていたが、多くの決闘は、神によるしばしば死をもっての審判ではなく、人格形成の実践や男らしさの試練へと変わっていった。

議会が一九世紀末に決闘の廃止について討議した際、政府は力に訴えず争いに裁定を下す「名誉の法廷」を支持した。しかしながら、決闘はゆうに第一次世界大戦後まで続いた。男らしさの資質の証明としての、そして既存の秩序への所属のしるしとしての決闘は、ドイツにおいては一九二六年に、エリート学生のフラタニティにおいて最後に残ったユダヤ人メンバーによって記録された。訴えは名誉の法廷で解決されていたにもかかわらず、彼はあらゆるドイツ系ユダヤ人の社会的地位を守るために、決闘の申し込みを受けいれたのであった。[*25] このような男らしい名誉の主張によって、差別されたマイノリティは尊敬されるに値するブルジョワジーの一員になろうと希望した。この時点でもはや、一つの少数意見ではあったが、これはかつて貴族的な理想であったものの存続の表れだった。しかしながら最終的には、道徳的な感受性に適応してもなお、決闘という争いの清算方法を野蛮なものとして非難する人々や、最良の将校の一部を失いたくないという支配者たちからの猛攻撃による崩壊から、決闘を守ることはできなかった。

決闘の重要性はごく最近になって、歴史家によって再発見された。一九世紀において、決闘を非合法化しようとした人々には、ヨーロッパの中産階級および知識人のおそらく大半が含まれ、しかもその数は増加しつつあった。しかし我々の目的からすれば、決闘が生み出した実際の論争は重要ではない。そうではなく、決闘は、今や意味ある道徳的・身体的原則と結びついた近代的な男性性の構築に独自の寄与をした、男性の名誉の貴族的な概念として意味深いのである。勇気、沈着、名誉、正義感という男らしい資質は、そっくりそのまま残った。騎士道の概念は、過去に由来するものであったが、これまで述べてきたように、一般化されていった。例えば騎士道が強調されたイギリスのようなところでは、それは憐れみ深さ、率直さ、愛国心と結びついたある種の態度や振る舞いを意味したのである。イギリスにおいて、決闘自体は一九世紀初頭に終わったが、いわゆる騎士道的理想は、尊敬に値する振る舞いと考えられるものの一部として、中産階級の礼儀作法や道徳の中に吸収されたのであった。

近代において、騎士道や男らしい名誉は単に道徳的堅固さのみならず、一般的な身体的頑強さをも意味した。身体的な技能や機敏さは常に、その人の名誉を守るために必要なものとして称賛されてきたが、今や形成されつつある新しい社会は、男性の身体全体を、的確な容姿や外見によって表現された精力、力強さ、勇気の例示と見なした。昔の時代の騎士的な振る舞いは色々と聞き及ぶものだが、身体的な外見について語られることは稀であり、おそらくは極悪人のものを除いて、人体がどう見えるかが、品行を判断する規準になるということについてはまったく聞くことはないであろう。確かに外見は常に問題とされた。かくて中世や初期近代《アーリーモダン》においては、しばしば衣装は国王の布告によって定められたもので、序列や地位を表すものだった。男らしい態度や礼儀正しさというある種の振る舞いもまた、同様に重要であった。しかし以前には断片的に存在していたものが今や体系化され、一つの全体性として構築された。その全体性において衣装や態度ばかりではなく、男性の身体それ自体が、後述するように、一連の美の規準によって審判され注目の的となった。以前においてはそのような分類の方法は知られていなかったが、男らしさに関しての近代における認識の仕方を決定するようなものとして、一つのステレオタイプが形成された。

　男らしさのステレオタイプの構築は、男であることの近代的認識の鍵として本書に通底して重要である。そのようなステレオタイプ化は、新しい時代の身体的・道徳的価値を象徴するものだった。そして同時に、以前には存在していなかった方法であり、視覚的認識の重視を前提とするものであった。美しい風景や美しい絵画を喜ぶだけでは十分ではなかった。権力や歴史だけでなく美とも関連する象徴や象徴的意味でもって、公的な生活それ自体が満ち溢れていかねばならなかった。国民や社会は容易に理解できる明白な象徴を用いて自らを表現し、人々の注目を競って求めた。実に、力と美に溢れた男らしさの理想それ自体が社会と国家の象徴であった。いっそう多くの人々が公的な生活に取り込まれ、また、フランス革命の勃発と新たに目覚めた国民意識を通じて、「人民」という新しい概念が固められていくにつれて、世俗的な象徴は新たな重要性を持った。これらの象徴はフランス革命の間にふんだんに用いられ、同様に国家も世俗的な象徴を通じて自らを表現するようになった。

フランス革命期およびその後に、我々が身体的・道徳的価値の象徴としての男性美の描写にどれほど多く直面したかは感銘深いことである。同時に、フランス革命およびナポレオン戦争期に、男性は自らの男らしさについてより自覚的になったように見える。「我々は男同士の血なまぐさい戦いから帰還したのだ」という、ドイツ解放戦争時にくり返された強調を一つの例として、男らしさはそれがすでに明白な場においてさえ強調されるようになった。[*26] 同様に、両性の間の分割がより大きくなったこと、すなわち両性それぞれが自分の影響圏の中に引きこもって相手の補完物となったことが、理想的な男性ステレオタイプを構築する命令に加担したのである。

外観を内面に結びつけることとは、人格全体を取り込むものとしてステレオタイプに投影され、身体や顔の形を通じて想像上の個人の価値を「読み取る」ことを簡単なものにした。しかしそのようなステレオタイプは、指標とされる美の規準があればこそ意味を持った。さもなければ外見や振る舞いに依拠して人格全体を判断することなど不可能である。逆にこのような美の概念は、男性の姿形において何が美しいと考えられているかという、一般的に受容された合意に依拠せざるをえなかった。そのような合意は一八世紀末に出現し、男らしさの理想によって例示されつつ、今日まで続くことになった。

II　啓蒙主義による規準設定

身体と精神の結びつきは、美の理想にとって、またそれが投射したステレオタイプにとって基本的なものであった。中世および初期近代に、ほとんどの人は、自ら動くことのない身体に、生きた魂が宿るのだと信じていた。一八世紀の啓蒙主義的な自然についての理想が、身体と魂を結びつける役割を果たした。啓蒙主義の詳細な分析はここではしないが、一体性——男性、女性、自然の相互関係における——についての信念が、そこにおいて決定的であったということを指摘すれば、十分であろう。

啓蒙主義の考え方の中心にあった自然の探求とは、見たり触れたり、測ったり、解剖したりすることのできるものを解読し、自然の最も深い部分にある目的を、外側に現れたものから読み取ることを学ぶ、ということを意味していた。特に男性と自然に向けられたこの新しい態度についての多くの事例が、近代的なステレオタイプの構築要素として念頭に浮かぶ。ピエール・ベールが『歴史批評辞典』（一六九七年）において述べているように、物体単独では真の一体を構成することはできなかった。それは自律的人間の内なる精神と結びつかねばならないのである。[*27] 哲学者ゴットフリート・ヴィルヘルム・ライプニッツは一六九五年に、魂は神がそれを宿らせたもうた有機体と不可分である、と書いている。[28] 男性と自然の一体性を仮定したために、ジョルジュ＝ルイ・ルクレール・ド・ビュフォンのような博物学者は、有名な著書『人間の自然誌』（一七七八年）において、おそらくは科学の領域であった純粋な物質的力についての議論から踏み出して、「我々の存在は精神を伴う物質の組織である」と書かざるをえなくなった。[29] 彼は神経の反応として精神性を考え、純粋に物体的なものにとどまろうとしたのだが、身体的外見が性格を表す、と論じる必要を感じていた。啓蒙主義の理想は身体と魂の一体性を含み持っており、それは身体がもはや生命力のない容器などではないことを意味していたのである。

ヨハン・カスパー・ラヴァーターの人相学理論は、男女の新しいとらえ方の導入を通じて、身体と魂の一体性を、そして同時に近代における視覚的なものの非常な重要性を示す一例であった。そのとらえ方とは、人々の身につけている衣装によるのではなく、彼らの身体的特徴――鼻の形、瞳の色、身体の構造が、真の性格を表しているとするものだった。彼が著書『人相学についての論集』（一七八一年）において提起した新しい科学は、「人間の隠された性格をその者の現れた外見によって見抜く能力」に依拠するものであった[30]【図2・1】。

すぐ後で検討するJ・J・ヴィンケルマンが、そのような外見を診断できるような規準をラヴァーターに提供していた。ギリシア人は人間の美の理想を例示し、そのような美は逆に、適切な道徳的な心構えを象徴していた。ギリシア人たちは、ラヴァーターがヴィンケルマンに影響されつつ宣言したように、後世の人々よりもはるかに善良で美しかったのである。[*31]

ラヴァーターは奇跡を信じる熱心なキリスト教徒であったが、啓蒙主義者たちがラヴァーターの新しい科学を熱心に推進した。人相学をいっそう展開させたラヴァーターの著作の出版に尽力したのは、ヨハン・ヴォルフガング・ゲーテその人であった。[*32] そして後年にゲーテが、ラヴァーターの強いキリスト教信仰および反理性主義ゆえに、彼と完全に袂を分かったとしても、ラヴァーターの理論が幅広く受けいれられたことは、それがいかに有効なものであったのかを示していた。ここには、適切な道徳というものへの関心に結びついた物質的なものの重視、つまりある種のプラグマティズムが見られる。ラヴァーターが述べているように、徳が高ければその者は美しくあり、徳が低ければ彼の外見はより醜いのである。[*33]

人相学は近代的な男性性の構築にとって重要であった。なぜならばそれは、非常に明白なやり方で魂と身体、道徳と身体構造には結びつきがあることを示したからである。まさにそれゆえに、ラヴァーターはどんな道徳が男性を身体的に美しくするかについて明快だったのである。すなわち仕事への愛、節度、清潔さが、身体的な健康と引き締まった四肢をもたらすのである。[*34] これこそが近代的男性性に伴う中産階級的な徳の定義であり、ラヴアーターが讃美した身体と道徳的な美の調和は、理想的な男性のステレオタイプの特徴となった。美と身体と魂のラヴァーター的な結合が、人類学のような一八世紀の他の新しい科学に暗黙のうちに含まれており、彼のやや単純すぎる理論は熱心に受容された。これらの事実は、我々が近代にさしかかっていることを示すものである。ここには近代特有の美への関心、人体への関心、そして貴族的な過去にはほとんどつながりのない道徳性への関心がある。

　医学もまた、精神的性質と身体的性質との結合を促進した。病気は今や身体症状において見られるものばかりではなく、人間の性格の症状にも現れると見られた。以前には不可

図2・1　ラヴァーターはスイスの歴史家、詩人、批評家であったヨハン・ヤーコプ・ボードマー（1698～1783年）の顔を分析している。絵つきのテキストの一部にはこうある。「どんなたくさんの頭部の中から、このような目、このような額を見つけ出せるであろうか？ 誰であろうとこの人物に似ている者は、確かに、自然なもの、美しいもの、有用なものへの知覚を備えている。……真の叡智は鼻の中に備わり、唇には古典的な知恵のあらゆる簡素さが漂っている」。（John Caspar Lavater, *Essays on Physiognomy: For the Promotion of the Knowledge and the Love of Mankind* [London: C. Whittingham, 1804].）

視だった領域が今や簡単に見分けられるものとなった。[*35] 例えばサミュエル・オーギュスト・アンドレ・ダヴィッド・ティソは著名な『オナニスム』（一七六〇年）の中で、マスターベーションという悪徳を実践している人々は、青白いとか女々しいとかエネルギーに欠けているとかいう身体的特徴のみならず、メランコリー、意志力や自己統制力の欠如といった精神的特徴を呈している、と主張した。[*36] 人相学、人類学、近代医学といった一八世紀の新しい科学のいずれの専門家であろうと、彼らは啓蒙主義者としてむしろ安易に、身体構造の分析から性格診断へと向かった。やがてヨーロッパ中の多くの学校体育館に刻まれた「健全な魂は健全な肉体に宿る」という、男らしいステレオタイプの創造にお誂《あつら》え向きであったローマの諺《ことわざ》が、この結びつきを表している。ジャン＝ジャック・ルソーは教育書『エミール』（一七六二年）の中で、「（生徒の）身体を常に鍛えさせること。理性的で賢くするためには、たくましく健全に育てなさい……まずは彼を生き生きした男にすれば、彼はすぐに理解力のある男になっていくだろう」とエミールの家庭教師にアドバイスしていた。[*37]

　ジョン・ロックもルソーも、肉体的に健全な身体は、道徳的に適切な心構えに欠かせない、と考えていた。彼らは、教育や人間本性に関する自分たちの理論を通じて、この結びつきを広めた。外見は内的な価値の象徴となり、万人が目で見て判断できるしるしとなった。例えばフランス革命期に、革命の自己表象の一部として、[*38] 男性の身体構造自体が健全な国家および社会の象徴となった。実際、本書全体で見るように、男性の身体はこの機能を果たし続け、ついに二〇世紀においては、国民的な、さらに社会主義者にとってさえ自己表象の最も強力な手段の一つとなったのである。

ラヴァーターは、彼の人相学において何らの性的差異を設けてはいなかった。女性の能力に対する評価は低かったが、彼は全体としての人間性について記していた。[*39]約一〇年後に登場したヴィルヘルム・フォン・フンボルトにとって、男らしい美と女らしい美は人間性全体の象徴として相互に補完しあうものであった。真の美とは、男女の特性を超越していた。[*40]

ジェンダーの差異は、一八世紀の大半を通じて人間の思考全体を秩序づける明快な軸ではなかったが、次第により明確に定義づけられていった。女性はしばしば、もはや単なる母親、あるいは子どもの教育者としては見なされなかった。彼女は今や男性の欲望と支配の公然たる対象物であった。[*41]ルソーは「女性は、特に男性を喜ばせるようにつくられている」と書いた。[*42]あるいはヨーロッパの多くの国々に影響をもたらしたナポレオン法典（一八〇四年）二一三条にあるように、「夫は妻を保護する義務を負い、妻は夫に従属する義務を負う」とされた。

男らしい美と女らしい美は一八世紀半ばまでに、もはや補完しあうものではなく、相互につながりのない、異なった別々のものとして通常受け取られ、人間美の理想を狭めていった。しかし我々の関心は、優しく魅惑的な女たちの美ではなく、進歩する健全な社会の象徴となっていった男らしさの美の方にある。こうした美に関わるジェンダー差が近代的な男性性の構築に果たした特別な機能については、本章の最後で立ち返ることにしよう。

男性の身体が、真の男らしさの象徴としてかつてないほど重要なものとなっていくにつれ、それをどのように創り出していくかには、男らしい美に関する特定の規準を設けることについてと同様、いっそう大きな注意が払われねばならなかった。男性の身体の発達と、身体がそれに合わせて維持されなくてはならない基準とは相互に結びついている。というのは、身体は、内的価値を外見がいかに反映させるかの認知に依拠して発達させられるからである。男らしさの理想は、身体構造を決定する明確に設定された規準に合わせて保持されるべきだということは、新しいものだった。しかしそれでは、男性の身体が熱望すべき規準——続く一世紀半の間、驚くほど変化しないこととなる男らしい強さと美の理想——は、どのようなものであったのか？

その男らしい美の理想は、ギリシアからインスピレーションを得たものであった。それは、古代ギリシアがヨーロッパ思想に影響を及ぼした主要な例の一つとして挙げるべきであろう。ヴィルヘルム・フォン・フンボルトは一七九五年に、ギリシア人だけが個人を抽象的な理想にすることに成功したと書いた時に、この理想を言い表し、同時にステレオタイプを探求してみせた。[*43] 人間美の抽象的理想は、ギリシアの彫像の美に対する、新しく出現した認識に基づいていた。ギリシア彫像は有名なコレクションにおいて見られるものであり、かつより重要なことであるが、模写や模像を通じて鑑賞可能にされたものであった。その結果、原則は具体的事例から引き出された。フンボルトのギリシア人礼賛は、なぜ一八世紀後半のギリシア復興がヨーロッパ知識人に計り知れないインパクトを与え、なぜJ・J・ヴィンケルマンのようなその普及者が当時の最も引用され検討された著作家の一人となったのかについてのヒントを、我々に与えてくれる。

考古学者・美術史家のヨハン・ヨアヒム・ヴィンケルマン（一七一七～六八年）は青年のころから、何世紀にもわたって無視されてきた芸術様式としてのギリシアの彫像の美を再認識させる必要性にとり憑かれていた。彼はサキソニー図書館司書として生計を立てていたが、その後、ローマに住むという生涯の夢を実現し、一七五九年にアルバーニ枢機卿の司書となり美術コレクションのカタログ作りに従事した。当時知られていたギリシア彫刻の主な作品はローマ、主にヴァチカンにあった。ここでヴィンケルマンは諸論考を著し、学術的調査と含蓄あるフレーズ、そして美学的判断の混合によってギリシア彫刻の美を普及させただけではなく、彼がそれに与えた意味づけにより、ギリシア彫刻の美を時代に再び意義あるものとした。

彼の最も影響力のあった仕事である『絵画及び彫刻におけるギリシア美術品の模倣に関する考察（ギリシア芸術模倣論）』（一七五五年）と、精妙なイラスト入りの『古代美術史』

（一七六四年）の中で、ヴィンケルマンはギリシア彫刻についての描写を通じて、普遍的に当てはめうる美の理想を提示しようとした。ここにおいて彼は他の美術に対する彫刻の優位を確立した。ヴィンケルマンの同時代人であり有名な哲学者であるヨハン・ゴットフリート・フォン・ヘルダーであれば、ヴィンケルマンに呼応する形でこのように書いたであろう。彫像だけが多次元的な真実を表現することができる。絵画はわずかに魔法に満たされた物語を示すのみである、と。[*44] 実際、男性の美のステレオタイプの構築の生命と言える男性の身体や顔の詳細な構造は、彫刻における表現を通じてのみ生き生きと躍り出てくるのだった。

ヴィンケルマンが範例として分析した彫像は、ほとんどがその身体の構造と動作を通して力と精力、あるいはまた調和、均衡、自己抑制を例示しているような若き運動家の像であった【図2・2と図2・3】。「高貴なる単純さと静かなる崇高」という、くり返し引用されることになるヴィンケルマンのフレーズは、これらの若者に対する見方を要約していた。印象深いフレーズを用いてギリシア的美を表現する文体は、彼の主張をより効果的にした。彼が描写した男性の身体は常にしなやかであり、余分な脂肪はなく、彼らの高貴なプロポーションを乱すような、いかなる身体あるいは顔の特徴も有していない（アルキビアデス[†2]は顔をゆがめるかもしれないという恐れゆえにフルートの演奏を拒み、過剰な笑いに対しても同じ理由から警告をした、とヴィンケルマンは書いている）。[*45] 理想的な身体は、

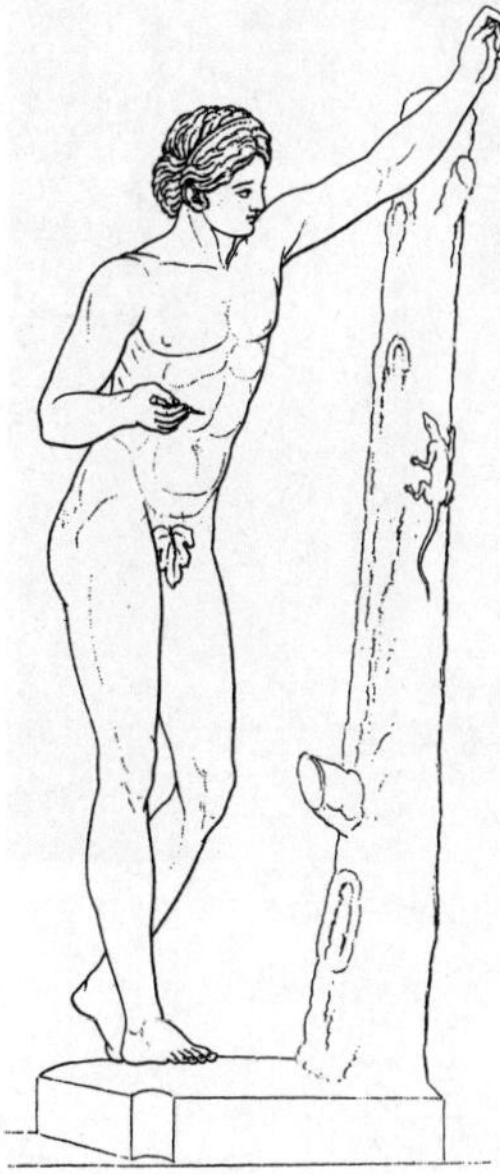

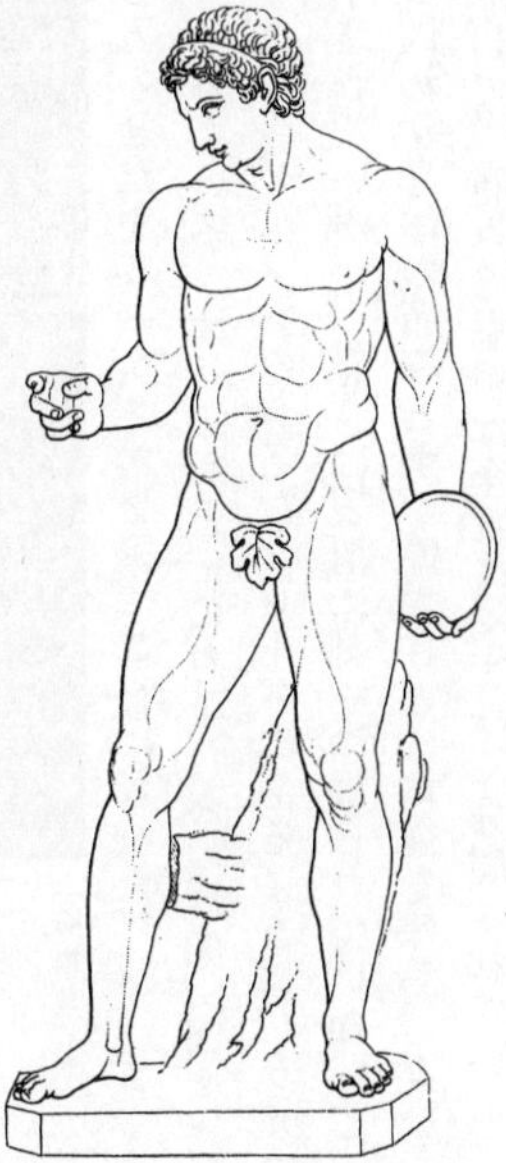

左）図2・2　ナウキュデスによる「休息中のディスコボロス」（ヴィンケルマン『古代美術史』より）
右）図2・3　青年（無題）（ヴィンケルマン『古代美術史』より）

図2・4　「ベルヴェデーレのアポロ」（ヴァチカン美術館蔵）

力と抑制の両方を、ラヴァーターも称賛した均衡を表現していた。そしてそれは、若き神々の中で最も美しい、ベルヴェデーレのアポロ【図2・4】において例示されたのであった。ゲーテは一七七一年に「ベルヴェデーレのアポロよ、なぜ御身は自らを裸身において示したまい、我らに我ら自身の裸身を恥じ入らせたまうのか?」と書くことになった。[*46]

蛇に巻きつかれているラオコーンとその息子たちの群像【図2・5】は、一六世紀に再発見された。ヴィンケルマンの有名なフレーズにあるように、ラオコーンの痛みは、あらゆる筋肉に示されているが、怒りは表情に刻みつけられていないし、姿勢を決定づけてもいない。その代わり身体の痛みと魂の偉大さとは均衡を保ち、互いを打ち消しているように見える。[*47] そして、痛みと忍耐は全身にくまなく分配されている。[*48] ラオコーンと彼の息子たちは、真の男性の英雄主義を作りなす自己制御のシンボルとなった。[*49]ヴィンケルマンは、何度も何度も引用されて一般化した一つのイメージを、ラオコーンを性格づけるために用いている——「たとえ海上で嵐が荒れ狂っていても海の深いところでは平穏が残されているように、まさにギリシア人の表情に、彼らの受苦にもかかわらず、偉大で平穏な魂が示されているのである」。[*50]

図2・5 「ラオコーン」(ヴァチカン美術館蔵)

ヴィンケルマンは、ギリシア彫刻を、彼らの身体の構造を通して見えるものとして表現した。ここにおいて、彼の表現によれば、男性の身体は、不純物のかすにすぎない人間から浄化されて、神格化された。[*51]ヴィンケルマンが非凡なことを行なったギリシア人に言及する時、それが運動競技の勝者となりがちだったとしても、この文脈においては驚くことではない。つまり体操訓練をする時、若者の裸身の調和のとれた姿態を通して、その若者の高貴な魂が表出するのである。[*52]そこには近代的な男性性を形作る際に身体運動が果たす、重要な役割が予告されていた。当然ながら、運動選手を別にすると、ヴィンケルマンがギリシア人の職業として言及したのは芸術家のみであった。[*53]このような美しき身体への愛は、近代的な男性性に生気を吹き込み続け、男らしさのステレオタイプを特徴づけることとなる。その継続性は実に驚くべきものである。例えば一世紀半以上経た後、アドルフ・ヒトラーは美のギリシア的理想の永遠性と呼ぶものを、たぐいまれな身体美、輝き出る精神、高貴な魂の三者の結合に帰した。さらにヒトラーは、腐った身体は最も強く輝く精神によってすら美化されないと主張することで、美しい身体の優越性を確立していった。[*54]ヴィンケルマン自身が同性愛者であることは、この主張をするにあたって無関係ではなかった。男性のステレオタイプの発展がいかなるものであろうと、端正なイギリス男性や生粋のアメリカンボーイといった標準的な男らしさの理想に生気を吹き込むこととなるイメージの出発点には、ホモエロティックな感受性が存在していたのである。

しかしヴァチカン美術館のラオコーン像を見たことがある人ならば、ヴィンケルマンの描写に諸手を挙げて賛成はできないだろう。怒りが勝っているように見えるのである。ラオコーンの顔の表情のみならず、運動するギリシアの若者の実際のプロポーションにしても、ヴィンケルマンの語る理想とは、必ずしも一致してはいなかった。崇高な美を定義する静けさと、ラオコーンのような彫像が表現する暴力の間の緊張が充満している本として、ヴィンケルマンの『古代美術史』を読むことができる。[*55] しかしヴィンケルマンが重要であったのは、まさにこの緊張を解決したと見なされたことによって男らしさの美の規準を設定したからであった。その結果、例えばゲーテから見て、ヴィンケルマンは、形態の美を通して男らしい力をコントロールしていた。ヴィンケルマンが挙げた均整のとれたプロポーションの若者のいく例かは、すぐにも狂暴な怒りにかき乱されうるように見えたとしても、[*56] それにもかかわらず彼らが自らの激情をコントロールしているとされていたことが要点なのである。

なぜヴィンケルマンは調和、均整、節度という、彼にとって偉大にして穏やかな魂と同義だった三つの特性を通じて、美の理想を定義したのであろうか？　おそらく彼は啓蒙主義が提唱した「コスモポリタンな調和」というものの魔力に囚われていたのだ。彼はまた、統合と均整について多くの言及をしているベールの『歴史批評辞典』に感銘を受けていることで知られている。個人的な要素も重要な役割を果たしていた。つまりギリシア彫刻は彼自身の混沌とした生活に秩序を与えるものであっただろう。もちろん、彼の同性愛が、ギリシアの若者のほとんど官能的な美に彼が最初から焦点を当てることを決定づけたであろう。[*57] いずれにせよ彼は彫像に対する自身の観想、自身の「内面の声」が、集中的な研究と一緒になって彫像の美への判断を決定づけていたことを隠さず認めていた。[*58]

しかしながらヴィンケルマンが判断を行なう際に、いかに個人的な要素が重要であったとしても、彼の影響力については、彼の言葉が当時の人々の心に響いたということでしか説明できない。彼はそれらの彫像を理想美の投射としてとらえた。すなわち彼は、それらを抽象的にとらえたのであった。彼自身が述べているように、あらゆる個人的あるいは偶発的な特徴の欠如が、ギリシア彫刻の美の本質であった。[*59] そのような美の概念はギリシアの若者からあらゆる性的な匂いを消し去り、彼らの裸体を受容可能にした。[*60] しかしそれは、例えばほぼ同時代のイギリス人画家ジョシュア・レイノルズにより、以下のように表明された考えと調和してもいたのである。「美の理想は、その一般原則へと還元されねばならない。美は、個人の実在より優越したものである」。[*61]

ここで、かつてないほど外見に依拠する時代において、美という概念の占める場が重要である。美の概念が公私の生活のさまざまな象徴に生気を与えた。古代ギリシア人はすでに視覚を他の感覚に優越させ、[*62] バロックは世界を舞台に変えていたが、今や視覚に関わる領域は世俗化され拡大し、日常生活や政治生活のリズムの一部となった。男らしさの美へのヴィンケルマンの没頭は、彼の時代の趨勢であった。ヴィンケルマンがギリシア彫刻を再発見しつつあったころ、芸術的な努力と美の崇拝はブルジョワジーの間での新たな地位を得ていた。例えば公共の建築物は、都市や国家の徳を象徴するフレスコ画で飾られた。

そしてより重要であったのは、一九世紀初頭以降、ヨーロッパのほとんどの都市において美術館の建設によって、人々が芸術作品に触れることが可能になったことである。美の追求は中産階級の生活の不可欠な部分になった。男らしい美の探求やギリシア崇拝は、このような一般的な枠組みの中で見る必要があり、その後は産業革命により生み出された変化の中に置かれた。「美、真、聖」は調和させられ、回復され、結合されて、一種の救済になった。[*63] ヴィンケルマンが生み出した理想は、ここで近代の一部としての確実性ならびに向上についての探求の一部として機能したのである。

ヴィンケルマンが「美の王国」の再発見者として、一九世紀半ばにその誕生日が大学で祝われ賞揚されたのは典型的なことであった――美の感性や真の芸術の享受が闇に覆われた時代に、彼は明かりをともす者として選び出されたのだと言われた。[*64] ヴィンケルマンの誕生日は多くのドイツの大学で毎年祝われ、それらのテーマは疑いなく似ていた。ここにおいて取り消しようもなく結びついた美と男らしさのヴィンケルマンの理想は、中等教育機関も参加して制度化されていくことになった。

しかしこれはヴィンケルマンが、枠組みとなるにふさわしい美の概念を示したので、非常に多くの同時代人が彼の影響下に置かれ、将来の世代にその男らしさの構築を伝えていくことになったためばかりではない。ヴィンケルマンが、近代化しつつある社会の最も深いニーズの一つである男らしさの美的理想を定義したからでもあった。ヨーロッパが近代産業化社会へと移行していく新たなスピードは、一九世紀初頭において多くの人々を脅かした。ちょうどそのスピードが、世紀末においては混沌《カオス》となりそうであったように。

近代社会は秩序を必要とし、同時にそれなりのダイナミズム（活動性）をも必要とした。社会的ヒエラルキーは、商業や工業における新たな機会とコミュニケーションの新しいスピードとを伴った、産業革命が解放した新しい力による挑戦を受けていた。ここに秩序とダイナミズムとは和解されなくてはならなかった。ヴィンケルマンの語った像の「高貴なる単純さと静かなる崇高」[*65]は、身体的な調和と均整を通じてあらゆる不都合な動きを制御しながら、男らしい精力――ある種のダイナミズム――を可能にした。ラオコーン像は再びよき例証となった。動きは彼の差し伸べられた腕や表情の輪郭によって示されたが、痛みや苦しみと同様に抑制され体全体に調和的に分配されていた。まさにヴィンケルマン自身にとってそうであったように、身体的鍛練を通じて鍛えられた筋肉が、彫像のもつ美の重要な一部だった。ポーズや表情が調和を映し出す一方で、筋肉は精力を表した。[*66]男らしさのステレオタイプは、個人についての顧慮を捨象した美の原則を表象していた一方で、社会を引き裂くように見える二つの対立的な力を調和する必要性に取り組んでいたのである。

同時代の人々、さらに一九世紀の人々の関心に応えていたから、ヴィンケルマンの影響は多大だったのである。確かに男らしさについてのヴィンケルマンの解釈を広めた人々は、ヘラクレスやラオコーンの像についての自身の見方を形成するうえでインスピレーションを得るために、独自に古代人と向き合えたかもしれない。しかし過去は常に現在によって仲介されている。ヴィンケルマンの同時代人とその後継者は、ヴィンケルマンがギリシアの現実をとらえており、それが彼ら自身の関心に合致すると考えた。ここで見られることは歴史研究にはつきまとうことであるが、過去が実際にいかなる自己像を持っていたのかを問うことは、後世の態度を理解するうえで必ずしも妥当性があることとは限らない。そうではなしに、過ぎ去った時代の何を後世の人が真実として考えたのかを問うべきなのである。

我々が論じてきたような美の原則、ひいては社会の自己イメージとして美が象徴したものから、女たちは排除されていた。これは重要なことである。ヴィンケルマンにとっての至高の美は、女性ではなくむしろ男性なのであった。[*67] ベルヴェデーレのアポロ、アントニウス、あるいはラオコーンのような至高の美の例は、両性具有などでは決してなく、女性の影響が排除されているので「真の男」だった。[*68] このような男性美という理想は近代文化において一般的なものではなかった。そこでは伝統的に美は女性の領域とされていた。明確に定義された時を超えた美と行動的な男性の役割との結合は、男らしさに新たな次元を加えるに十分であった。しかし加えて、検討したように、ここにおいて男性的精力は、近代社会が価値を置く貴重な諸徳を付与された。女性が自分たち特有の感覚的な美を占有し続ける一方、新たに発見された男性の美は、異なるダイナミックな機能を遂行させられたのである。

ヴィンケルマン自身よりもはるかに大きな名声を与えられることになる男たちが、ヴィンケルマンの影響下に出てきた。例えば、ヨハン・ゴットフリート・フォン・ヘルダーは、ヴィンケルマンを、彼の時代を照らすべく灰の中から甦ったギリシア人と見なしていた。[*69]しかしヴィンケルマン讃を折しも書いていた一七八一年においても、ヘルダーは古代芸術はもはや流行遅れだと信じていた。[*70]彼は正しかったのかもしれない。それでもギリシア復興は魅力的な男性ステレオタイプを表現し続けた。例えばゲーテは、自分が有している巨大な威信をヴィンケルマンに供した。彼はヴィンケルマンについておびただしい言及を行なって、芸術を通じてより偉大な人間性へと自己研鑽しなければならぬという、自律的な人間についての自らの理想の確証を、ヴィンケルマンの美学に見出したのであった。[*71]ヴィンケルマンの理想は教養《ビルドゥング》の一部となった。すなわち、中央ヨーロッパにあっては良き市民をつくることを意味していた自己陶冶《ビルドゥング》と人格形成への中産階級的衝迫となった。これは強力な提携であり、ヴィンケルマンその人が自然に従って男性が体現しなくてはならないあらゆるものを例示した、というゲーテの信念によりいっそう強められた。美しい人間は、自然の最終産物とされた。[*72]こうした啓蒙主義の男性たちにとって、ギリシア青年の男らしい美は自己陶冶を追い求める人々に対して実例を提供しただけでなく、自然と自然の法の一部であり、急激に変化する世界における不動の基盤でもあった。ヴィンケルマンに批判的な人々ですら、彼を讃美した。フリードリッヒ・シラーは、ヴィンケルマンの描写があまりにも抽象的であると考えていた。彼自身はギリシア彫刻を、色彩と形態が豊かなものとして見ていた。しかしシラーですら、ヴィンケルマンが唱えた美の規準、美学が、ナポレオン戦争、革命、社会変化の時代に、いかに安定の感覚をもたらすのに貢献したかを主張している。彼が一七九五年に書いているように、芸術が男性の威厳を保持してきたのであり、芸術は人間が及ぼしうる干渉のかなたに存在していなければならないのである。[*73] 芸術が、判断の絶対的な規準をもたらす。

一八世紀の著述家・哲学者であるカール・フィリップ・モーリッツは、ヴィンケルマンの身体から離れた美を批判して、芸術は生身の身体の美をとらえなくてはならないと主張した時、かなり核心に近いところにいたようだ。しかしそうした主張はヴィンケルマンと矛盾するものではなかった。というのは、結局のところヴィンケルマンの美の理想は、生きている男たちが身体改造をする手引きとなっていったからである。ところが、モーリッツは、このような抽象が親しみやすい人間の形に具現化された時にもたらす魅力について理解を示さなかった。そうした抽象が、統治や政治から独立して探求されなければならない目標なのであった。[*74]

ヴィンケルマンの影響はドイツ語圏を越えて広がっていった。例えばフランスで、彼は熱狂的に迎えられた。彼の「高貴なる単純さと静かなる崇高」は、一世紀近く前のフランスにおけるいわゆる〈古代派〉の考えにその起源を持っていたのであったが。ヴィンケルマンの概念は、彼の著作が一七五五年に最初に翻訳されてから二年も経たないうちに、フランスの啓蒙主義に浸透した。そして時代の偉大なる宣言である『百科全書』は、ギリシア人が理想美を生み出したということをヴィンケルマンが証明したとして、称えたのであった。[*75] フランス革命以降、ヴィンケルマンは当時のフランスと、彼の説明によるところの古代の理想の正当な後継者たるフランスとの間をつなぐ橋のように見られた。[*76] 自由についてのギリシアの理想は、ギリシアの芸術の繁栄の必要条件であったという彼の主張によって、その著作『古代美術史』は、当時のフランスにおいて盛んだった、芸術的であると同様に政治的な論争の焦点となった。[*77]

したがってフランス革命期における最も重要な画家であり、自身も男らしさの理想に影響を与えたジャック＝ルイ・ダヴィッドが、ヴィンケルマンを大変尊敬していたことは驚くべきことではない。彼はいくつかの戦士の絵において、ヴィンケルマンの著作中に載せられている古代彫像の図版に触発されている。そして反対にそれらの戦士たちが、今度は静かで、考え深げな人物の例となった。「テルモピュライのレオニダス」（一八一四年、【図2・6】）における「静かなる戦士」は、戦いにおもむく前に不滅の約束に思いを馳せていた。[*78] ダヴィッドは道徳的な美に英雄主義と落ちつきを結びつけた。彼の有名な「ホラテ

図2・6　「静かなる戦士」。ジャック＝ルイ・ダヴィッド「テルモピュライのレオニダス」（1814年、パリ・ルーヴル美術館蔵）。レオニダスはスパルタの王で、この戦いで戦死した。

イウス兄弟の誓い」（一七八四年、【図3・1】九三頁参照）のような絵の中において、これら男らしさの特質を、女性的な弱さや激情に対置させた。女たちが傍らに座り、泣き、嘆いている一方で、ホラティウスの父と息子たちは、ローマに自らを捧げることを誓っているのである。[*79] 間接的であったが、ヴィンケルマンはフランス人に影響を与えたと言えるかもしれない。男らしい美と振る舞いの規準としてヴィンケルマンとフランス人たちとが主張したのは近いものだった。

　しかし、ヴィンケルマンの思想は、根本的には変わらなかったとしても、一九世紀の間に改訂が施された。例えばイギリスでは〔批評家〕ウォルター・ペーターが一八六七年の著書において、ヴィンケルマンの言う、紀元前四世紀以降のギリシア彫刻における優雅さと安らかさの中に「古拙な不動性」を見たのだった。ヴィンケルマンは、生活のリアリティにより近い「芸術の野太いタイプ」を、視野から除外していた。[*80] 先立つ数年前、有名なスコットランドの解剖学者であるロバート・ノックスは、北方人種に受け継がれたと彼が考えた強靭さ、エネルギー、バイタリティ、といった諸特色の混合を、ギリシア的形像の中に見出した。[*81] しかしながら、ヴィンケルマンのベルヴェデーレのアポロによって依然として影響を受ける一方で、イギリスにおける男らしさの理想は一八〇七年にロンドンにおいて公開されたエルギン大理石群[†3]に示されている理想へとやがて結びついた。それらの彫像は休息している時ですら腕を使い、話し、互いに向き合っていた。

一九世紀末までに、ヴィンケルマンへの批判は二点なされた。彼のギリシア人は受け身すぎるということ、そして現実性に迫りきれていない、ということである。後者の方の批判を極端な形で行なったのは、内科・外科医であったチャールズ・ベルだった。彼は一八四四年にギリシアの美は神性を表現したのだというヴィンケルマンの主張を否定した。ベルにとって、美は、神経と筋肉の適切な機能に依拠している物質的原因を持っていた。[*82]

そのような批判は、社会的・経済的変化が加速しつつあった時代の反映であった。その時代において新ロマン主義が、身体によるジェスチャーや動きで表現された、より大きな感情的行動《センチメンタリティ》を要求していた。そして同時に、抽象的なるものは具体的表現を見出さねばならなかった。マテリアリズム、すなわち像の自己完結性の強調も、ギリシア的理想を地上に下ろそうと企て、男性の身体がいかに美しくとも結局は生物学的な構築物であるということを主張する新しい科学的精神を示していた。ウォルター・ペーターは同様に、ギリシア彫刻の自然さについても言及した。そして右腕を後方へ振り、左足を前へ踏み出すという二つの反対の動きの間で静止する瞬間のギリシアの若者を表現した、ある一人のギリシアの芸術家を高く称賛した。[*83] しかし理想的な彫像に動きというものをもたらそうとするこれらの試みにもかかわらず、ヴィンケルマンの男らしさの理想の本質は、無傷であり続けた。たとえ理想的な彫像が、もはや神性の直接の流出とは見なされなくなり、その静かなる休息が、微細な動きによって侵食されているとしても。

プロポーションと像全体の性格は強調され続け、情熱は抑制され続けた。ペーターによると、美しい男性の容貌は、怒りも欲望も驚きも示してはならない。ギリシアパラダイムにおけるある種の動きを彼は欲していたものの、動きは唐突なものであってはならなかった。[*84]「動きの中の休息」という、ギリシア的美の理想のペーターによる表現に、ロバート・ノックスも同意したであろう。[*85] ヴィンケルマンは近代化された。彼の静かなる休息と理想的な男らしさは、より大胆で、より厳格となり、より神性の少ない鋳型を与えられた。しかし、男らしい美の基本的な原理を変えることはなかった。

男性美の規準は一八世紀後半までに確立されて広まり、国民的あるいは人種的な特性を強調する人々によって採用された。その際、彼らは、自分たちと対立する国民や人種も同様の男らしさの理想の多くを共有しているということには、気づかなかった。その結果例えば、アーリア人種というもののドイツ人の提唱者は、はるかな東方にある彼らの起源地からの移動の途上で、アーリア人種はギリシアを通過し、古代世界における最良のものを吸収した、と信じていた。時には、ヴィンケルマンの男らしさの美の理想に、色彩が加えられた。ギリシア彫刻は彩色されていなかったと、ヴィンケルマンは誤って考えていたが、カール・グスタフ・カルスは、著書『人体形態の象徴学』（一八五三年）において、太陽に由来する金髪の色が、優等な民族に付加されたしるしであると主張した。[*86] しかしながらカルスにとって、ギリシア彫刻の身体構造は他のあらゆる人種に勝っていた。なるほど、世紀末に向かうドイツにおいて、変則的な形態がドイツの精神性、すなわちその奇妙なまでの頑固さという特性を反映していると考える人々が存在していた。[*87] しかしそのようなアーリア人は通常、老いて皺だらけに描かれた。他方、若者は美のギリシア的規準によって測られた。後述するように、近代的ナショナリズムの頂点にいたナチスは、このような男らしさの理想を他の民族と分かちあっているということに、薄々気づいていたように思われる。[*88] 本書を通じて我々は、このような美の男性的概念の根深さを描き出すために、そうした並行現象を指摘することになろう。

第3章　男らしい美への到達方法

男らしさの美の規準は今や定まったわけだが、それはいかにして到達されうるのであろうか？　ヴィンケルマン自身は、体操訓練によって裸の男性の身体の男らしい輪郭や崇高な美が顕示されていたギリシアの運動場について言及している。[*1] 人間の身体を鍛える手段としての体操の興隆は、男らしさのステレオタイプの完成への重要な一歩であり、牽引役を演じるようになった。よく鍛えられた健康な身体が、知性とのバランスを保てた。そのようなバランスは、適切な身体的ならびに道徳的な振る舞いの必要条件であると考えられた。立派な若者は人口に膾炙《かいしゃ》したイギリスの慣用句のように、「すこやかに伸びる身体、冴えわたる頭脳」でなければならなかった。

体操はヴィンケルマンのインスピレーションから単独で導き出されたものではなかったし、ギリシアの事例からだけでもなかった。ティソが一七八〇年に「体操は鍛練という手段を通じて健康の維持や回復を教える医学の一部である」と表現したように、一八世紀の大部分を通じて、それは個人向けの衛生学の一要素と見なされていた。[*2] ティソは、ヴィンケルマンの最も重要な諸著作が公刊されたのとほぼ同時期に書かれた『健康ハンドブック』（一七六一年）において、完全な男らしい身体の例として、ギリシア人ではなく、自然に近いいわゆる「未開の民族」のことを書いている。その際にも、体操は、身体的鍛練に関する議論の中で、道徳的命令がいっそう重要性を増していくにつれて、無法な情熱をコントロールするものとして語られた。

すでに述べたように、身体と魂の一体性は、近代的な男性性の構築物の一部としての運動競技の基盤であった。その結果、ルソーにとっては、身体的鍛練はもはや精神の鍛練に劣るものではなく、双方が自然に従った生活に不可欠な部分なのであった。[*3]

ドイツにおいて青年教育に対する身体的鍛練の有用性についての議論が開始されてから数年後に刊行されたJ・C・F・グーツムーツの『青年のための体操』（一七九三年）は、近代的体操の基本テキストであり、一九世紀を通じて改訂を重ねた。[*4] グーツムーツは、数年後の一九世紀初頭に、ドイツにおける体操の強力な普及家となるフリードリッヒ・ルートヴィッヒ・ヤーンとともに、伝統を作り出した。後述するように、その伝統は中央ヨーロッパに影響を与え、さらにフランスにも及んだ。[*5] 主要な論調としてではなかったが、ギリシア礼賛はグーツムーツの本に示されている。グーツムーツは、身体と魂は互いに依拠しあっているとくり返したにもかかわらず、身体こそ第一であると強調している。個人における身体的ぎこちなさ、神経の弱さ、不健康は、世界についてのその人の認識の歪みをもたらす。なぜならば世界認識は身体から心へと伝えられるからである。[6] 弱々しく、病気がちで、スポイルされた男性にはよいことは何もなかった。[7] その点まではグーツムーツの体操に対する評価は分かりやすいものであった。

しかし、自分の実用的指導は美学からのいかなる干渉も許すものではないと強調したとき、彼は自己矛盾に陥った。美の理想は、グーツムーツの若者向け体操という、身体的美が精神の美に影響を与えているとされた場においても、確かに一つの役割を果たしていたからである。[8] 身体のあらゆる部分におけるバランスの取れたプロポーションと調和は、適切な姿勢と同様に重要であった。なぜならば、「美からの推薦状に誰が応答しないだろうか？」[9] というわけだから。再度、男性美は、強さと精神の象徴としての男らしさの規準を設定する。グーツムーツは、醜さは最も野蛮な国民さえも落胆させる、と書くまでになった。[10] このような言明は、美の本質についての合意を前提にしていた。と言うのも、第2章で述べたように、美と醜さの規準がすでに設定され、標準的なものとなりつつあったからだ。

男らしい美は道徳的価値のしるしであった。そして、道徳的健全さと精神的たくましさは身体的強さの結果であることの方が多いと、グーツムーツは述べている。[11] 男性の身体、美、そして道徳は再び結びついた。これらは一緒になって「男らしい勇気」、そして「男らしい精神」を象徴化したのであった。グーツムーツが彼の男らしさの理想の記述に引いた人間の例は、ベルヴェデーレのアポロやアメリカ先住民の戦士といった自然的な男性であり、啓蒙主義的理想における〈高貴な野蛮人〉とギリシア人との奇妙な混交であった。[12] これは腕力に訴えることを勧めるものではなかった。反対に、ここで持ち込まれた中庸さは、中産階級社会全体に広まっていたものであり、新たな男らしさのステレオタイプの構築に通底する調和への希求において典型的なものだったのである。グーツムーツが考えていた男らしい勇気は、蛮行と臆病との中間の道を見出さねばならなかった。彼は男らしい勇気の大部分を騎士道として定義しており、そのことは火事や事故から犠牲者を助けることや、弱者を守り真実を語ることを意味していた。[13]

グーツムーツも、また彼の若き同時代人であり名声の点で彼をしのぐフリードリッヒ・ルートヴィッヒ・ヤーンも、騎士道的伝統の部分的な継続を近代的な男性性の中に見出した。実際、フェンシングは体操の一部となり、ドイツにおけるヤーンの協力者の一人だったエルンスト・アイゼレンは、体操とフェンシングの両方の教則本を書いた。ヤーン自身はフェンシングを、主要な鍛錬の一つであり、体操のトレーニングを仕上げるものだと考えていた。[14] ただし彼は愛国者だったので、中世にではなく古代ゲルマンにフェンシングの伝統の起源を求めたのであった。

しかしグーツムーツにとって、この騎士道的伝統は、愛国主義の単なる補助ではなかった。中央ヨーロッパを危機に陥れたナポレオン戦争以前に書かれた彼の論文では、国民意識についての顧慮もなかったし戦士の伝統もまったく含まれていなかった。そこでは、第2章で述べたドイツの決闘において支配的になっていく、より攻撃的な傾向よりも、むしろ騎士道的伝統の思いやりのある道徳的側面が一九世紀に持ち込まれた。グーツムーツの騎士道概念の使用は、ブルジョワ的感受性への騎士道的理想の適合の典型例であった。その騎士道的理想は、近代的な男性が有しているべき身体的・道徳的性質と統合された時、思いやりと高潔さとして例示される。

　しかしながら、進行中の学校改革の一部として体操をプロイセンの当局に受けいれさせるために、グーツムーツ自身がフランス革命に対する反動を結果としては利用した。その学校改革というのは、ある面、プロイセンの愛国者を教育するためにデザインされたものだった。グーツムーツは今や軍事訓練の不可欠な一部として身体的教育を論じ、その議論はおおいに受けいれられた。[*15] 彼はこれに続いてナポレオン戦争後に『祖国の息子に向けた体操教則本』（一八一七年）で、軍事教練とライフルの使用を取り入れている。とはいえそれはしぶしぶであった。ヤーンやスウェーデンのパー＝ヘンリック・リン（近代体操の基盤をつくった三人のうちの三番目の人物）とは異なり、グーツムーツは、彼がよく知られた主著で提唱した体操が、軍隊体操と分離していることを望んでいた。

　軍隊体操は軍事教練の一部としての体操を意味し、グーツムーツが身体と魂のリラクゼーションの一部として提唱した、いわゆる戦争ゲームではなかった。戦争ゲームは無邪気なゲームであり、通常、いくつかの架空の城塞を急襲したり捕虜を獲得したりするというもので、剣の代わりに旗竿《はたざお》が用いられ、「敵の兵士」からこの旗竿を獲得するために乱暴に押したり、取っ組み合うことは固く禁じられていた。誰であれ自らの旗竿を失った者は捕虜となるかゲームから外れた。そうであっても、これらは戦争ゲームなのであって、征服された城塞の壁の向こうに投げ出されるべき旗を持った敵が、存在していたのであった。[*16] 緩和され間接的であったにせよ、ここにおいて男らしさと戦争は結びついており、このような戦争ゲームは少なくとも第二次世界大戦まで、ドイツの寄宿学校において興じられていたのだった。

リンとヤーンは、グーツムーツの男らしさに関する基本的な命題を継承した。そしてヤーンは依然として多くの人々によって近代的体操の創始者と見なされているが、おそらくそれは彼が、グーツムーツの男らしさの理想にあからさまな愛国的特性を加えたものを体操にもたらしたからであった。ヤーンは体操での鍛錬を「ドイツ人民の生命線」と呼んだ。なぜならばそれが、宗教、地域、階級への顧慮抜きでドイツ人コミュニティに、また若者らしさと男らしさに、到達する唯一のものだったからである。[*17] ヤーンはグーツムーツとは異なり、ごく初期から体操を、真の男らしさを形作り、軍事的技術の準備となるものと見なしており、ドイツ解放戦争〔一八一三～一四年〕から一九世紀半ばに至るまで、この体操の目的をくり返し述べて疲れを知らなかった。[*18] ヤーンは体操を、未来のドイツエリートにとって連帯精神を創り出すための、公的かつ共同体的な活動と見なしていた。一八一一年以降、ハーゼンハイデ[†1]と呼ばれたベルリンの草地において練習を積む競技者グループを目にすることは、単に教本をもってしてはかなわないほど体操を普及させたのである。ヤーン自身はグーツムーツを自分の先達の一人と呼び、彼の本を利用した。[*19] しかしながら、ヤーンが自身の著書『ドイツ式体操』（一八一六年）を書くまでには、フランスのプロイセン占領は終わり、ナポレオンは撃退されていた。しかし彼が取り組んでいたドイツ統一運動の目標はいまだ先の話であった。彼が体操家たちの間の共同体的精神、忍耐、無私を強調したのは、[*20] 覚悟があり瞬時にしてドイツの大義のために戦いうる愛国者を創り出そうとしてのことであった。ヤーンは体操家自身が「貞節で、純粋で、有能で、恐れを知らず、誠実で武器を取る準備がある」状態でなければならないと強調した。[*21] ここで強調されている具体的な諸特徴は注目されねばならない。それらは、男らしさの近代的な構築の全期間を通じて我々から離れないからである。グーツムーツは、それらの諸特徴のほとんどをヤーンと共有していた。これまで見てきたように、それらは近代に突入した社会が必要とする、ダイナミズムと秩序の両方を表現していたのである。しかしヤーンは、男らしさのステレオタイプにとって非常に重要な、真の男らしさについての美学というものを無視することはなかった。かくして、彼は最初期の体操家の最高の地位を、フリードリッヒ・フリースという、ヤーン自身の言葉では「若さと、身体と魂の美しさ」の体現者に特別に与えた。[*22]

ヤーンの体操の定義は包括的なものであった。フェンシングばかりではなく水泳、ダンス、スケート、乗馬、武術までも含んでいた。これらは、チームスポーツとは対照的な競技であり、それは重要な区別であった。男性の身体は男性の理想に接近するために鍛え上げられるべきであり、そこにおいてチームスポーツは役立たないと考えられていた。それ以上に、チームスポーツは競争を意味していたが、愛国主義は社会的連帯《ソリダリティ》が必要だったのである。ヤーンの体操鍛練は、適切な道徳性を表現する健康的で美しい身体を形作るだけではなく、新しいドイツ人の創造のためにも実際にはデザインされていた。彼は、真のドイツ男になることが、ドイツの少年の最も神聖な義務であると書いた。[*23] 男らしさを鍛練することは、常に彼の目標であった。彼が「ドイツ式体操」と呼んだものは、個人的な達成も評価されはしたがグループで演じられたのだった。これらの鍛練の目的を象徴化するために、彼は「体操（gymnastic）」というラテン語を、ドイツの単語と見なされたTurnenに置き換えた。[*24] 体操家はエクササイズにふさわしい、また加えて、彼らのボディラインを可視化するような、同一の服装をした（突き出たお腹は許容されなかった）。体操が行なわれる広場である体操場Turnplatzは、ある冊子によると、ゲルマン民族の英雄たちの伝説が甦り、過去が未来を活気づけるような、公的な聖域になぞらえられたのであった。[*25]

救世主的な要素が男性の身体の構成に導入された。以降、その要素がなくなることはなかった。真の男性はより高い理想に貢献しなければならないという考えは、しまいには、男らしさの軍事化と呼ぶことのできるものの重要な一部分となった。ヤーン自身は愛国者であったが、行進や軍服には目もくれなかった。それらは身体およびその動きを拘束するからである。彼がプロイセン軍の訓練に言及したときでさえ、[26]彼の念頭にあったのは義勇兵や非正規兵、すなわち、解放戦争を戦ったが、厳格な軍律下にある職業軍人ではない兵士たちのことだった。しかしながらフランス革命以降、体操と軍隊のつながりは公認された現実となった。体操はドイツ、スイス、オーストリアからイタリアやフランスのような国々にまで、グーツムーツやヤーンの事例を通じて広まった。それらの国々においては、とりわけ軍隊によって支持されていた。ちょうど皆兵制度が導入された折であり、個々の新兵の健康や体力が重視されるようになっていたのであった。しかし一般的な医学的顧慮もまたその役割を果たした。例えばフランスでは、フランソワ・アモロス大佐の『体育と道徳教育の教則本』(一八三〇年)が体操を医学的、軍事的、そして道徳的な理由から提唱していた。と言っても、軍事的な理由が主たるものであった。[27]

フランスとイタリアにおいて、体操はゆっくりとした、しかも混乱した滑り出しをし、一九世紀半ばまで、あるいはそれが学校カリキュラムにようやく組み込まれた同世紀末まででも、実際には定着しなかった。ドイツあるいはスイスの影響は、インスピレーションとして常に重要であった。ルドルフォ・オーベルマンはトリノでイタリア初の体操クラブを創始し（一八四四年）、イタリアの体操家たちに大きな影響力をもったが、彼はスイス出身で、ドイツの事例にインスピレーションを得ていたのである。イタリア軍はそのトレーニング・プログラムを通じて体操を制度化した。[*28] これらの国々でいかにさまざまに受けいれ方が異なろうとも、体操は男らしさの適切な規準を達成するための手段であり、目的のいかんにかかわらず、身体構造や振る舞いの強調を通じて男性のステレオタイプを肯定し強化する手段であると見なされたのだった。

グーツムーツばかりでなくフランスとイタリアにおける彼の後継者たちも、健康的で美しい身体が高貴な魂を示す、という体操訓練の道徳的意義を強調した。例えばルドルフォ・オーベルマンは、身体的強固さは道徳的勇気のしるしである、と書いた。[*29] 同時に彼は、若者に男性的な活力を与えるために、つまり彼の言うところの両性具有化——外見は男のままでありながらも、女性の不活性さに陥ること——から若者を守るために、可能なことはすべてなされねばならない、と強調していた。オーベルマンにとっての体操とは、女々しさを予防し、訓練され、勤勉で、控えめで、忍耐強い「男らしい男」を創り出すものであった。[*30] この諸徳の連唱はヴィンケルマンの「静かなる強さ」の解説のように読める。

男らしい男と女々しい男との対照は、近代的な男性性の構築の中に一貫して存在した。精力的であることと男らしい美のための議論は、それらの反対物の存在を含意していた。実際ラヴァーターは、美しい顔と醜い顔について、同じくらいの時間を議論に費やしたのである。出現しつつあった新興ブルジョワ社会は、ある部分で、自らの反対物と見なしたものとの対比において自己定義をしており、男らしさの理想は男らしくない男性を引き立て役にしていたのであった。

一九世紀が進むにつれて、体操は、怠惰な労働者を高潔な市民へと変化させ、世紀の終わりには社会主義、インターナショナリズム、ニヒリズムを食い止める社会衛生学となった。[*31] 一八九五年、ウォルター・ペーターは、部分的には性格ならびに魂の問題として、また魂と身体とのバランスの問題として、体操に対するギリシア人の情熱に言及した。その際に、彼は男らしさの理想を築き上げる助けになるものとして、体操の包括的機能について以下のように要約したのであった――ギリシアにおいてそうだったように、体操は、若々しい形態の身体的完全さを作り出すのだ、と。[*32]

体操へのペーターの讃歌にもかかわらず、イギリスは例外であった。そこではチームスポーツが男らしさの教育であると見なされていた。イギリスのエリートを教育する寄宿学校であるパブリックスクールが一八三〇年代に改革された際には、「信仰深さとよく学ぶこと」が優先すべきものと考えられ、徳性の教育は運動場よりもむしろ礼拝堂の問題であるとされていた。一九世紀前半における強い福音主義的《エヴァンジェリカル》精神の中で、少年は罪に対する戦いにおいて自らを証明していかねばならぬ者と見なされた。その戦いの結果こそが彼の顔に痕跡を残すと考えられていた。[*33] 少年はフェアに戦うものと考えられていたが、フェアプレーを鼓舞するようないかなる組織化された競技も、いまだ存在していなかった。しかし一八五〇年から八〇年までの間に、チームスポーツが男らしさのあらゆる訓練をしだいに担っていった。「真に騎士道的なラグビー選手は……言行のいずれにおいても、決して嘘をつかず、欺かず、卑劣ではない」のである。[*34] ここにおいてスポーツと道徳性はもう一度結びついた。典型的な例だが、「ワーテルローの戦いはイートン校の運動場において勝ち取られた」と言われるようになったのは、ナポレオン戦争当時からではなく、一八八九年以降になってのことだった。[*35]

　これらの学校で競技スポーツが支配的になったのは、福音主義的熱狂の減退と寄宿学校における規律の必要性に基づいていた。フェアプレーが、今や運動場でのふさわしい振る舞いを通して教えられるようになった。騎士道が英国紳士の定義の一部となった。クリケットのようなチームスポーツは、男らしさのトレーニングであるとともに、イギリスを他のヨーロッパ諸国から区別する騎士道的な戦場という想像上のイメージに近いものとして見なされた。しかしながらチームスポーツが教える徳は、体操が促すものとほとんど同じものであった。ただしフランス・ドイツ・イタリアでの身体的鍛錬と結びついた諸徳の中には、フェアプレーの強調はあまり見られなかった。おそらくフェアプレーの強調は、ヨーロッパで最も先進的であるけれども、万人の万人に対する闘争にたやすく堕してしまう経済というものを伴った国家〔イギリス〕において必要だと考えられたのであろう。しかしそのような徳に加えて、適切な礼儀作法（これはジャコバン党員との対比においてバークが非常に重視したものであった）、簡素さ、優しさを意味する育ちの良さも、英国紳士を定義づけるものだった。英国紳士はあらゆる面でバランスに配慮しなければならないのであって、決して見栄を張ったり極端すぎたりしてはならない——当時、こうした諸徳は、適切な男らしい振る舞いの一般的合意の一部となっていた。

　男性の身体を鍛えることは、健康や衛生、あるいは力と運動技能の獲得にとどまらない意義を持つものであった。それは、男らしい美と性格を形成し、ステレオタイプを作り出した。体操とスポーツは近代を通じてこの機能を保持し続けた。二〇世紀半ばによく見られた抑えのきかない闘争は、サッカーのようなチームスポーツを、伝統的に男らしさの徳と考えられていたものを教育するよりも、むしろ攻撃性が凝集する場所にした。にもかかわらず、今日も、スポーツは男らしさの徳を作り出すものとして人々の間でイメージされ続けている。

　鍛えられた感じのよい身体の創造は、我々がこれまでしばしば言及してきたような、中庸あるいは静かな強さといった資質をもたらす一般的徳育の一部分であった。男の美学は、社会が称賛する諸徳を象徴していた。男性美とは言わば見透かせるもので、近代的な男性性の本質的成分がそこで展示されたのである。しかしながら、適切な男性の身体の形成というだけでは不十分であった。理想的タイプの創造には意志の力が必要であった。体操家たちは、身体的鍛練が単に身体的健康のためになるだけではなく、人間の意志も同様に鍛えるということをしきりと主張した。[*36] 人間の意志を男らしいものへと教育していくことができるという考え方は広がり、それは体操訓練の中だけにとどまらなくなった。子どもに自信をつけさせ、忍耐と勇気を教えることは、意志の力を追求するドイツの教育者たちの目標になった。[*37]

適切な道徳的態度が同じような重要性を少しも持っていなかったかどうかについては、ある種の混乱はあったにせよ、原則として、身体的要素は意志の鍛練においてある役割を果たした。かくて著書『体操、ゲーム、スポーツを通じた勇気の教育』（一九〇〇年）の中で、ドイツのギムナジウムの教師であったコンラート・コッホは、意志のトレーニングに欠かせないものとして体操を称賛しただけではなく、同時に真の意志の根源を、キリスト教精神と祖国愛の中に置いた。身体的な勇気は、常に意志を試すものだった。そしてこの試験に通ることは、これまで何度となく触れたような男らしい徳の存在を想定させた。なぜならば適切な道徳性を有していてこそ男らしい勇気も、さらに言えば美しい身体も存在できるのだから。

近代的男性性の構築への確実な道は、男性の身体の鍛練を通してのものであり、それは、標準的な社会的態度と振る舞い、すなわち近代社会が称賛する諸徳を受けいれることを意味していた。しかし世俗化しつつあった社会においてですら、これらはたいてい、ギリシア的基盤と同様にキリスト教的基盤に基づいていると考えられた。一九世紀の人々には、ギリシア人はユダヤ人と手と手を携えてキリストの来臨を準備したと信じる者がいた。作家のジョージ・エリオットは、イギリスのパブリックスクールのラグビー校で教育された男たちが「キリストはギリシア語を話していたと考えている」のを見出した。[*38] 多くの著述家が、ギリシア的のみならずキリスト教的徳として、自己抑制、中庸、調和を描き出した。そして真の男らしさを創り出すにあたってのキリスト教の影響は、過小評価されてはならなかった。特に、強い敬虔主義的《ピエティスティック》な伝統を持ったドイツのプロテスタント、そして例えば礼拝堂を、もはや最優位なものではないにせよ、少なくとも運動場と等しいものとしてエリートの寄宿学校において位置づけていたイギリスでは、そうであった。道徳性はあるいは啓蒙主義の基盤の上にも築かれることができるだろう。その時、理性の発達が男らしさの教育において本質的なものであると信じられていた。[*39] しかしこれはきわめて少数派の立場であった。キリスト教が、社会が本質的であると見なした態度に関するルールのしばしば単なる隠喩であったにせよ、依然として道徳を支配していた。

　真の男が持つと考えられた性質の多くは、一八世紀の敬虔主義・福音主義の復興においてすでに大きな役割を果たしてきた。実際、それらの起源はおそらくカルヴァンの宗教改革に遡《さかのぼ》ることができよう。情熱のコントロール、中庸、性的・精神的純粋さ等はすべて、ヴィンケルマンがそれらを異教徒の〔古代ギリシアの〕若者に具現化されたものとして見出すよりもずっと以前から、プロテスタンティズムの強い要求だったのである。確かに、それらの性質は、概して男性の身体の外見に根ざしてきたものではないのであるが、その具現化こそが男性ステレオタイプの構築における第一の重要性を有していた。身体的なものは常に道徳的命令に従属していたが、時とともに両者の一体性は強められた。

例えば第2章でその人相学について言及したヨハン・カスパー・ラヴァーターは敬虔主義者であり、彼にとってキリストを通じて人間が神と出会うことは、人間の身体の完璧化に貢献するものであった。[*40] 人間に関わるものは何ものも罪深き世界において完璧にはなりえないので、人間の身体の「完璧化」こそ強調されねばならない。かくて『フェアチャイルド家』(一八一八年)というイギリスの福音主義の子ども用マニュアルにおいて、両親は自分たちの幼い子ども(五歳、八歳、一〇歳)に対して、彼らは生まれながらにして永遠に続く罰にのみふさわしいのであって、自らを救うためにできる行動は何もなく、イエスを信じることによってのみ救われる、と語るのであった。ヴィンケルマンがギリシアの若者の美によって象徴される男性の自律性に信を置いていたこととの相違は、この上ないほど、大きい。だがまた、この相違が、理想的な男らしさのステレオタイプを創り出すことにおいて何ゆえ具体的で不変の美の規準を伴ったギリシアのモデルが不可欠であったのかを、説明するのである。

敬虔主義《ピエティズム》自体、男らしさの問題に関心を有していた。神は男性を本質的に頑強で心身ともに強く、保全と防衛に適するように作った。しかしフィリップ・グレヴェンが指摘したように、福音主義の男たちは、男性をキリストの花婿と見なし、そのことはキリストの力に対する全幅の信頼と、自身の不能性の承認を意味していたため、自らの男らしさに対して居心地の悪さを感じていた。[*41] それ以上に、優しさがキリスト教的かつ男らしい徳と考えられており、この点で福音主義的男らしさは、いわゆる女らしい属性の受容に近づいたのであった。[*42] 感情を表すことは一八世紀においては普通のことであったが、それが決定的に男らしくないと考えられていた時代［一九世紀］に、イギリスの福音主義者は、公的な場で泣く、優しい心を持った、弱虫の赤ん坊として攻撃されたため、しばしば防御的姿勢をとっていた。福音主義的キリスト教は、この場合には標準的な男らしさの緩和に貢献した。公的な場で優しさや感情を示すことは、たとえ社会において広く受けいれられるものではなかったにせよ、福音主義のサークルの中では尊重されていた。

　しかしながら、この種のキリスト教でさえ、結局はオルタナティヴな男らしさを提示することにはならなかった。というのも基本的な男らしさの徳は手をつけられず、自己抑制、行動主義、家族の支配者としての男性の地位等に関するかぎり、再び強調すらされたからである。それにもかかわらず、イギリスにおける福音主義やドイツにおけるプロテスタンティズムは、鋭く角ばった所をなめらかにすることで、中産階級的感受性に男らしさを適合しやすくした。

ところが、優しさや思いやりのみならず原罪の強調にもかかわらず、一九世紀半ばのイギリスの福音主義運動の中において攻撃的で強健で活動的な男らしさが出現した。いわゆる「筋肉的キリスト教精神」が、強健な心身への信念を、あらゆる罪深さに対する、そしてイギリスの偉大さへと至る道に立ちふさがる人々に対する、戦いの関《とき》の声に変換していった。その戦いは、「男らしく神々しい、あのイギリス的な徳」に捧げられた本である『いざ西方へ』（この本は一八五五年の刊行後から同世紀の終わりまでに、四〇版を重ねた）において、福音主義の牧師であり小説家のチャールズ・キングズリーが「イギリス国家の偉大なる召命」と呼んだものに加わったのである。克己は本質的なものであり、「男性の自分自身に対する大胆さ」であった。[*43] だが、男らしさの名の下に時として力の崇拝に近づいたキリスト教精神を和らげる騎士道の理想も、同じく本質的なものであった。「筋肉的キリスト教精神」へのプロパガンダを行なった重要な人物であるトマス・ヒューズは、一八七五年にイギリスの少年たちに対して、戦うのであれば最後まで戦わねばならない――まだ立って目が見えるうちに降参するのは神々しいことでも正直なことでもない、と語ったのであった。[*44]

神々しいことと男らしさは結びついていたが、問題とされたのはいわゆる男らしい資質であった。デヴィッド・ニューサムは、「我行動す、ゆえに我あり」[*45]のフレーズを、男らしさの初期ヴィクトリア朝的概念を表す最適なスローガンと呼んだ。「筋肉的キリスト教」

は、当時すでに伝統となっていた男らしさの理想を異教的なギリシア的基礎よりもむしろ、福音主義キリスト教に据えようとしていた。しかし、それら男らしい道徳性の二つのルーツは、すでに述べてきたように並存していたのである。道徳性それ自体はキリスト教的と呼びうるが、しかし生ける象徴としての男らしさはギリシア的美学の嗜好によって形成されたのであった。真の男らしさがキリスト教徒の福音主義的信仰からきたものだと言われる時に、外的容姿があまりはっきりとしない役割を演じていたのは当然であった。しかしながら真のキリスト教徒の男性ならば、たとえ容姿や外見のディテールが完全に明確化されていなくとも、身体的に十分に発達しているものであった。背が高く強い、端正な若きイギリス人のステレオタイプがこの男らしさを表現していた。対抗的タイプはまったく逆のものとして表現された。その場合、女々しさが、例えばカトリック教徒、スペイン人、フランス人（すべて、イギリスの伝統的な敵と考えられている者たち）を性格づけるものであり、男らしさの第一の敵であった。

　意志の力と勇気が、敵闘するキリスト教徒にとって、本質的な男らしい属性であった。そして実際、近代的男性性の敬虔主義的・福音主義的特徴は、すでに議論したものと強調点の置き方のみが異なっていた。男らしさが審判されなければならない規準へは、道徳的価値が透けて見える男性的身体を鍛錬によって形成することで到達可能であった。あるいはイギリスではより限定的であったが、福音主義的キリスト教精神を実践することを通じて、可能であった。

キリスト教的であれギリシア的であれ、またはその両者が兼ね備わったものであれ、軍事的な徳はたいてい存在した。結局は、男らしさのステレオタイプは戦争と革命の時代を通じて創られていったのである。学校教育カリキュラムへの体操の導入を支持するように軍隊を促した規律正しさと同様に、英雄主義、死、自己犠牲は、男らしさと関連づけられていった。フランス革命における新しい市民軍は、それ自体が男らしさの学校であった。当初、フランス革命はその防衛を志すボランティアに依拠していた。しかし一七九三年、国民公会は、武器を取れる男性市民のすべてを徴兵すると宣言した。これは新たな展開であり、金銭や冒険のために戦う傭兵の終焉であった。兵士たちは、彼らの戦いを鼓舞するであろう高貴な大義のもとに召集された。かつての傭兵が男らしさの徳の教育には興味を持たなかった、あるいはそのためには劣悪な人材であったのに反して、今や兵士となることは男らしさのトレーニング、男らしさの教育の一部となったのである。

フランス革命軍の兵士たちは、フランスと戦ったプロイセン軍の義勇兵たちと同様に、あらゆる階層の出身の市民であった。戦争というプリズムを通して見られた男らしさの理想は、一般国民の中に浸透した。それは、中世の騎士が決して達成することを試みも望みもしなかった偉業であった。いわゆる兵士的な理想自体は、さまざまな部隊における将校のような、教養・教育がある中・上流階級出身者によって広められた。近代的な戦士が、今や体操家とギリシアの若者とを男らしさのモデルとして結びつけた。男女と社会についての多くの本を書いたドイツのフリードリッヒ・ポッケルスは一八一三年に、適切な社会的振る舞いについて言及した際、軍隊についての一節を加える必要を感じた。と言うのも彼自身の言葉によれば、軍隊は以前には欠けていた大きさや重要性を獲得していたからである。それ以上に、みな兵士だという友愛の精神が、彼らの間を階級を超えて支配していた。[*46] 実際に、今や兵士はあなたが恐れ避けてきた傭兵ではなく、あなたの息子、あるいはあなたの隣人なのだった。

人生におけるより高い目的のための英雄主義、死、自己犠牲は、男らしさの一揃いの属性となった。フランスの革命家は「英雄的な禁欲主義と威厳」を賞揚した。それらは、ヴィンケルマンのラオコーンがその苦痛の中で「静かなる強さ」を象徴したのとちょうど同じように、視覚表現の主題でもあった。ジャック＝ルイ・ダヴィッドは、そのような英雄たちを描いた。そして死、自己犠牲、英雄主義は、殉教者たちを称えるために革命期に設けられた数え切れない祭典において、断固として結びつけられた。パンフレットや絵画における革命的英雄の身体的描写は、彼らの威信の表象に不可欠な要素であった。したがって、まもなくジャコバン党によってギロチン刑に処せられる囚われの若きジロンド党議員は、称賛者の絵筆によって、牢獄にあってさえも顔を高く上げて描かれた。さらになお、彼の性格が「活力と男らしい美」を有する顔に刻印されていた。[*47] アレックス・ポッツは我々に、革命期美術を支配した新古典主義が、いかに男性美を、死に暴力的に直面させられた身体を通じていっそう鮮明なものにしたかを語っている。[*48] 革命家は、強壮な男性身体が死に直面する場面を描いた絵画を好むと言われてきたが、それは確実に新しい「軍人精神」の一部だったのである。[*49]

しかしながら「自由・平等・友愛」であれ、ドイツ解放戦争のような国家統一の探求であれ、自由の理念に、死と自己犠牲は結びつけられた。そのような英雄たちが結びつけられた自由とは、より高邁な大義への奉仕における自由であって、個人的な自由ではなく、国家あるいは新しいフランス共和国の自由であった。フリードリッヒ・シラーの有名な「騎士の歌」（一七九七年）はそのような自由を定義している。すなわち、日常の心配事を捨て去り、勇敢に宿命に直面し、その眼に死を見据えるからこそ、兵士だけが自由なのだ、と。ここにおける自由は、自己犠牲的な死の不可欠な一部なのである。死は詩にあるように、今日兵士を打ちのめさなくとも、明日にはそうするかもしれないものであった。実のところ、自由は画一化と隣り合わせであった。英雄や革命家は、男らしさの理想として例示されたステレオタイプなのであった。

非個人的な大義への献身は、個人の人生と死を神聖化した。それは英雄的な男らしさの前提条件であった。例えばトーマス・カーライルにとって、英雄は誠実でまじめで、しかも彼が『英雄と英雄崇拝』（一八四一年）で述べているように、何よりも理念に真剣でなくてはならなかった。彼はルソーを、「理念によってとり憑かれていた」という理由から称賛していた。[50] カーライルが、多くの人に親しまれたその作品の中で理念と呼んだものは、より高い大義、個人を超えた何ものかであり、英雄たちを規定しているもののことであった。真の英雄主義のもう一つの本質的構成物は適切な道徳的態度であった。ここで再び、徳が、より古い貴族的な名誉の概念に取って代わった。英雄は一枚仕立てのものでなければならなかった。彼の勇気は、彼のポーズや顔の表情と同様に彼の意見として、彼が発した言葉の中に表れていなければならないのである。[51] 男らしさの一貫性は再確認された。かくて英雄という存在は、男らしさの理想を構成するあらゆる要素に焦点を合わせ組み込んでいるのである。

英雄主義のイギリス的理念は、身体的資質にもまして道徳的命令によって支えられていた。したがってずっと後の二〇世紀になって、カーライルのような英雄崇拝者であるジョン・バカンが、シーザーやネルソンの顔には何がしか女性的なデリカシーや礼儀正しさがあったと書いた時、それは弱さを意味したのではなく、彼らの精神性に対する称賛なのであった。[52] それでも道徳的な勇気こそ、バカンが描く英雄の主な属性であった。その道徳的な男らしい勇気は、彼の述べたところによると、何も女性に負ってはいなかった。[53] 英雄が献身しなければならない「より高い目的」は、適切な道徳性に基づかねばならなかった。このことによって、たいていの英雄たちが大義、すなわち自分たちのそれぞれの国家という大義に献身する余地が十分にあった。近代的な男性性の構築は、中産階級社会という背景に対応するのみならず、新たな国家意識の勃興と手を取り合って行なわれた。国家は男らしさの理想を自らの中に取り込んだ。フランス革命の英雄たちは郷土《パトリ》を守るために戦った。ヤーンは体操家たちをドイツの国家統一の課題の下に置いた。ドイツ解放戦争の間言われていたことは、「うらやむべきかな、子どもが祖国のための栄光ある死を遂げた親たちは」「遅かれ早かれ我々が遭遇せねばならない死にはさまざまあるが、祖国のための死が最もうらやむべきものである」というものであった。[*54] ここにおいて死、自己犠牲、祖国は結びつき、その三者の組み合わせは真の男らしさの試金石として持続していった。

フランスの保守的な政治理論家ジョセフ・ド・メーストルが一七九七年に、国家は長く血みどろの戦いの後にのみ、その最高の偉大さに到達すると書いていたように、男らしい徳の中の最も高貴な理想は、戦争において実現されるのだった。[*55] ドイツのみならずフランスにおいても、ナショナリストは攻撃的な男らしさを支持し、その第一の伝道者となった。戦争における死は、生者に徳の教訓を与えた。この時代以降、男らしさと愛国主義は密接に結びついた。後述するように後の社会主義者もまた、男らしさの理想を取り入れたのであったが。とはいえ、男性のステレオタイプを自己表現の手段の一つとして賞揚したのは、常にナショナリズムであった。ナショナリズムと男らしさとのこのような結びつきの新しさ、そして近代的な男性性の構築における戦士の要素の相対的な新しさが、ドイツ解放戦

図3・1　ジャック＝ルイ・ダヴィッド「ホラティウス兄弟の誓い」（1784年、パリ・ルーヴル美術館蔵）

争期の諸文献において見出される男らしさの持続的強調を、説明するかもしれない。

近代的な男性性の構成要素に関する、以上の我々の議論には、一つの重要な構成要素がほとんど欠けている。男たちは単独で見出されるのではない。男性自身の自己イメージの中には常に女たちが存在しているものだ。この視座からして第2章でも言及したジャック＝ルイ・ダヴィッドの「ホラティウス兄弟の誓い」（一七八四年、【図3・1】）は、英雄的な男たちとおびえる女たちが描かれており、典型的な例であった。実際、フランス革命およびナポレオン期を通じて、殊に戦争に関連する文献において、女たちはしばしば嘆いていた。戦士たちと弱い女たちの対比は、例えばヴィルヘルム・フォン・フンボルトの詩「アマゾネス」（一八三一年）において明快に浮き彫りにされていた。アマゾネスたちは運命に導かれ戦いへと急いだ。しかし男たちとは異なり、彼女たちは、戦争に喜びがなく、真の勝利もないことを知っていた。彼女たちを満足させるのは愛と憧れであったのだ。[56] フンボルトが排外主義者ではなく、当時における偉大な人道主義者の一人であったということが、この記述を雄弁なものにしている。「女々しい」という非難は、男性から男らしさを奪うものだと考えられたとしても不思議ではない。理想の女性の身体は、理想の男性の英雄的な身体の対極にあるものとして、敏感でセクシュアルな美を伝えるものであった。

戦士は男らしさの強調されたイメージを描き出したが、しかし両性の分離もまた、より絶対的な性格を帯びていた。例えば先述のフンボルトは一七九五年に、美が「純粋な女らしさと純粋な男らしさ」を高貴な人間性の表現として結びつけるのだと、依然信じていた。しかし同時に、これまで見てきた男らしさの見方に典型的なことだが、彼は、形態に関する厳格さを持つ男性の身体の構造が、人間一般の身体をもって到達したいと自然が望んできたものを表現していると論じた。肉感的で丸みを帯びた形態を持つ女性の身体は、より特殊で制限された性的機能を持っていた。[57] 結局のところ、アマゾネスの描写において、フンボルトは混成の美の理想を放棄して、それぞれの性に独自の美学を与えたのだった。[58]

男性と女性の分離は、あらゆる角度からのトータルなものであった。例えば女性について人気のあった著作において、一七九七年に、フリードリッヒ・ポッケルスは女性が男性的な力、男性的な勇気、男性的な精神を授けられたとしたら、彼女のあらゆる魅力が消えてしまうであろうと主張した。[*59]「ゲーテの『若きウェルテルの悩み』の中のシャルロッテ」（【図1・1】一九頁参照）や、「薔薇の花咲く庭はどこにある、可憐な乙女はどこにいる」というマックス・フォン・シェンケンドルフの一八一四年における詩にあるように、女たちはしばしば花と子どもに囲まれて描かれた。フランス革命の祭典には女たちも参加していたが、理性の女神の選定は、時折美人コンテストの様相を呈した。[*60]ナポレオン法典はユダヤ人のようなそれまでに迫害されていたマイノリティに対し寛容であった一方で、女たちに対してはひたすら締めつけていた。これまでの章で述べたように、彼女たちはあらゆる権利を奪われ、ほとんど夫の家財道具となった。両性間の分割が完了した時に、ナポレオン法典が確認を与えたのであった。ジェンダー間の分割が先鋭化した基本的な理由については、ここでは短くしか取り扱うことはできないが、核家族の創出、働く場から女たちを排除する経済構造の変革、そして何度も述べたように、男らしさの理想によって象徴化されるダイナミズムと秩序を必要とした新たなブルジョワ社会の要請の中に見出されるのである。もちろん女たちは、常に男たちの行動的世界から大概排除されてきたが、しかし今や彼女たちの社会における居場所は固定された。少なくとも一九世紀末に向かうころの女性の権利獲得運動による挑戦までは。

一七九六年、哲学者ヨハン・ゴットリープ・フィヒテは、男たちと女たちの地位の間にある差異について要約した。それは、彼の同時代人たちが、例えば共有される美の概念に関心を寄せた統一性の探求の放棄を、どのように合理化できるかについての例示となっていた。フィヒテは次のように論じていた。両性の間には明確な分割が存在しなければならないのであり、仮にそれらが常に流動的なものであれば、それは永遠の存在となり、精神的・身体的形態を決定することは不可能になる。[*61] 同時に、女性は男性より一歩下がっているものである。なぜなら受胎の過程で、女性は男性の力の客体となったからである、と。かくて男性は再び、人間性のすべてと合体すると言われた。[*62] 神聖なる一体性は、もはやかつてのように一部は男性で一部は女性の両性具有者で例示されるものではなく、男性が一人で合併吸収した。フィヒテのジェンダーについての理想は典型的なもので、次の一九世紀を通じて我々は似たような感慨を耳にするようになる。フリードリッヒ・ポッケルスのフレーズにあるのだが、「女性、それは男性の辛抱強い友人」と言われた。[*63] 一人の右翼アジテーターが一九世紀末に放った言葉は、フィヒテがより哲学的な装いで語ったのと同じことであり、よりいっそう一般的な感情を、ほぼ要約するものである。「女はより女らしく、男はより男らしくなればなるほど……社会と国家はより健全になる」。[*64]

男女それぞれに用意され決められたパターンに適合しない人々は、社会の敵であった。

彼らは真の男らしさの引き立て役と見なされた。近代的な男性性の構成諸要素はそれら自身だけでは存立していなかった。それらは女性の地位によって、また男らしさの破壊に熱中していると見なされた敵たちの存在を通じて、一貫して強められてきたのであった。ここにおいていま一度、男らしさは社会的必要を映し出す鏡となった。と言うのは近代社会もまた自らの持続のために補助的な焦点と、自らの首尾一貫性を獲得するために敵を必要としていたからだ。これまで見てきたように、戦争は男性のステレオタイプを強め、男らしさの敵はその引き立て役を提供した。ナポレオンと戦うドイツ人にとって、フランス人は退廃的で女々しかった。フランス人はドイツ人を、特に退廃的であるとは思っていなかったが、真の男らしさの達成にとって必要な諸徳を欠いているように見えた。

国家の内部に隠れた敵はおそらくより手強く、確かにより恒久的な脅威であった。すなわち制度化した秩序を脅かす、男らしさの失策を想起させる者たちであった。このような内なる敵とは誰であったのか？　そして、彼らの性格や外見は、近代的な男性性の構築とどのように関わっていったのであろうか？　彼らが体現した対抗的タイプは理想自体を理解するのに重要であり、両者は神聖ならざる同盟において分かちがたく結合されていた。

男らしさの構築は、その「静かなる崇高」と自己抑制の中に、社会が望む自己像を反映させたステレオタイプを創り出した。そうした明確な象徴に人々が同一化していくのは比較的容易だった。その外見は道徳的内部世界を反映していた。その世界が正常で、望ましい生活様式の規準を定めていた。

しかしこの男らしさの理想は、と言うより近代社会の理想は、自らをそれに対峙させて定義しうるようなイメージを必要とした。外部に置かれた、あるいは社会によって周縁化された人々が、凹面鏡におけるような社会規範の倒立像としての対抗的タイプを提供したのであった。そのようなアウトサイダーは人種、宗教、言語が他の人々とは異なるか、あるいは社会規範に適合し損ねて、反社会的であると見なされた人々であった。きわめて周縁化された彼らにとって、アイデンティティ探しは困難かつ痛ましいこととなった。すべてのアウトサイダーが同じ問題に直面したわけではないが、一九世紀の最後の数十年間において自己解放の行動によって選択の幅が拡大されるまで、基本的に選択肢は、自らのアイデンティティを否定すること、つまり受容されうる規範へと同化することに限られていた。

近代社会によって周縁化されたグループの特徴は、実際にはどのようなものだったのだろうか？　定住せず根無し草と言われた人々はたいていアウトサイダーと考えられた。ロマ、浮浪者、ユダヤ人は、自らの定住地を持たないので、彼らの敵によって上記のカテゴリーに含められた。犯罪常習者、精神障害者、そしていわゆる性的逸脱者が、このリストに加えられねばならない。これらのグループの周縁化は新しいことではない。彼らは中世と初期近代において社会の周縁に存在していた。しかし今や、近代社会がより構造化されより明確に特徴づけられていくにつれ、彼らの排除は制度化されていった。

すでに見た、男らしさのステレオタイプを知らしめたのと同様の制度化が、今やその対抗的タイプにも適用された。アウトサイダーは身体的かつ道徳的な混乱の象徴とされ、一九世紀ドイツの大衆小説は、定住するブルジョワジーの生活と、不安定で根無し草の存在とを好んで対比させた。そこにおいてユダヤ人は第一のターゲットとなった。ロマや浮浪者とは異なり、彼らは競合者であり脅威であった。そしてこの時期にいっそう重要だったのは、彼らが同化のプロセスにおける解放されたマイノリティだったことである。かくてグスタフ・フライタークは有名な『借り方と貸し方』（一八五五年）において、地域に根ざした高潔なドイツ商家と、常に各地を転々とし策略深く不正直なユダヤ商家を対比したのであった。似た例として、フリードリッヒ・ハックレンデルは『取引と交換』（一八五〇年）において、頻繁な移動を、商業的な投機やリスクを取ることと同様に、精神障害に導くものとして、いわゆる真っ当な仕事に対比し、嘲《あざけ》った。これらはおそらく近代性の速度を引き下げ、新たな時代のスピードをコントロールしようという試みの極端な例なのである。

典型的なのは、一七世紀に今日的な形になった「さまよえるユダヤ人」の伝説がさらに延命したことである。聖書の挿絵画家として著名なギュスターヴ・ドレは一八五二年に、額に赤い十字をつけ、ひょろっとした手足、巨大な鼻となびく髪を有し、杖を握っているという、一般に流布したイメージに基づいた「さまよえるユダヤ人」の木版画をつくっている【図4・1】。今やこのイメージは、反ユダヤ主義のプロパガンダによって採用された。[*1]元々は、それなりの威厳ある姿で行進していたのだが。伝説自体は、ゴルゴタの丘に向かうキリストをかばうことを拒絶し、永遠に流浪をするように呪われた一人のユダヤ人に関係している。一九世紀ドイツにおける反ユダヤ主義者たちは、罪に対する罰ゆえに彼に休息がないことを強調して、彼を「永遠のユダヤ人」と呼んだ――ユダヤ人は永遠の放浪者とされたのだ（ナチスは映画をつくり「永遠のユダヤ人」とタイトルに掲げた上映会を開いた）。

対抗的タイプの形成において働いた特定の要因は、第一に、近代的な男性性の創造に影響した要因と同じものであった。一八世紀の人類学者は、白人といわゆる「未開の民族」との間の相違を判断するに際して、美学的な規準を用い始めた。そして頭蓋骨比較と顔の計測という、自称科学的方法によって、優等であるヨーロッパ人種の属性としての「身体的美」を讃美したのであった。それ以上に、一七九〇年代という分類に重きをおく時代においては、ペーター・キャンパーのような影響力のあった人種分類家が、自らの基本的な規準としてヴィンケルマンの美の理想を用いたのであった。[*2] 他の人類学者や人相学者がこれに追従した。このようにして、人間の美の規準は美学的認知と人間についての科学の両方の中で定められた。

図4・1　ギュスターヴ・ドレ「さまよえるユダヤ人」(1852年)。ドレは主にその聖書挿絵によって有名である。(エードゥアルト・フックス『ユダヤ人カリカチュア』より)

それでは醜さの標準的な規準とはどういうものなのであろうか？　美の規準が、広く受けいれられているその標準とは異なる人々についての社会の判断を決定した。そして、美の理想が社会の必要を反映していたように、醜さは社会の敵を特徴づけるのに用いられたのであった。男らしい美の規準は、調和および落ちついた動作という概念の上に築かれた。しかもまた、あらゆる偶発性の欠如の上に築かれたのであった。身体のあらゆる部分が収まるところに収まっていなければならなかった。人類は美を通じてその完全性を追求せねばならなかった。[*3] それゆえ、醜さによってどれだけ人類が堕落するにちがいないか。特に現実的な話として、いわゆる教養ある中産階級の生活において、底上げ手段として、俗人の宗教として、神聖さの象徴として、美が果たすとされていた役割を思い起こすならば。醜さは美の裏返しである。それは偶発的で調和を欠き、収まるべきところに何も収まってはいない。身体構造は確たる輪郭を欠き、顔は「不安定な人相」によって台無しにされた。醜さは我々が描いてきた美の原理の対極なのである。そしてちょうど美の原理が真の男らしさの理想によって対象化されたように、醜さはアウトサイダーによって象徴化されたのであった。彼の身体構造は理想タイプのそれとはあらゆる細部において異なっていた。シラーとその同時代人は、美の認知における形態の重要性を強調した。それは、明快なラインと、過剰を許さない調和の取れたプロポーションを意味した。絶え間なく動いている安定性のなさということだけではなく、型式のなさが、アウトサイダーを特徴づけた。アウトサイダーには穏やかさも、シラーが賞揚し、[*4] 当時の社会的理想に非常に合致した中庸の感覚もなかった。

　しかしながら、醜さは身体のみならず精神の特色にも関連づけられた。そしてここにおいて再度、外見が男性の内面の象徴となった。個人の不細工な外見は、情動に対する抑制の利かない心を表していた。そこでは、男性の名誉の代わりに臆病さがあり、誠実さは見えてこず、性的な純潔さに好色さが取って代わっていた。要するに、徳が悪徳の実践に変えられてしまっていたのである。人々は、例えばあらゆる醜さを備えた「さまよえるユダヤ人」のカリカチュアを見れば、彼が道徳を欠いており、受けいれられている規範からの逸脱がもたらす恐ろしい結末への警告なのであるとまちがいなく理解するのである。そしてこの場合、「さまよえるユダヤ人」の伝説は最初から警告の話として着想された。明らかに醜さは、身体的・精神的特徴において、美が象徴化した理想の、まさに対極を意味したのであった。

　身体と精神の結びつきは、いわゆるアウトサイダーを指名し定義することにおいて医学が果たした役割によって、強固にされ明確にされた。医学は健全な精神と健康な身体が不可分であるという主張を通じて、近代的な男性性の構築に寄与した。それは男性の身体を形成することにおいて体操や身体的鍛練が果たしたものと一致する見方であった。しかし、さらに進んで、医師たちは定住型社会に適合しない者たちを、病理として定義することに着手した。身体的な病は社会自体の健全さに対する脅威となった。第2章にも引用したティソの『オナニスム』[*5]は、上記の事柄がいかに遂行されたかの初期の好例となっている。これが一九世紀および二〇世紀前半を通じてマスターベーションに対する受け取り方の基調を決めた影響力の大きな著作であったので、なおさらであった。マスターベーションは、精神障害および同性愛を含む、いわゆる人を衰弱させる他の病気の原因となり、すべてのアウトサイダーの特徴である神経質につながる重大な病気と考えられた。アウトサイダーであることは、心身にその痕を残した。加えて、それは次々と起こる病気の連鎖の一部なのであった。アウトサイダーはあらゆる病気に取り囲まれた。ティソによれば、マスターベーションは頭痛や胃痛、リウマチのような実際の身体的痛みを伴うものであるが、しかし、主要な脅威をもたらすものは、身体の全体的な衰弱を伴う神経へのダメージであった。[*6]

神経質はそれ以前からずっと、身体的な条件に関係した病気であると考えられてきた。頑強さはそのような病気に対する防御壁であった。それゆえにイギリスの著名な医師トーマス・シデナムが一六八二年に書いているように、女性はそのデリケートな体質ゆえに、男性よりも神経が過敏になったり、精神疾患にかかったりしやすいとされた。[*7]病気で不健康な男性は神経を損傷してしまっており、このことは後述するポイントであるが、彼らを女々しくする恐れがあるだけではなく、身体と心の状態を通じて、彼らの男らしさの欠如を証明していた。ここではあらゆるものが偶発的であり、定まった場所というものがなく、身体も顔も心も常に動き回っていた。障害という言葉は混沌になりうる状態を特徴づけていた。

一九世紀を通しての神経障害に対する強い関心は、ロマン主義、ならびに感受性への一八世紀的礼賛によって促された。しかし基本的には社会的・政治的・経済的変化の急速なペースへの反応であった。ユダヤ人のようなアウトサイダーは、変化およびそれが予兆するものを象徴するようになった。痛めつけられた神経は近代性と結びつけられ、文化や政治が退化する原因とされた。ある人間が「神経質だ」と言われるようになったのは、一八世紀になってからだったのも肯《うなず》ける。[*8] そのころ、一七五二年まではアルブレヒト・フォン・ハラーのような医師たちが、神経系統の感受性について調査を始めていた。ここにおいて唐突な身体的動きを生じさせる筋肉は、神経の病んだ状態の表れであるとされた。よからぬ妄想や悪い気質のせいにされてきた病気は、今や神経系統に原因があるとされるようになった。神経質は一義的には心の病であるが、筋肉のゆがみを通じて身体全体に関連していた。男らしさの理想とまったく対極的な、この筋肉のゆがみから生じる醜さと病気の同一視は、言葉や絵画を通じて外国へも広がっていった。神経質なアウトサイダーのステレオタイプは、真の男らしさのステレオタイプが何らの基本的な変化をこうむらなかったのと同様に、驚くほど安定して存在し続けた。その時、一方が他方を映す鏡になっていたのである。神経質は、二〇世紀に入っても、そしておそらく大人たちの大部分にとって現在まで、男らしさの第一の敵であり続けるように、運命づけられていたのだった。

ティソはマスターベーションの治療法は冷水浴と運動だと考えていた。運動とされたのは歩行と乗馬であった。と言うのも、まだ体操は評判を得ていなかったのだ。しかし直接身体に関係するのではなく、心に由来する別の治療が存在した。男性の空想、情熱、想像力を制御することである。フランス革命期において最も影響力のある医師の一人であったピエール＝ジャン＝ジョルジュ・カバニス[†1]は、身体的なものと精神的なものとを一つの人間科学へと統合することは、医学の特別な使命であると信じていた。そして彼は身体的な条件を健康の基本として考えていながらも、男性の情熱や、想像力の誤った飛翔に、とても当惑させられていた。「人間性に対する目に見えない手綱」が把握され、規律化されねばならなかった。[*9]ティソよりずっと後のことだが、一八世紀末の著作で、彼は身体的鍛練や身体的習慣の変更によって新たな感覚が創り出され、それは男性の性格を変えうると考えた。[*10]このような、身体的鍛練が許しがたい想像力の飛翔を制御する助けになるというのは、多くの体操の唱道者、そしてほとんどのイギリスの学校スポーツ賛同者が含意するところであった。

ドイツの〔汎愛主義の〕教育家であるクリスチャン・ゴットヘルフ・ザルツマンは一七八七年に、身体の疾患は想像力の過熱を招くので、身体の強化によって抑え続けなければならないと記した。[*11]現実離れした想像力と思われるものは、ザルツマンたちによって、深刻な病気の前兆と信じられた。男性の制御されていない欲動は、身体と心をゆがめる過剰、すなわち男らしさの理想の対極へと至るものだ。男らしさの理想は、身体的ならびに精神的贅肉をつけていてはならないのである。

最も強い欲動は、性欲であると考えられた。それは抑え続けていなければ、例えばティソがありありと描写したあらゆる悪い結果を招くマスターベーションに至るものだった。しかしながら、いわゆる自瀆《じとく》ばかりではなく、婚姻内の性交渉における色情過多もまた、悲惨な結果に導いた。したがって一八三八年にドイツで出版された『男性のための図書室、あるいは年齢を問わず男性が知っておくべきことのすべてに関する手引書』は、もしも夫婦が自分たちの性的関係を節度をもって実践しなかった場合、彼らは消耗し、早死にする結果となると主張していた。[*12] この本や当時の他の手引書の目的は、明白に性欲の高尚化であり、この一八三八年の手引書に関する限り、心身において完璧な人々のみが性交渉を持つべきだということであった。そのような完璧さを達成する以前に彼らが共に寝るならば、身体は破壊されてしまうであろう。[*13] 情熱の抑制のない使用と想像力の不適当な使用は、神経質と同様、標準的なステレオタイプを破壊すると考えられた。こうしたものは、いかなる過剰に対しても疑いの目を向ける社会によって周縁化された人々が持つ属性であった。標準的な男らしさが、活動的で労働に励む社会の理想を反映しているように、アウトサイダーはその対抗的タイプを構成したのであった。

健康と病気は常に、患いと早死にへの恒常的な恐怖の中に生きている男女にとって心配事であった。近代医学はその初期段階にあり、すでにアウトサイダーの医学化が近代社会の偏見を助長していた。医師は、医学的専門家による地位の追求の中で、礼儀作法と道徳の重要な担い手になりつつあり、その傾向は衛生と健康とが関連していると社会が気付いたことによって助長された。とりわけ、逸脱した性行動を罰するに値するとあらゆるヨーロッパ諸国で法廷が認定することに協力した医師たちによって、病気は悪徳と等しいものとされた。[*14]病気と健康という状態は、人々の身体に書き込まれた容易に認識できるしるしであり、アウトサイダーとインサイダーを峻別するための条件になった。結局アウトサイダーは、ティソの描いたマスターベーション患者と同じように、神経質で、弱々しく、若くして老い、明白に死に近い者として見えた。そしてインサイダーの心身は、ギリシア人がモデルを供した、あの均衡を表現していた。健康と病気の医学的概念は、氷山の一角のようなものだった。その下には、心身の状況や、あらゆるものが適した場所に在らねばならないはずの社会における落ちつきのなさなど、我々がこれまで議論してきた事柄が含まれていた。一七八八年版の『百科全書』に、健康を軽視する者は自らが成員である社会を侮辱している、と記されているのは、さほど驚くことではない。[*15]

　近代的な男性性の構築においてきわめて重要な美の理想は、裏返しにされた。例えばユダヤ人は、多くの人々によって、あらゆる点においてドイツ人とは正反対であると考えられた。また時には、「亜人間」だと悪口を言われた。しかしこのことは、ナチスによってさえ彼らは人間ではないものと見られはしなかったことを意味していた。違いはそれほど絶対的なものではなかったのである。[*16]「亜人間」なるものは、信じるに足る脅威を示すものかどうかがよく分かるように、具体化されなければならなかった。ユダヤ人や他のアウトサイダーは悪い種類の男性としてステレオタイプ化された。しかし、伝統的価値を裏返しているとしても、それでもなお男として見られていた。

だが、そのようなアウトサイダーは、ユダヤ人であろうと同性愛者であろうと、これまで見てきたような、男らしさの重要な部分をなすいかなる名誉も持ちえなかった。前に述べたように、ドイツでは一九世紀末に向けて、学生フラタニティが続々と、ユダヤ人に対し決闘による名誉の機会を与えることを拒んだ。一方、オーストリアにおけるナショナリスト学生のフラタニティは、ドイツ的名誉の本質を理解できないという理由で、一八九六年以降、ユダヤ人すべてを決闘から排除した。[*17] ユダヤ人の決闘申し込みが受けいれられるか否かは、反ユダヤ主義を測る一つのバロメーターであった。決闘によって試されるのは、勇気と冷静さという男らしい資質なのだから。ユダヤ人の空想上の臆病さを示すことは、反ユダヤ主義文学のみならず、大衆的な道化芝居においてもお決まりの要素であった。ドイツにおいては一九世紀半ば以来ずっと、決闘あるいは軍役に直面したユダヤ人の臆病さを示すことは、ありふれた笑いの種であった。[*18] このような役を専門とする俳優は、ユダヤ人のステレオタイプが普及するのを助長した。反ユダヤ主義者が、ユダヤ人を男らしさと関連するあらゆる資質に無縁な者として解釈したことは強調するまでもないだろう。ユダヤ人はせいぜい半人前の男だったのである。

くり返すが、外部は内部を映す鏡である。サンダー・ギルマンが大変うまく説明しているように、[19]ユダヤ人の身体の構造は標準的な男性のものとは異なっていると考えられ、しかもその違いは、鼻、足、首、髪や皮膚の色など多くの注意を集める身体のパーツにおいてはっきり示されるとされた。これらの身体的特徴のすべてが、男らしい外見の規準に反する醜さを表示していた。タカのように顔から突出し、鼻先が曲がっているいわゆるユダヤ鼻は、一六世紀にはすでに一つのカリカチュアとして存在していた（結局、鼻が顔の最も目立つ特徴の一つなのである）。しかしその鼻は、一八世紀半ばにようやく、いわゆるユダヤ人のトレードマークとして確固たるものとなって、すぐにギリシア的美におけるまっすぐな鼻の引き立て役となっていった【図4・2】。ヴィンケルマン自身は、タカの鼻に似たものとして彼が描写したユダヤ人の鼻を、明白に非難していたわけではない。代わりに通常、黒人と結びつけられる平べったい鼻を、彼がギリシア人に与えたまっすぐでツンとした鼻の対極物として選び出していた。[20]しかしながらヴィンケルマン説よりもはるかに長いヨーロッパの伝統を背後に抱えてきたユダヤ鼻は、信用できない、不道徳な、疑わしい性格を象徴するものとなっていった。[21]しかも、男らしい美の理想が心身双方に表れていたのと同じような全体性を通して、鼻のみならず全身がユダヤ人であることと結びつけられた。全体性であるのは同じであるが、まさに対極物へと美が倒立させられた。扁平足、（男らしい大股と対照的な）ヨチヨチ歩き、首の短いずんぐりとした身体、大きな耳、浅黒い肌。なおかつ、若いユダヤ人は一九世紀文学ではめったに描かれないものであった。若さが高い価値を持っていた時代に、ユダヤ人は常に、疲れきって歳をとっているように描かれた。

　ユダヤ人を識別しうるこれらのしるしは、また、ユダヤ人の病気を証拠立てた。衛生学が医学の一部になっていった時、ユダヤ人は清潔さをまったく欠き、身体を軽視していると言われていた。「汚いユダヤ人」というフレーズは、醜さ、卑猥さ、病といったユダヤ人のステレオタイプを要約するようになった。実際、ユダヤ人は時に一九世紀の最も恐れられた病である梅毒を持ち込む者として告発され、ユダヤ人のいわゆる肌の浅黒さとならんで、ユダヤ鼻自体が、この病の後遺症であると時折考えられた。明らかに対抗的タイプは、何が真の美、健康、男らしさを構成するかについて成立しつつあった常識を背景に構築されたのであった。

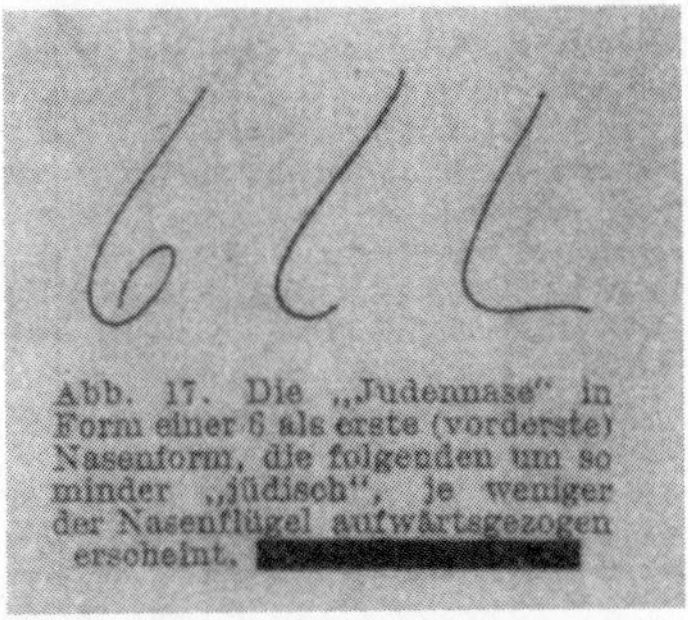

図4・2　ユダヤ鼻。文章には「ユダヤ鼻は最初の図にあるように数字の6にまず第一に似ている。他の2つの図にあるように、鼻がユダヤ的でなくなるほど、鼻孔は上を向くのである」とある。耳鼻科の医師・咽喉の専門家であり、フランクフルト大学の講師でもあったハンス・ライヒャーは、この図と文章の両方の作者である。(*Die vererbung Anatomischer Variationen der Nase, Ihrer Nebenhöhlen und des Gehörorgans* [Munich: J.F.Bergmann Verlag, 1928].)

このステレオタイプの根深さは、フランス革命期にユダヤ人解放運動の中心人物であったアンリ・ジャン゠バティスト・グレゴワール[†2]その人によってよく分かる。ユダヤ人解放についての彼の法案を憲法制定議会にかけた際（一七八九年）ですら、彼は通常のユダヤ人は黄ばんだ肌をし、鉤鼻《かぎばな》でくぼんだ目、突出した顎《あご》を有し、早々と老け込んでしまうと考えていた。それ以上に、ユダヤ人はマスターベーションの常習者であり、それゆえ神経質な傾向にあるとされた。[*22] グレゴワールの試みは、ユダヤ人をまるごととらえようとするもので、全体性の探求が多くの思想家たちの心をとらえた時代においてなされた。彼がユダヤ人解放を主張するという先駆的な内容の小冊子に、『ユダヤ人の身体的、道徳的、政治的再生についてのエッセイ』（一七九五年）とタイトルをつけたのもこの時代らしかった。このタイトルは、ユダヤ人のどんな特徴をも探求されないままにはしておかないものであり、ステレオタイプを完璧に作り出した。そしてそれらすべての特徴は欠陥とされ、作り変えられねばならないものであった。このタイトルにおいて、身体的なものが筆頭にきている点は重要であろう。つまるところ外見は内的人間を表すと考えられたのである。

グレゴワールが列挙したステレオタイプとしてのユダヤ人の顕著な特徴は、ロマであろうと、同性愛者、黒人、犯罪常習者、精神障害者であろうと、あらゆるアウトサイダーが多少なりとも分かちあっていた。彼らのすべてが醜く、均整がとれず、落ちつきがないとステレオタイプ化されていた。黒人はヨーロッパにおいてはユダヤ人ほど目にすることがなかった。さもなければ同じように、彼らも標準的な男らしさの主要な引き立て役として、貢献してきたことであろう。そうではあったが、ナチスは一九二一年から二四年にラインラントを占領した黒人フランス兵とドイツ人女性との異人種間に生まれた約八〇〇人の子のほとんどを、逮捕し殺害した。ヒトラーの考えによれば、ユダヤ人が白人種を滅亡させようという明白な目的に基づいて、黒人をラインラントに連れてきたのだった（再度、ユダヤ人は諸悪の根源――原型的な対抗的タイプとなった）[*23]。黒人は明らかに強く健康だったが、このこと自体が彼らに逆効果をもたらした。彼らの強さは野蛮なもので、秩序も方向性もなく、白人女性を脅かす性的エネルギーに溢れたものと解された。身体的力はたとえ健康なものであっても、自己統御と中庸を伴っていなければ危険なのであった。

アウトサイダーは常に均質化され、規範に対立する悪の仲間連れと見なされた。ユダヤ人は、想像上浅黒いと考えられていた彼らの肌の色ゆえに、黒人と結びつけられた。実際、一部の人種差別主義者にとって、ユダヤ人の人相学的特徴は黒人のそれと似ているものであった。二つの劣等人種とされたユダヤ人と黒人は混ぜ合わされた。ナチスが主張した黒人とユダヤ人との間の最も強い絆は、ヒステリーや激しい動きへの彼らの愛好であり、ドイツの右翼が「ニガームジーク（黒人音楽）」と呼んだものによって象徴された。「ニガームジーク」は、ドイツの人々の退廃を促進するためにユダヤ人によってドイツに持ち込まれた、とまたもや言われた。ヨーゼフ・ゲッベルスは、ナチスの発行物の一つが表現したように「黒人部族は行進しない」ので、ジャズのアーリア化に極力努めた。[*24]

割合としては少なかったが、ユダヤ人は、同性愛者や時には永遠の放浪者としてロマとも結びつけられた。他方で人相学的にユダヤ人は、精神障害者や犯罪常習者に密接に結びつけられ、特に大きな耳が、一九世紀末にチェーザレ・ロンブローゾのような犯罪学者によって、犯罪者のトレードマークと見なされた。一般的にアウトサイダーは、美と男らしさの理想によって制約を受けていたため、いかに表象されうるかという幅は、近代のさまざまなイラスト、殊にカリカチュアの比較が示しているように限られていた。

ステレオタイプの真の本質は、理想とそのアンチテーゼが二つながら配置され、互いに補強しあうような場合に限って、適切な視座の中に見出される。このコントラストは例えば、ドイツ占領期の一九四一年パリの「フランスのユダヤ人」展において実際に行なわれた。そこでは、「完璧な運動選手」と名づけられた等身大よりも大きな男性裸像が、理想の男らしさとユダヤ人の道徳的・身体的劣等性とのコントラストを証示するために展示の中心に置かれていた。[*25]

しかしながら、標準的な社会に属する人々の間で最も深刻な不安を引き起こしたのはいわゆる男らしくない男たちであり、彼らは、アウトサイダーのあらゆる特徴を有しつつ、さらに性別の壁を超えているように見えた。変化し、不安定な時代において、両性の間の明確な境界線がいかに不可欠なものと考えられたかについては、これまでに見てきた。両性の差異をぼやかすことは、無政府主義の亡霊を呼び起こすかのように思われていた。ホモセクシュアリティ《男性同性愛》（または当時の理解では、ソドミー）は脅威とされ、反ユダヤ主義のようにその起源は歴史的にずっと遡るにもかかわらず、やはり一八世紀になってステレオタイプ化されたのであった。ソドミーに対する恐れとカタストロフとは結びついており、[*26] したがって例えばナポレオン戦争は、イギリスにおける一連のソドミー迫害を解禁してしまった。だが、ポール・ダークスが示したように、一八世紀においてはまだホモセクシュアリティに対して、一九世紀には考え難いような一定の寛容さが存在していた。[*27] ただその寛容さは、ホモセクシュアリティに対する受容を意味するものではなく、過度に目に付かないならば、それを無視しうるということなのであった。しかしながら、一九世紀になるまでには、ジェンダーの区別と同様に、そこには決して踏み越えられてはならない明確な線が引かれたのである。

例えばゲーテは、ヴィンケルマンのホモセクシュアリティについて実際には十分に知っていたにもかかわらず、彼に関する一八〇五年のエッセイにおいて、自然は男性を作り上げ優美にするあらゆるものをヴィンケルマンに与えた、と書いている。[*28] ギリシア的美の礼賛者としてのゲーテが耐えられなかったのは、女々しい男たちと男性的な女たちであった。[*29] ここにおいてはホモセクシュアリティの暗黙の受容は、両性間の厳格な区別と共存可能だった。ゲーテと彼のヴァイマールの仲間が示したより大きな寛容さは、ホモセクシュアリティを許容するためのものではなく、男らしさの美についてのヴィンケルマンによる概念――ヴィルヘルム・フォン・フンボルトの言葉を借りれば、人体一般に対する我々の期待を象徴する男らしい身体――を称賛するためであった。[*30]

しかしこのような寛容さは続かず、すぐに同性愛者には、ユダヤ人のステレオタイプに匹敵する醜い身体が付与されることとなった。同性愛者は背が高く均整がとれてすらいることがあると認められても、その美は不完全なものでなくてはならなかった。かくて同性愛者として知られる歴史家ヨハネス・フォン・ミュラー[†3]の一八一〇年に書かれた伝記でも、下半身は高身長の人間向きにできていたが、自然はその計画を完全に実行したのではなく、彼の上半身は小さいままに残された、と記された。また、彼の鼻と額は強さと大胆さを示していたが、目は曇っており、顔の下部は無気力な若者のものであった、とも。[*31] たとえ同性愛者が美の男らしさの理想に近づいたとしても、欠落があるとされた。そして一八一六年、ユダヤ人の同化に対するある反対意見は、たとえユダヤ人が美しく見えたとしても、きっと何ものかが欠けているに相違ないと主張していた。[*32] この文脈における美の強調は以下のことを意味していた。近代的男性性の構築の始まりに立ち会った者たちは、男らしさがパスしなければならない試験としての美が持つ重要性を認識していたということ、ならびに、男らしさの引き立て役とされた男たちには美が否定されなければならなかったということである。近代的な男性性とその敵との間の線は、健全な社会の象徴としての男らしさがこの対比によって力を得ることができるように、鮮明に引かれなくてはならなかったのである。

同性愛的な対抗的タイプは、匿名で刊行された『貴族ペデラスト《少年愛好者》の人生の光景』（一八三三年）によって、そのあらゆる含意を伴う典型的例が示された。そのアンチヒーローであるドン・ペデラストは貴族であり、その腐敗した階級にこそ同性愛が特にはびこっているという中産階級的な信念に合致していた。そして富裕で壮麗な生活スタイルは、彼の倒錯した人格にふさわしい背景を提供していた。ドン・ペデラストの「ギリシア万歳！」という乾杯とギリシア的理想の流布のための団体づくりは、若者の堕落の隠れ蓑となるものであった。農民青年たちは、このいわゆる友達サークルから出てきた時には心身を害していた。健康であったのに病気になってしまった。それどころか、ドン・ペデラストの団体は、スペイン全土を征服しようという広汎な同性愛的陰謀の一部なのであった。[*33]

陰謀論はアウトサイダーにつきまとった。同性愛者に指揮されたものであろうと世界的なユダヤの陰謀であろうと、そのやり口や目的は概して同じとされた。標準的な社会を代表する健康な男性の結社が、同様に結集した敵対者たちに対峙した。しかし、社会が高い理想によって固められ、勇気と誠実さに溢れた男性によって導かれていたのに対して、それを破壊しようとする人々はよこしまな手段を用いて活動した。彼らは、一般的に受けいれられている男らしさの規準を保持できない男たちによって指揮されて、対抗社会をつくろうとしていた。かくてドン・ペデラストが決闘の申し込みを受けた時、彼のスポンジのように柔らかで女性的な体は恐怖に震え、許しを乞うのであった。[*34]「アウトサイダー」はいかなる名誉も持ちえないのである。

ユダヤ人は時として同性愛者であると非難された。二〇世紀において、第一次大戦下のドイツにおける戦時経済の監督者で、後にヴァイマール共和国の外務大臣を務めたヴァルター・ラーテナウ[†4]、フランス人民戦線の首相（一九三六〜三七年）レオン・ブルム[†5]という最も輝かしい二人のユダヤ人が、政敵から、ほとんど公然と、執拗に性的逸脱を非難された。ユダヤ人のイメージと同性愛者のそれとは一九世紀末まで並行的に見られていた。[*35]しかし、最も狂信的な反ユダヤ主義者を除けば、その名を口にするのもはばかられる愛を持ち出すことについては、論戦目的であったとしても、ある種のためらいがあったことは確かなのである。尊敬に値する人々はそのような性的実践のことを知らないものと考えられていたからである。

ユダヤ人の女性化も、同様に彼らのジェンダー倒錯の表れとされた（例えばレオン・ブルムは、女装のような姿で描写された【図4・3】）。一般的には、ユダヤ人は、異性／同性への性的指向性においてではなく、想像に基づくその「女々しさ」において、ジェンダーの差異を侵犯していると非難された。彼らはしばしば「形態の柔弱さ」を付与され、彼らの受動的で、臆病でずる賢いとされる振る舞いも、そのような性格づけに加えられた。

しかし、オットー・ヴァイニンガーの有名であいにくと人気のある本『性と性格』（一九〇三年）こそ、ユダヤ人の女性化に関する最も重要な種本であると言える。ここにおいてユダヤ人と女性は、真の創造性を欠き、どちらも何らの個性や自尊心を持たない受動性と感情の生物として並置された。[*36] 対抗的タイプに備わるとされる受動性は、この本において最高潮に達した。確かに、ヴァイニンガーは個々のユダヤ人と原理的なユダヤ人らしさを区別していた、しかし、彼が自らの反ユダヤ主義をいくら抽象的なものにしようとも、女性に対する彼の否定的な視座を基盤にして、ユダヤ人たちは感性と精神において女性化しているものとされたのである。

図4・3　フランスのユダヤ人社会主義者であったレオン・ブルム首相。フランスの風刺雑誌『ル・シャリヴァリ』1936年6月20日号に載った、性的逸脱者としてのさまよえるユダヤ人。

コントロールできない情熱を持つ女性は、抑えられないセクシュアリティの体現であった。そしてヴァイニンガーにとっては「才能ある真の男性ならば、豚のような動物的な振る舞い以上のものを、性的行動の中に認めることはできない」のであった。[*37] ヴァイニンガーは明らかに、自らのセクシュアリティとの関係における困難を抱えていた。そして彼自身、あらゆる人間が男性的性格と女性的性格の双方を内部に持つという、『性と性格』で提出した理論によって混乱をきたしていたのかもしれない。しかしユダヤ人や同性愛者とは異なり、真の男性は、自らの本性にある女性的な構成要素に打ち勝ち、プラトニック・ラヴしか知らず、ヴァイニンガーの考えるところによれば女性やユダヤ人、同性愛者と結びついたヒステリーとは無縁の、バランスの取れた生活を送るものだった。彼は、そのころまでに伝統的なものとなった男らしさの資質を賞揚した。男らしくないことが、例のごとく対抗的タイプを提供した。アウトサイダーは、今度は真の男性と女性とを分けるはずの空間を侵害するものとしてもう一度均質化された。ここでは男らしさは、精神における創造的で偉大なあらゆるものを結びつける基本原理となった。形態の明確さは、同様に決定的であった。「男らしい考え方は、あいまいさのない明瞭な形式への欲求によって、女性的なものから区別されるのである」[*38]。

そしてユダヤ人は、たいていはブロンドの女性をつけ狙う性犯罪者として、そのコントロールのきかない情熱を伴って描写されたのであるが、しかし、しばしば「女性化」された。実際、このことと白人奴隷、つまり白人女性を売春婦として売っているという告発とが、反ユダヤ主義の主な材料となった。エドゥアール・ドリュモン[†6]の『ユダヤのフランス』(一八八六年)は一九世紀を通じてユダヤ人に対し向けられたあらゆる非難の、まぎれもない〝聖務日課書〟であり、その一つは、キリスト教に対するユダヤ人の敵対の証拠として、女性ヌードを描くポルノを彼らが製作していると、想像にのみ基づいて述べたてた。[*39] ユダヤ人は再度、年老いて、弱く、あるいは女々しいとされ、そして彼らのステレオタイプ化された身体は、同性愛者のそれと程度の差があるのみだった。ユダヤ人には規範との違いを表示する特別な身体的形態や寸法が付与された。同性愛者は一般的にぐにゃぐにゃしていて痩せており、特に醜い形態というよりも男らしくないポーズをとる男性が大半であるとされた【図4・4】。しかしながら結局のところ、両者とも男らしい美の規準によって審判され非難されたのであった。

図4・4　「優美な若者」。パリの定期刊行物『ラシェット・オ・ブール』。422号（1909年5月）におけるゲイのカリカチュア。

　ユダヤ人と同性愛者だけが対抗的タイプであったのではない。しかし彼らは、最も容易に目に付きやすい事例なのであった。彼らは一方では明らかにステレオタイプ化されたがゆえに、しかしまた他方では、彼らが同化し人々の間に悟られず隠れ暮らすことが可能であるがゆえに、脅威とされた。ロマは変装できず、中世以来ずっと「ペスト」と見なされてきた。彼らはしばしば田舎を悩ませた盗賊団に擬せられた。彼らの首には懸賞金がかけられ、軍隊に送る試みもなされた。[40] フランス革命はロマを残さず鎮圧しようとし、厳しい迫害の時代が始まった。ロマは時としてユダヤ人と結びつけられた。というのも敬虔なユダヤ人も標準とは異なる装いをしており、またしばしば巡回する行商人となったからである。さらに両者は、汚く、ずるく、不誠実であると同時に病気を撒き散らす者として非難された。ロマはナチスの専門家が後に烙印を押したごとく、そのライフスタイルゆえにしばしば「放浪者、詐欺師、盗賊の子孫」と、見なされていたのである。彼らの悪はもっぱら「放浪者の血統」ということであった。[41] 他方、ユダヤ人もまたしばしば盗賊や放浪者と見なされたが、ユダヤ的な悪はいっそう深く食い込んでおり、社会や国家の基盤そのものを危うくするものであった。非常に興味深いことに、私たちが知る限り、ユダヤ人や同性愛者に見られたような、ロマの身体構造に対する特定のこだわりは見出されていない。もちろんロマは、ユダヤ人以上に移動性があり、同化の動きがまったくなかったがゆえに、男らしさの対抗的タイプとしてはほとんど小さな役割しか果たさなかったのである。ユダヤ人や同性愛者とは異なり、彼らは社会から完全に離れて自分たちだけの中に引きこもっており、ナチス的人種主義が彼らの絶滅を命じるまでは、その歴史の大部分において、彼らの存在は当然視されていたのであった。

精神障害者あるいは犯罪常習者はアウトサイダーとして、より重要であり、社会の理想の裏返しを表現していた。精神障害者はずたずたになった神経の末路を例示しており、自慰行為をする者がいかに神経の破壊を通じて精神障害に陥るかをそこに見ることになる。[*42]しかしながらユダヤ人もまた、敏感すぎる神経組織を付与されており、後述するように、精神障害に陥りやすいと考えられた。精神障害者のゆがみやしかめっ面は醜さの真髄を構成するとされた。彼らは、一刻もじっとしていられない。一九世紀後半において、犯罪常習者もまた大きな耳や太い首やその他、カインのしるしとも言うべき特殊な身体構造を持っていると言われていた。例えば『犯罪者』（一九一二年）において〔性科学者〕ハヴロック・エリスは、イタリアのロンブローゾ同様に、犯罪者の突き出した耳は、霊長類やもっと下等な動物種に見出されるものとして、形質における先祖返りを示すと通常考えられる、と書いた。[*43]犯罪常習者は、おそらくより原始的な時代への先祖返り、大きな耳がそのしるしだと考えられた。この点はギリシア的な男らしさにおける小さくて形のいい耳と対照をなしていた。

浮浪者もアウトサイダーのリストに加えねばならない。彼らはだらしなく、汚く、たいてい醜い姿をもって表された。彼らはブルジョワ社会のあらゆる規範を覆した。彼らは職も定住場所も持たず、その結果いかなるコミュニティにも統合されてはいなかった。それどころか、彼らは家族を持たなかった。浮浪者、または時に放浪者と呼ばれた人々は、フランスのみならず全ヨーロッパにおいて「階級なき階級《クラッセ・デクラッセ》」と考えられた。[*44]浮浪者や他のアウトサイダーは後に「非社会的存在」、すなわち生産的な仕事やあらゆる秩序ある社会に敵対するものとして考えられた。このような社会の仮想敵はいずれも、ナチスドイツで、身体的抹殺の憂き目に直面することとなる。

　くり返し指摘したように、近代社会は、それとの対立において自己を定義し、自らの自尊心を支えることに寄与する対抗的タイプを必要としているようだ。しかしそもそも、アウトサイダーはコミュニティ、つまり定住社会を形成する能力に欠けると考えられた。この非難は、特にユダヤ人に向けられ、彼らの破壊的な本性と考えられた側面に対して投げられたもので、最も不吉な批判の一つであった。社会や国家の創造は男らしい仕事であり、第一次世界大戦直後に書かれたフランスの本にあるように、せいぜい「男半分、女半分」のユダヤ人のような人々は、そのような事業に関わることはできないとされた。[*45]このことが、多くの反ユダヤ主義者がシオニズム運動を失敗に終わるものとして嘲った理由であった。やがて、ナチ政権下においてはユダヤ人や「非社会的存在」は「社会不能者《ゲマインシャフツウンフェーイッヒ》」――持続的な社会生活を営むことに関する遺伝的な不能性を描き出すために造られたドイツ語――として、またしても一緒に扱われた。ナチスはこの非難を大いに活用しようとした。その矛先はユダヤ人にとどまらなかった。ユダヤ人が殺戮《さつりく》されつつあった一九四三年に、コミュニティをつくる、あるいはその一部となる能力のないあらゆる人々を扱う包括的法律の制定が企てられていた。この法律は恒常的な不平分子、浮浪者、物乞い、仕事に就かない者、心を病んだ者、同性愛者を対象としていた。すでに述べたように、それ以前に起源を持つ「非社会的存在」のリストは、社会に対して無益であると見なされたあらゆる人々を囲い込みつつ、損なわれることなく維持され続けた。[*46]

アウトサイダーが担っている美学ならびに道徳におけるあらゆる種類の社会的役割こそが、おそらくはそのステレオタイプがかくも長期間常に存続してきた主な理由であろう。しかし、力関係はしばしば変化するにもかかわらず、初期近代から近代にかけて生じた変化、近代的男性性の誕生時に生じたような変化と比較しうる基盤的変化は、近代社会の基本的な輪郭において今のところ生じていない。確かに、常習的犯罪と精神障害は、今日ではもう二〇世紀初めと同じやり方でステレオタイプ化はされていない。なぜならば我々の病気に対する概念が変化して、ある面においていっそう道徳的ではなくなり、より実際的になってきたからである。しかし現在、ユダヤ人や同性愛者のカリカチュアは依然として、近代的な男性性の対抗的タイプであり続けている。そこでは病気と健康の理念は変わらなかったし、それを言うなら、美と醜さの理念も変わらなかったのである。

女たちはもちろんアウトサイダーではなかった。彼女たちは社会において確固とした場所を持っていた。一八一〇年にスタール夫人は、[†7]ドイツについての著書の中でそのことを簡潔に述べている――女たちを政治や公共事から排除することは正しいかもしれないが、その代わり女たちは結婚における夫の厳正な貞節を期待することができる。男たちとの競争は女たちの自然的な使命と矛盾する、と。[47] 彼女にとって、結婚は男と女に社会におけるそれぞれの場所を保障する制度であり、ドイツでは離婚が容易になったが、それは家族関係を無秩序に導く恐れがあるものに見えた。[48] スタール夫人は女性解放論者《ブルーストッキング》ではなかったが、フランスの知的活動における、女性としては当時数少なかった積極的かつ公共的な場への参加者であった。それゆえに性別分離に関する彼女の証言は、いっそう印象的である。「性の無秩序」に対する広汎な恐れは、市民的活動からの女たちの排除に対して一九世紀の最後の数十年になって女たちの権利獲得運動が異議を唱えるまで、存在しなかったのである。

しかしすでに、万事順調とは言えず、女性が、実際に男性の敵になり、社会を脅かすかもしれないという兆しが存在していた。例えば一九世紀初頭における新バイエルン法は、男性が女性によって被害を与えられ自らのセクシュアリティを脅かされうることを認識するものだった。[49] ロマン主義運動は、女性を純粋で貞節で優しいと理想化することで両性の差異を確かなものにし、現実から遊離して人間性の高次の本能に訴えようとしていた。しかし同時に、ロマン主義は、夜をともに過ごした恋人を朝には殺してしまう誘惑者としての女性に魅了されていた——すなわち破滅させるためだけに男たちを誘惑する「運命の女《ファムファタル》」である。クレオパトラが、ロマンティックな転生をくり返す運命の女《ファムファタル》の最初の一人と考えられていた。[50] ロマン主義は理想化によって女性を特定の場所に縛りつけたが、しかし同時に「運命の女《ファムファタル》」は、一部の女たちが男らしさへの脅威としてアウトサイダーと同様の嫌疑をかけられることになった世紀末を先取りするものであった。

しかしたとえ女性がアウトサイダーではなかったにせよ、男女の認められた差異は男らしさの理想を後押しした。例えばフリードリッヒ・シュレーゲルは、小説『ルツィンデ』（一七九九年）の中で理解ある女性の愛のみが真の男らしさへと男性を駆り立てることができると語った。[51]男性はたとえ粗削りなものであれ、自らの男らしさに意識的となるために、女性を必要とした。しかしながらこの大切な機能を充たす女性は、真に女らしくあり続けなければならなかった。まさにフィヒテが言ったように、女性は男性の性格的強さと勇気を強化し、そして自らは男性の法に従わねばならなかったのである。[52]たとえ知性と地位のうえで男性は女性の優位者であると認められていたとしても、近代的な男性性の構築において、女性は、単に否定的なものではない一定の機能を持たされたのであった。

女性美の崇拝は何世紀にもわたる美の理想を定義づけてきたが、しかし今や男性が自らの美を宣言できるようになった。第3章で論じたように、ひとたび男性美の規準が確立されると、男性美は自らを他に優越する美として主張しようと試みた。例えばゲーテは女性美よりも男性美の方が完璧であると信じていた。そのような完璧さは古代によって例示され、ヴィンケルマンによれば、ベルヴェデーレのアポロのような形象の男性彫像が、近代と古代における美の理想の規準を定めた。[53]セクシュアリティもここに含まれていた。男たちにとってセクシュアリティは偶発的なものだが女たちは夢中になってしまう、という常にくり返された主張は、自制的で控えめな男性美を称える中でなされた。『男性のための図書室、あるいは年齢を問わず男性が知っておくべきことのすべてに関する手引書』（一八三八年）は、男らしい若者に、飽くことを知らない女性を対比させている。男性は洗練され自制的でなければならなかった。もしそうでなければ男性は女性の情欲に火をつけ、彼女の欲求を静められない自分を見出すかもしれない。すでに述べたように、男性は自らの情熱をコントロールしており、身体や魂の唐突な動きを排除した心身の調和に自らを捧げていなければならなかった。女性の官能性はこれとは別なところにある。それはほとんど女性だけの特殊な美に欠かせないものと考えられていた。

同様に、とりわけヴァイニンガーが称賛した形態の厳格さも、女性美には欠けていた。この欠如が、前に引用したように、ヴィルヘルム・フォン・フンボルトに、男性の身体構造が、人間の理想的な形象によって喚起された期待にとってモデルになる、と書かせたのである。[*54] フリードリッヒ・フォン・シュレーゲルの言葉を引けば、形態の厳格さとは、大理石のように固く引き締まり、滑らかな身体を意味していた。[*55] くり返すが、ここで我々が接しているのは、一九世紀を通じて一般化した一つの古典的理想である。美の理想の違いは、すでに述べたように一八世紀末頃にいよいよ絶対的なものとなっていた男女の分離の一部となった。カール・フリードリッヒ・ポッケルスは女性を特徴づけようとした彼の数巻にわたる著書（一七九七年）において、女性は男性にすがりつき、頼りなさを用いて、彼の同情心にアピールする、と書いている。[*56] このような女性観は、一九世紀初頭におけるラファエロの聖母や、当時のイギリス女性の間に流行した聖母風ヘアスタイルに対する、新たな人気と符合していた。[*57] これまでに挙げた要点をまとめると、近代的な男性性の構築は、一部では女性との対比において自らを定義した。女性は従属的だが大切なパートナーであり、自分たちとはまったく異質な美と本質的に受動的な性質を持っていた。男に対する女の要求は、何よりも彼の男らしさを強めるものと考えられたのである。

しかしながらロマン主義においては、ヒロインとしての女たちがきわめて女らしい一方で、いわゆる男らしい資質であるとされた意志の強さと勇気を付与されることもあった。ウォルター・スコットの『アイヴァンホー』（一八二〇年）に登場するレベッカが最も有名である。敵と直面しても大胆であり、精神と不屈の勇気で自らを守るのである。しかし美と貞節においては、女らしいのであった。それ以上に重要なのが、彼女はユダヤ人の女性というエキゾティックな異邦人であって、それゆえ、標準的な社会の境界の外に立つ者としてオリエント風に描かれていることである。同時に、小説家の想像力から離れても、ラーエル・ファルンハーゲンのようなユダヤ人女性が、キリスト教徒の女性には立ち入りが禁じられた、ベルリンの知的かつ男性的な社会において中心的な役割を果たしていた。そのような女性が持っているいわゆる男らしい徳は、アウトサイダーとして彼女たちに許可されたものであり、その結果、彼女たちは男らしさの優越への挑戦者とは見なされなかったのである。

一八世紀半ばから一九世紀最初の数十年において、近代的な男性性の出現とその支配のための舞台は整った。男らしさの理想の規準が定位置に置かれ、対抗的タイプは、ブルジョワ社会の台頭とその欲求・希望・恐れを背景に示されたのであった。理想的タイプとしての近代的男性性は、言葉や図像によって普及した。男たちは身体を鍛練し、戦争の試練を通過し、名誉を守り、そして男らしく性格を鍛えることを通じて、その規準を達成しようとした。男らしさのステレオタイプはその出発点から近年に至るまで、驚くほど一定のままであった。しかし近代的男性性は、標準的な理想を強化しつつも、男らしさのオルタナティヴな定義を出現させるかのように見えた新たな試練を通過しなければならなかった。社会主義のような新たな政治的・社会的運動が、男らしさの異なるヴァージョンを試みた。そして男らしさの敵と考えられた人々は、自分たちの男らしくない属性を誇示しつつも、歪められた像を正しく作り直すための探求をして、前進していた。近代的男性性は、一九世紀末に試練にさらされ、その誕生時に次ぐ二度目となる大きな危機に直面した。加速した変化の結果が、新たなる動揺を生み出した。既存の秩序に反抗する男女が、それをいっそう増大させていた。混沌《カオス》が再び脅威となってきたようであった。

第5章　デカダンス――男らしさの危機

I　退化としてのデカダンス

近代的な男性性のステレオタイプは、真の男が持たねばならない属性を象徴化しつつ身体的美の理想という基礎の上に築かれた時に、今や確立された。同時に、真の男らしさに「到達する」手段が、明示された。また、対抗的タイプという想像上の存在が、男らしさの理想を強化し、いっそう明確化した。男らしさのステレオタイプは、ヴィンケルマンがギリシアの若者たちのイメージを通してひとたび普及させた後、とりわけ安定し続けており、あらゆる挑戦に打ち勝って一九世紀および二〇世紀の大半の間、標準的な男らしさを定義し続けた。当時の多くの男たちが、自分たちにとってのその男らしさの理想を喜んで承認した。

近代的な男性性の認識およびそこに到達するための手段がなぜこのような継続性を有していたのかの主な理由の一つはすでに述べた。すなわち、男らしさの理想は近代社会が感じていた必要性に合致するものだった。それは、秩序ならびに進歩の必要性であり、近代という時代に出現するに際して、社会が自信を増すことに寄与するであろう対抗的タイプの必要性であった。そのうえ、最初から、近代のナショナリズムは男らしさの理想を採用し、さらなる力強い基盤となっていた。しかしステレオタイプ化の過程そのものもまた、この驚くべき継続性に寄与していたのである。

ステレオタイプを変化させることは困難であり、型にはまった外見と振る舞いに重点を置くステレオタイプ化の過程は、心に深くイメージを刻みつける。科学と進歩を同一視する時代において、ステレオタイプについての考察は、近代科学との結びつきによっていっそうの市民的価値観と継続性とを与えられたのだった。かくて、すでに述べたが再度簡潔に見ていくと、医師は、医学的カテゴリーとしてのみならず道徳的判断としても病気と健康を定義するという仕方で、ステレオタイプの創造に力を貸していた。体系化を非常に好むドイツ人は、二〇世紀初頭にあって、見た目が人間の類型論を導きうるとの信念に基づく、ステレオタイプの新たな科学理論のように見えるものの再発明さえ行なった。先に見たように、それはヨハン・カスパー・ラヴァーターが人相の読み取り方の教育を通じて、すでに一世紀も前に公表していた理論であった。今やそのようなステレオタイプは、心の中に固定されて残っている特に明確で詳細な視覚像として定義され、「直観像」と呼ばれた。[*1] このことは男らしさやその対抗的タイプを含め、ステレオタイプというものの不変性を再確認させる。

近代的な男性性の歴史が、さまざまな挑戦にもかかわらずドラマティックな緊張を欠いたものであったという事実には、社会の必要、ナショナリズム、ステレオタイプ化の過程すべてが寄与している。だがこの歴史においては、根本的には男性の理想に影響を与えなかったにせよ、いくつかの目に見える転換期があったのである。一九世紀末はそのような時代の一つであった。およそ一八七〇年代から第一次世界大戦までの期間は、男らしさとその対抗的タイプの双方に新たな推進力を与えた。

表面的には、この時代は最も安定的な時代の一つであった。「自分たちの科学と法を誇り、新たに手に入れた豊かさによって上昇した中産階級が、古い社会的枠組みから出現した」のである。[*2] しかし実際には、まさにこの中産階級社会が、その基盤を置く最も重要な前提のいくつかに疑問を呈したり、あるいはその自己イメージを脅かしたりするような新たな挑戦に対して、排撃的であったのである。近代の標準的な男らしさに対する敵は、いたるところで攻撃を行なっているように思われた。女たちはその伝統的な役割を打破しようとしていた。第4章で見た「男らしくない」男たち、そして「女らしくない」女たちは、よりいっそう可視化された。それらの人々や女性の権利獲得運動は、近代的な男性性の構築にとって非常に重要である性別による分割を脅かした。同時にこれら社会規範への反対運動は、それ自体が体制への反乱である文学的・芸術的なアヴァンギャルド（前衛）に、そして同様に、たとえ敵意を含んではいても彼らを公的な場に登場させた新興マスメディアに、支えを見出した。

さらに、労働不安、社会主義運動の勃興、経済危機の長期化、いっそう時の流れを加速させる新たなテクノロジーが、一九世紀の終わりまでに上流および中産階級の不安を高めた。他の諸要素も同様に考慮されねばならない。人口減少の不安はほとんどの西および中央ヨーロッパの国家で強かったが、殊に一八七一年にドイツに敗北した後のフランスにおいて顕著だった。同じように重要なのは、梅毒、肺結核、ヒステリーといった個人の健康への脅威が一般的な強迫観念となり、「健康／病気」というカテゴリーを社会とその敵に対して適用することが容易になったことである。そのような環境下では、まさしく社会的理想を象徴していた男らしさの理想は、いっそう強く擁護される必要があった。

すでに十分に形成されていた男らしさは、今や病気への深い不安を語る際の医学用語によってしばしば議論され、擁護されることとなった。ここにセクシュアリティに対する新たな、そしてよりいっそう公的な関心が、同様に重要な役割を果たすこととなった。世紀末における男らしさへの果敢な挑戦によって議論は前よりオープンになり、その結果、とりわけセクシュアリティについての意識もより開放的になった。そしてここにおいては、いわゆる性的な逸脱や機能不全に対する関心がしばしば前面に押し出された。[*3] 心理学から分岐したものとしての性科学《セクソロジー》の出現は、時代の表れであった。オーストリア人リヒャルト・フォン・クラフト＝エビング[†1]のような最も有名な性科学者《セクソロジスト》たちが、いわゆる逸脱した性行動について考察しているのは典型的な事態であった。セクシュアリティについて公開的に論じることに対する抑制は続いたが、しかし医師はセクシュアリティに関していっそうあけすけに語っており、文学的・美術的アヴァンギャルドは、すべての恥じらいを捨て去ったかのようだった。健康／病気という言葉を用いた男らしさに関する議論は、しばしばあからさまなセクシュアリティへの言及なしに行なわれたが、礼儀作法や道徳の嘆かわしい状態について当時行なわれていた議論においては、常にセクシュアリティが表面化しそうだった。

まさに健康と徳とが等置されたのと同様に、病気と悪徳の実践は一九世紀初頭から結びつけられた。男らしさは、社会が自らについて持ちたがっていたイメージを表象していたが、それはまた、すでに述べたように、貞節、まじめさ、自己抑制を強調する中産階級の道徳の世界をも象徴していた。悪徳の実践例自体は、それを描き出すのに用いられた科学的・医学的概念よりも、はるかに分かりやすかった。適切な道徳の規準を持たずに、放縦な生活をする人々は、社会のもろい構造を破壊し脅かすことで、その根源に打撃を与えた。道徳的な病と身体的な病は同一のものと考えられた。なぜなら、オスカー・ワイルドが『ドリアン・グレイの肖像』（一八九〇年）において、非常にドラマティックに表現しようとしたように、道徳的な病は身体や顔にその刻印を残すからである。社会の道徳と礼儀作法をあからさまに攻撃するアヴァンギャルドは、物事の既存秩序を脅かすあらゆる他の者たちと同様に、この観点で理解された。医師は、率先して道徳、健康、病気を等しいものとして見た。それはそのことが彼らに期待されたからでもあるが、制度化された規範の裁定者としての地位を彼らが自ら獲得したからでもあった。医師は自らの医学的権威を、いわゆる劣等人種、解放された女性、ユダヤ人、同性愛者など何者であれ、アウトサイダーの道徳的・身体的ステレオタイプの創造に利用した。近代的な男性性は標準（規範）を象徴し、その敵は確立された社会の敵として確認されたのである。

男らしさの純粋さと貞潔さが腐敗することは、社会の病と解体を意味していた。すでに一八四七年にパリで発表されたトマ・クチュールの「退廃期《デカダンス》のローマ人たち」【図5・1】において、そのような論調が示されていた。絵の後ろの方に高く立っている厳格なギリシアの英雄たちが、その足元で行なわれている狂宴と、驚異的な対照をなしている。性的放縦の姿態をした男女がおり、後景にはかろうじて見える程度ではあるが、二人の男性が手を握り合っている。一九一七年になってもこの絵は、自己本位と不道徳を指弾する作品として称賛されたのであった。[*4] そこには、男らしさと社会が自己を評価する尺度として敵を定義する際に、デカダンスの概念が世紀末に向けて鍵となる役割を果たしていくことが、予兆されていた。ベネディクト・オーギュスタン・モレル[†2]は有名な『人類の身体的・知的・道徳的退化』（一八五七年）において、よくそのことを言い表している。「精神障害の

図5・1　トマ・クチュール「退廃期（デカダンス）のローマ人たち」（1847年、パリ・オルセー美術館蔵）

みならず、社会における身体的・道徳的悪の存在と特別の関係にあるあらゆるアブノーマルな状態が、ヨーロッパにおいて絶え間なく進展していることに、私ははっとさせられる」。[*5]

「退化（degeneration）」は「デカダンス」という、ボードレールのような詩人やJ・K・ユイスマンスのような作家が用いた用語とは区別されねばならない医学用語[†3]である。ボードレールらにとって、例えば一九世紀後半における作品において、「デカダンス」は新しい感受性、つまり神経と感覚の洗練であり、必ずしもネガティヴに見られてはいなかった。そこでたびたび登場させられたのは、真の男らしさよりも両性具有であった。しかし、「退化」と「デカダンス」はしばしば混同された。しまいには両者はほとんどの部分で互換されて用いられた。結局のところ、作家や芸術家によって了解されたデカダンスというもの自体が、標準的な社会の守り手たちにとっては退化と受け止められたのであった。

当時デカダンスと考えられたものは、たびたび衰退期のローマのそれと結びつけられたが、しかしデカダンスという言葉は、同様にしばしば、医学的用語の中に投じられた。自身も医師であったモレルによると、退化の原因はアルコール依存症（当時盛んに議論された問題であった）、個々人の悪習、そして社会的状況、とさまざまであった。しかしとりわけ、退化は遺伝的なものと考えられた。ドイツの小説家アルノルト・ツヴァイク[†4]の『クロプファー家とその子どもについての覚書』（一九一一年）は、退化に対する一般的な視点の例証になりうるものである。父親はさまざまな恐怖症につきまとわれていた。彼の息子の一人は幼少のうちに死んだ。他の息子も自らが同性愛者であることを告白する手紙と日記を残して、わずか一九歳で銃による自殺をした。一人娘は人生に直面できず、自ら孤独の中に引きこもった。デカダンスが行き着く先は消滅であるがゆえに、家系はここで終わったのであった。[*6]

同時に、世紀転換期における医学関係者による病についての記述は、しばしば社会的状況を病気の徴候、あるいは原因として見る言及で満ちている。このことは、メンタル・ヘルスという、人格全体を包括して言及される概念にたずさわる医師に、特に当てはまった。例えば重要なドイツ人精神科医であり、ドイツのいくつかの一流大学の教授であったオスヴァルト・ブムケは、[†5]世紀転換期から第二次世界大戦後まで活動したが、メンタル・ヘルスは人間の魂の活動に匹敵するものであると主張した。[*7]彼は、かつては牧師の専売特許であったものを、いかに医師が道徳の医学化を通じて取り込むことを試みたのかを、非常に明確に示している。

　医師は、医師以外の人々によって支持されていた。例えば一八九五年のイギリスの『フォートナイトリーレヴュー』に寄稿した女性執筆者は、不道徳で、伝統や制度化された秩序を軽蔑する世紀末のもつ意味を定義できるのは、道徳家ではなく医師であると主張した。結局、医師はこの状況に対して最も責任のある二つの病、退化とヒステリーの専門家であった。[*8]医師の側も、医学的診断を行なう際に近代性についての諸問題を考慮すべき徴候としてとらえ、時代の激流を止めるか、少なくとも和らげようとした。例えば医師であったマックス・ノルダウは彼の著名な著書『退化』（一八九二年）において、鉄道旅行に伴う継続的な振動が男性の神経破壊の一因であると論じ、それを既存秩序の終焉という近づきつつある事態がもたらす大混乱の表れだとした。[*9]まさに同時期、著名なフランスの神経学者であったJ・M・シャルコー[†6]は、神経衰弱のドラマティックな装置として鉄道をとらえていた。[*10]急激なテクノロジーの発展が生み出した時代の新しいスピードは、明らかに、差し迫った医学的関心となった。「退化」という用語を普及させたノルダウは、急激で見たところ統御不可能な身体的動きと落ちつきのなさは、神経がずたずたになっている徴候であり、デカダンスの確実なサインであると信じていた。

ここにおいて神経質とヒステリーは、ローマ帝国の衰退をもたらしたと言われた個人的な自制の欠如によって象徴されようと、あるいはアルコール依存症やアヘンの使用、病気での衰弱のような「身体的・道徳的毒」により引き起こされた弱さや不毛さによって象徴されようと、最も重要な問題となった。オスヴァルト・ブムケは多くの彼の同時代人に典型的だったように、人間の魂は、健康な神経システムというまさしく魂が存在するための物質的基盤なくしては適切に機能することができないと主張していた。[*11]

あらゆるアウトサイダーがより大きく可視化してきたまさにその時、医師の定義した退化とデカダンスが彼らの特徴だと言われた。第4章で述べたように、目に見える対抗的タイプの存在なくしては、社会の強さと安定性のイメージを映し出すことがいかに困難であるかを、社会自体が気づいたのだった。ユダヤ人、ロマ、非社会的存在などの、よそ者や社会的不適応者といった伝統的なアウトサイダーが、その役割を与えられてきた。しかしこの世紀転換期においては、社会の大勢となるべきだった人々が対抗的タイプに加えられた。何らかの点において病気か柔弱と見なされたがゆえに、男らしさの理想に応えることができなかった（他の点では立派な）中産階級の男たちだ。彼らは危険なやり方で、真の男らしさとその引き立て役との間の距離を狭めていくように見えた。例えば虚弱体質の男性が注目されてきた。そのことはドイツの新聞の一九〇〇年頃の広告において、次のように描かれていた。「弱い神経を持った男性よ、保証できる治療があります」「男性の神経質の、予防的かつ根本的治療」、あるいはシンプルに「弱い男よ！　これが何千人をも治療した特殊電気機器だ」[12]（【図5・2】参照）。

「女々しさ」はこの文脈において、とりわけトラブルとなっているようであった。確かに、多くの女々しい男性は同性愛者のレッテルを貼られ、その結果アウトサイダーの烙印を押される可能性を持った。しかしたとえ異性愛者であろうと、女々しいと見なされた者は医師によって病気の烙印を押されたのであった。たくましく健康的な男らしさとは別物として、治療される必要のある、顔色の悪い女々しい男性像を設定することによって、男らしさの理想を守ろうとしたのはここでは医師だったのである。フランスの医師たちは一八八〇年代に、女々しい男性の「敏感すぎる」弱さによっ

図5・2　雑誌『青年（ユーゲント）』に載った、「男性における神経衰弱」治療についてのドイツの広告。文章の一部にはこうある。「神経衰弱の関連症は、今日最も一般的な病気に含まれます……男性における性的神経衰弱には特別な注意が必要です」。（*Jugend: Münchner illustrierte Wochenschrift für Kunst und Leben*［1914］.）

て、いかなる性的行動も彼らをまったく消耗させ、不毛なものに終わるであろう、と書いていた。[*13] 退化という概念はここで作動しており、再び不毛と死滅へと導くものとなった。よりいっそう悩ましいことに、男らしさとその引き立て役との間に存在すると考えられた隔たりを、科学それ自体が縮めていると思われた。ヒステリーは、女性の繊細な神経と抑制が困難な情熱の徴候として、以前は明らかに女たちに限定されるものであった。結局神経質は、男らしさのイメージと対極のものであった。ところが「神経質《ナーヴァス》な」あるいは「神経質《ナーヴァスネス》」という、ドイツにおいては一部の医学文献に限定されていた用語は、世紀末までに一般用語となった。[*14] 逆にヒステリーは、神経系の最も深刻な病気と考えられ、[*15] 精神不安定、身体的ゆがみ、突発的行動を徴候とすると考えられた。これらは多くの文章による記述を通じてのみならず、パリの有名な精神科病院であるサルペトリエールが先駆となって、病気の記録を目的に始めた医学写真の使用を通じても、周知されていった。こうした周知は、そのような病気に罹患した人々に対する、人々の侮蔑的まなざしに寄与したにちがいない。このことは常に、女性に自分自身の人生に対する決定権を与えないでおくための議論に用いられ、また男らしさが表現する静かなる強さと自己抑制とは対極にあるという印象を生み出した。

　サルペトリエールの高名な医師ジャン＝マルタン・シャルコー（一八六二〜九三年に勤務）がヒステリーの定義を女性から男性へと拡大した時、結果的に標準的な男らしさに深刻な打撃を与えたと考えられる。サルペトリエールで一八七二年から七三年の火曜日に行なわれた講座の一つにおいて、彼はヒステリーにかかっている一部の男性の中には、あらゆる女性的要素がなく、あらゆる面でたくましい男性がいると主張した。しかし、そのような男性もまた「女性のように」ヒステリーになりうるのであり、そうしたことは「ある人々にとっては想像もされなかったことである」[*16]。マーク・S・ミケルが指摘するように、シャルコーは「男性的ヒステリー」の男らしい性質を確立するためのあらゆる機会をとらえたのであった[*17]。しかし、彼はまた、男性の理想自体への防波堤をつくりだそうと試みた。というのは、ヒステリー的神経質と関連したあらゆる現象は、男性では決して完全なものではなかったからである。同時に彼は男性と女性のヒステリーが実際に一致するケースについて描写しようとした[*18]。さらに、男性のヒステリーは通常、職場においての身体的外傷によってもたらされるものとされたのに対し、女性が「ヒステリーになる」のは、過剰な感情の高ぶりのせいにされた[*19]。ミケルはシャルコーが診察した患者のうち六一例の男性ヒステリー患者のケースを調べて、泣き叫ぶ成人男性の事例は二件しかないことを指摘している[*20]。男らしさの一部の特質は、ヒステリーにおいても保持されたようだ。実際、裁判に持ち込まれて司法的酌量の恩恵を受けた男性ヒステリー患者は、女性に比べわずかであった（ルス・ハリスは、フランスにおいてそのような事例が二例しかなかったことを発見している）[*21]。その場合でも、男性のヒステリーを正当な病気と見なすことに対する一定の懐疑を、法廷は示したのであった。

男性のヒステリーに対する主要論者のシャルコーの立場がいかに両義的であろうと、それは今や重要な科学的興味の対象となっていた。関連する文献が出版され、若きジークムント・フロイトは一八八六年に男性ヒステリーについての議論を含む論文によって、ウィーンの医学界にデビューしたのであった。ヒステリー状態の男性は稀で特別ではなく、頻出する一般的ケースであると、彼は当惑した聴衆に語った。[*22] ここにおいてもまた、男性の理想は攻撃を受けたのであった。

社会からの影響は、デカダンスの枠組みの中での神経疾患の診断において、常に重要であった。例えばリヒャルト・フォン・クラフト＝エビングは、よく用いられた著書『法精神病理学マニュアル』（一八七九年）において、社会生活における成功の欠如は、心の病の決定的原因となるとの考えを示していた。[*23]

同時に、より古い宗教的理念もまた人々によって感得され続けており、今や医学的概念に等置された。ベネディクト・オーギュスタン・モレルは、神の似姿として創造された基本的な人間類型からの乖離という原罪の結果として、悪と病気は同じである、と主張した。[*24]しかしながら正常な男性であるならば、ここでもまた、神経質やヒステリーから守られて退化、あるいは女性が持っているとされた受動的特質に危うく接近することもなかった。結局男性は、社会を形成し、女性を危険から守るものと考えられた。というのもブムケによると、退化へとつながるかもしれない状況に、社会も女性も直面していたからである。[*25]性的衝動をコントロールすることは通常、精神の健康の表れと考えられ、コントロールの欠如は心の病を示唆していた。クラフト＝エビングの一八八六年の記述によると、文明人は自らの性的衝動をその共同体による制限内に抑えることが必要なのである。中庸と恥の感覚が行き渡らねばならない。そのような正常性なしには、法的・道徳的秩序の基盤としての家族および国家は存在できないであろう。[*26]クラフト＝エビングにとって、男性は自らのセクシュアリティをコントロール下に置いている点で、女性に優越するものであった。彼の書いた『性的精神病理』において、男性にとって女性を愛することは、単に他の多くの興味の中の一つであったが、女性の人生は生物学的関心事によって支配されていた。女性は自らの渇きを一度の抱擁の中で癒やすことはできないのである。[*27]この著名な性科学者は、標準的なステレオタイプを、言わば単に飾り立てただけだった。理想の男性が、性科学の中で性的情熱の管理を通じて象徴化され、今ひとたび、正常性の典型として優勢になり、その正常性が神経質とデカダンスに対抗するのである。

II　可視化する同性愛

男らしさの理想とそれが表現するものはデカダンスの中において、病気によってのみならず、男らしくない男たちと女らしくない女たちの自己主張の増加からも、挑戦を受けた。一八九〇年代以降、そのような「退化した者たち」はいっそう可視的に存在するものとなり、数としては少数であるものの、標準的な男らしさへの継続した挑戦となった。彼らは、振る舞いや外見が「女々しい」普通の男性に加えて、自らの性的逸脱、オーソドックスではない自らの女／男らしさを誇示する、いわゆるアブノーマルな男女なのであった。

陽のあたる場所へのレズビアンやホモセクシュアルの登場は、一八六〇年代にゆっくりと始まり、一八九〇年代においてピークに達した。確かに、彼らはずっと以前からある種の可視性は獲得していたものの、それは自らの権利に基づいてと言うよりも、有罪判決を下されるべき罪人としてであった。一時期ドイツの公務員であり、ジャーナリストであったカール・ハインリッヒ・ウルリヒス[†7]によって書かれ一八六九年に刊行された、同性愛の権利についての最初の主張の一つをカール・マルクスが同年にフリードリッヒ・エンゲルスに送った時、エンゲルスは憎悪と恐怖を伴った反応を起こした。エンゲルスは「同性愛者たちが活動を始めて、自分たちが国家において力を持っていることを発見した。まだ、組織は見えない」と書いている。彼はこう続ける。「しかしそれは密かにすでに存在している……。我々自身は彼らの大義の勝利を目撃し、自らの身体でもって代償を支払うほどには若くないことは幸運である」[*28]。

同性愛者による陰謀への恐怖は、その二〇年後には一部の同性愛者が今やあからさまに正常性へと挑戦しているということを目の当たりにした人々の間で、ずっと大きいものだったに違いない。かくてオスカー・ワイルドの戯曲『ウィンダミア卿夫人の扇』（一八九二年）のロンドンにおける初演で、作家もその友人も襟に緑のカーネーションを挿していた。ワイルドが言ったように、それは個人においては鋭敏な芸術的気質の徴候であり、国家においては道徳上のデカダンスでなくとも放縦の徴候であった。[*29]

だが多くの人々は、緑のカーネーションの反自然性の中にデカダンスばかりではなく、同性愛の象徴を見出した。ロバート・ヒチェンス[†8]は、彼自身がかつてワイルドが率いた審美的サークルのメンバーであったが、一八九四年に緑のカーネーションとゲイのステレオタイプを結びつけた。「それを身につけている男性は全員同じに見える。同じような揺れるような足取りで、同じようなはにかんだ人目を意識した表情、同じような頭の揺れる動き」。[*30] すでに一八九二年の雑誌『レイディースピクトリアル』において、男らしくないものとして緑のカーネーションは非難されていた。[*31] 一方、同じ時期に『芸術家と家庭文化ジャーナル』が、芸術についての重みのある評論に交じってウラニアの（つまりホモエロティックな）詩を掲載した。

世紀末の一〇年間にパリに住んだ男女は、ホモセクシュアリティ（男性同性愛）とレズビアニズム（女性同性愛）の公然たる擁護の最前線に居あわせているように思われた。同性愛者たちは、同性愛を本の中で擁護し、パリの有名なキャバレーと提携して大成功した

『シャノワール（黒猫）』のような雑誌の中で擁護し、[*32] そして同じく重要なことに、公的なライフスタイルを通しても擁護していた。一九〇〇年前後のいくつかの事例は、例えばイギリスにおいて見られるよりも、ずっと広くかつ可視的な「カミングアウト」の記録たるに十分であった。ジャン・ロラン[†9]は男色について公然と書いた多作な小説家であり評論家であったが、彼は娼婦や両性具有者を賞揚した（ただしアマゾネスとしてのレズビアンについては、男性をお払い箱にしようとするものであると非難した）。[*33] ここにそのようなアウトサイダー、悪徳に染まったデカダンと考えられたすべての者たちの連環が、ホモセクシュアリティについての明確な肯定につながった。ロランは、ホモセクシュアリティに尊重すべき歴史的過去を与えるものと考えられた古代ギリシアを参照するような弁明をしない立場を取った。彼が「ソドムから来た大使」と呼ばれていたのは不当なことではなかった。[*34]

ロベール・ド・モンテスキュー[†10]はロランよりも知られている。と言うのも、彼が、おそらくマルセル・プルーストが描いたホモセクシュアル（男性同性愛者）のシャルル男爵の、第一のモデルであったからだ。もちろんプルーストの自己嫌悪の一部が、この呵責ない人物造形を決定づけたのではあったが。モンテスキュー自身、ホモセクシュアルの恋愛を最初にあからさまに表現した『ソドムとゴモラ』に対して、プルーストを称賛していた。[*35] ガブリエル・チュイリというパートナーとともに、彼は世紀転換期にホモセクシュアルの隠れた世界で活動していたが、同時にしばしば、彼自身の有名かつ手の込んだイベントを通してパリ社交界の最上層の人たちと交際し、サロンに喜んで迎え入れられた。ジャン・ロランとロベール・ド・モンテスキューは両者とも自らのデカダンスを誇示しており、公衆の面前でホモセクシュアルとしての彼ら自身の満開のライフスタイルを構築するために、デカダンスを利用した。両者とも口紅をし、アイシャドウを塗り、派手な服を着て、女々しく見えることを恐れなかった【図5・3】。ロランは自らの外見や振る舞いゆえ常に論争の中にいたが、彼は自らの挑発的なスタンスが最大の防御であることをよく承知していた。そうしたことの結果、自らのホモセクシュアリティについての彼らの開放性は、ある種エキゾティックな、しかし無害の奇矯さとして他人の目には映ったであろう。さらにそれより進んで、彼らや似た

図5・3　ジョヴァンニ・ボルディーニ「ロベール・ド・モンテスキュー伯爵の肖像」（1897年、パリ・オルセー美術館蔵）

ような他の者、そして後で見るようにレズビアン（女性同性愛者）も同様に、社会のある種の上層階級がデカダンスの放った一般的な魅力にひかれていたがゆえに、ヘテロセクシュアル（異性愛者）の友人や承認者を得ていたのであった。このような混在は、おそらくここに初めて存在したのであり、それによっていっそう、尊重されるべきコミュニティに対するデカダンスの危険性が際立つことになった。

一八九五年の裁判での、男性同士の恋愛についてのオスカー・ワイルドの威勢のいい擁護に、当時の男性中心主義的コミュニティに属する者がエリートであるような社会で、耳を貸す者は誰もいなかった。とはいえ、ここでも男性同士の恋愛をいっそう合法化しようと試みられた。しかしそこには性的含意はなかった。さらにそれは、ロランと同じくワイルドも個人的アイデンティティの優越という近代的価値観に置き換えることで、敢えて言及しようとしなかった過去のギリシアにおける同性愛によって、尊重されるべき系譜が与えられたものだった。[*36] しかしながら、ウォルター・ペーターが一八九〇年代にメンバーだったオックスフォードのグループは、プラトンやヴィンケルマンの男らしさの伝統を、いわゆる逸脱的な道徳を賞揚するために用いた。彼らは「それを見えうるものにしている何がしかを通じて、美そのものを人が感得している時にのみこそ、男性は……真の徳を得て活気づくであろう」[*37] という（ヴィンケルマンが書いてもよさそうな）プラトンの文章から、インスピレーションを得ていた。この男らしさのステレオタイプは、標準的な男らしさに対する武器として用いられていた。しかしながらオスカー・ワイルドの公判が一時的に評判になったにもかかわらず、ホモセクシュアリティについてロンドン、オックスフォード、ケンブリッジはパリよりも開放的ではなかった。

レズビアンたちは、ロベール・ド・モンテスキューの生活において輝かしい場所を占めていた。世紀末のパリにおけるいくつかのレズビアンのグループは、ホモセクシュアルのグループよりも自らをオープンにしてより活気あるように見えた。そこでは異性愛者との大規模な交流があるばかりでなく、同時にセクシュアリティに対する率直さも存在していた。ナタリー・バーネイは[†11]二〇世紀初頭において、パリの最も成功した文学サロンの一つを率いていた間、同時にレズビアニズムを著書の中で擁護し、彼女のレズビアンとしてのさまざまな情事を隠す労を取ろうともしなかった。高齢になってから、彼女は自らの長い人生をふりかえり、ウォルト・ホイットマンを誇らしげに引用してこう言っている。「私は決して順応しなかった。しかし私は生きている」。[*38]リアーヌ・ド・プジーは当時最も成功した高級娼婦であるが、一連のレズビアンの誘惑シーンから成り立つ『サッフォーの牧歌』（一九〇一年）を著した。[*39]デカダンスというテーマがいかにこのサークルの著作物やライフスタイルに影響したかは、シドニー＝ガブリエル・コレットの回想録『純粋と不純』（一九三一年）に最もよく描写されている。

大都市においてかつてないほど可視的となったホモセクシュアルのサブカルチャーと同

様に、そのようなレズビアンたちの開放性と可視性は、標準的な社会に対しての大きな挑戦となった。ドイツの性科学者であったマグヌス・ヒルシュフェルト[†12]は、一九〇四年のベルリンにおける二〇以上のホモセクシュアル・バーをリストアップした（一九一四年までにそのような場所は三八箇所となった）。また定期的に開催されている舞踏会、いわゆる「男色者の舞踏会」が、約八〇〇人の人間を魅了してベルリンの観光客用アトラクションの一つとなった。[*40] フランスの人気劇作家オスカー・メテニエは一九〇四年にベルリンを訪れた。そして、パリに比べてはるかに同性愛者に開放的な社会を見出し、さまざまな舞踏会において出会った同性愛者の、平穏さと自意識のなさに仰天した。[*41] ベルリンとパリの同性愛者のどちらがより目につきやすいかは、ドイツを観察した二人のフランス人によって非常によく、しかもほぼ同時代的に、要約されていた。パリでは同性愛という「ハプニング」は、カーニヴァル最終日《マルディ・グラ》、あるいは四旬節の期間中の一部の施設内においては公然と行なわれたが、それ以外には同性愛者たちは私的に会っていた。パリでは、ドイツとは異なり人々が公の場でそのような「女々しい人々」にしばしば会うようなことはなかった。[*42] 彼らは先に言及した同性愛者（モンテスキューやロラン）について無視しているように思われるが、彼らは個人にではなく、より広くサブカルチャーについて関心を持っていたのだ。いわゆる性的逸脱がヨーロッパ大陸のほとんどの地域より厳しくコントロールされていたロンドンでさえ、一九世紀末の数十年間に開かれた社交ダンスにおいては、男性は女装していた。同性愛者は自分たちで舞踏会を開催した。それはヨーロッパ全土においてますます人目につくものとなっていった習慣であった。[*43] パリであろうとベルリンであろうと、そしてロンドンにおいてすら、いわゆる男らしくない男たちと女らしくない女たちが、新たに可視化していったのであった。

いかにホモセクシュアリティの存在が人々の意識に浸透したかを示すさらなる事例として、ドイツだけで一八九五年から一九〇五年の間に、ホモセクシュアリティに関する約三二〇の出版物が世に出た[*44]、ということがある——ドイツの『ジンプリツィシムス』やイギリスの『パンチ』、フランスの『ラシエット・オ・ブール』といった雑誌において、同性愛のカリカチュアの数が増加したことは言うまでもない（【図4・4】一二一頁参照）。ドイツにおけるオイレンブルク事件[†13]や、イギリスにおけるクリーブランド街スキャンダル[†14]のような、世紀末における社会の最上層まで巻き込んでの同性愛スキャンダルは、新しいマスメディアによって貪欲にとりあげられた。貴族階級をも巻き込んだそのようなスキャンダルは、デカダンスが統治機関や社会の中枢に浸透することに成功したのだという中産階級の恐れをかきたてたのであった。

同性愛者自身が、デカダンスがもたらした、男らしさを再定義するチャンスに気づいていた——標準的な男らしさに同化しようとした者ばかりではなく、ジャン・ロランやナタリー・バーネイのような、デカダンスを自らのラベルとして誇りにし、可能な限り活用しようとした男女も、そうであった。オスカー・ワイルドはもう一人の事例であって、すでに述べたように、彼はギリシアの伝統という尊重すべき権威を自らにまとわせることを拒み、いわゆるより高次な哲学を自らを守るために召喚した。このことは、ワイルドをよく知る人物によって以下のような的確なフレーズにまとめられた。「中産階級が人に望むような生き方ではなく、自分自身が生きたいように恐れずに生きよう。他人に由来する臆病さではなく、自らの欲望から生じる勇気を持とう」[*45]。同様な心情は、こうした個人的な自由とデカダンスを等置する、パリっ子のホモセクシュアルやレズビアンたちの間で反復された。

「男らしくない」男性やレズビアンの可視化の拡大は、ドイツの社会主義者アウグスト・ベーベルのような、さもなければ男性同性愛者の解放を支援した男性をも恐怖に陥らせた。それ以外の者たちもまた、いっそう注意を払うようになった。その一部は、この新しい可視性にユダヤの陰謀を見出す右翼であって、二つのアウトサイダーを再び結びつけたのであった[*46]。

だがこの可視性と主張の高まりは誇張されてはならない。例えばマグヌス・ヒルシュフェルトは一八九七年に、ホモセクシュアルに対する法的差別の撤廃闘争のための組織を設立したが、それは最大でも五〇〇人を超えることはなかったし[*47]、ホモセクシュアルの利害ではなく科学の利害においてのみ行動すると宣言するような組織だった（その組織名「科学的人道委員会」に反映されている）。しかしながら、この組織およびそれが帝国議会に出した請願は、ホモセクシュアリティについての公的議論をさらに巻き起こした。

このような状況の中で、近代的な男性性が象徴する両性間の厳格な分離は、性的逸脱の受容に対して、ほとんど打ち勝てない障壁をもたらした。それとは異なり、ホモセクシュアルとレズビアンは、オスカー・ワイルドの言葉を借りれば、アドニスの優雅さとヘレネの美とが結びついた人物、[*48]あるいはより一般的には、一方の性の身体に閉じ込められたもう一方の性の魂を有する人物としての両性具有の賞揚で合致したのであった。一八五〇年以前に両性具有が友愛と連帯の象徴であったとしても、世紀末にそれは悪徳と性的なゆがみの象徴へと形を変えていった。[*49]この変容は、一九世紀の間に両性間の明確な分離が重要性を増したことを実証するものである。しかしながらある性科学者が一九〇三年に書いたように、完全なる調和という両性具有の理想は、多くの芸術家、特にホモセクシュアルの芸術家の間で生き続けていた。そこにおいて、若々しく、デリケートで、少女のようであり、女性化した身体という理想が、活動的な男らしい力を表現する男性生殖器と結びつけて言及された。[*50]両性具有と結びついた優雅さと美は、自然界の奇形あるいは医学研究の対象と見なされた雌雄同体《ハーマフロディテ》とは区別された。両性具有は時として異形の怪物として描かれ、オーブリー・ビアズリーもそのような両性具有者を描くことがあったが、通常、世紀末においては、両性具有は女性の乳房と少年のペニスを持った若きギリシアの青年《エフェベ》と見なされた。彼は、なお流動的とされる美がとらえられたはかない瞬間を表現していると考えられていた。[*51] 両性具有はジェンダー・アイデンティティの絶え間ない転換の中にある、少年っぽい若さ、優雅さ、美を表現していた。

確かに、両性具有と雌雄同体のイメージは、例えば逸脱したセクシュアリティの研究に尽力していたマグヌス・ヒルシュフェルトの雑誌においても、融合されることがあった。そこでは雌雄同体の通常のイメージと同調して、両性具有は不調和なものとされ、その身体的奇形は性腺の機能不全によるものとされた。[*52] しかしこれはいわゆるデカダンの間での両性具有への見方ではない。ホモセクシュアルやレズビアンの作家が活動していた世界では、両性具有は確かに一つの人気のある文学上のトピックであった。実際、〔批評家〕マリオ・プラーツが書いていることであるが、両性具有の理想はデカダンス運動の強迫観念となった。[*53] すでに述べたように、ロランも、そしてモンテスキューでさえ、両性具有的外見を備えていたし、ナタリー・バーネイは生涯ずっと「両性具有者を勝利に導くアポロを女々しく、女神たちをたくましくした過去の時代」に思い焦がれた。[*54] 両性具有は今や、標準的な男らしさおよび女らしさに対する攻撃を正当化し、いわゆる性的逸脱を正当化したのであった。

一九世紀末において、両性具有は美の崇拝を通じて、両性間の分断の橋渡しをすることができた。このことは、多くのいわゆるデカダンを魅了したテーマであった。世紀転換期の主要なオランダの小説家ルイ・クペールスは、著書『光の山』（一九〇五～〇六年）において、卓越した優雅さと美をもった「おとこ女」である若きローマ皇帝ヘリオガバルについて書いた。クペールスは美しいものを描写することのみならず、最終的には女性的な少年皇帝と彼に愛された男性パートナーを死に至らしめる官能的で残忍な乱交の詳細についても楽しんでいる。チャールズ・ケインズ＝ジャクソンの論文『新騎士道』（一八九四年）は、性別よりも美が重要だとする、イギリスでの好例となっている。「イギリスの男性のより精神的なタイプは、すでに第一に美に関心を向けている」と彼は書いている。[*55] 性別は問題ではなく、人間の美が、あらゆる親密な人間関係の基盤を形作らねばならなかった。

これは、男らしさのステレオタイプを形成するものとは異なる美であった。硬質というよりも柔和で、エネルギーを放出するというよりもむしろ物憂げなものであった――標準的な男らしさとは対極的な、憔悴状態が、真の感受性を象徴するのだった。また、それはもはや性なき美ではなかった。それ自体が官能を刺激する、鮮やかな彩りで表現されていた。両性具有の伝説的な残忍さやコントロールされない情熱が、例えばクペールスの少年皇帝の中において描かれることもあったが、世紀転換期の両性具有は、ジェンダー・ステレオタイプに対抗する、解放的な機能を果たしていた。ここに、男らしさの標準的な機能に対するオルタナティヴがあり、それはおよそ七〇、八〇年を経て、近代的な男性性がついに侵食される兆しを見せた一九七〇年代から八〇年代という時期に、我々が再度出会うことになるものである。ワイルドの同時代人であり敵であったウィリアム・アーネスト・ヘンリーが「雌雄同体的な無性愛《アセクシュアリティ》に対する、無力でロマンティックな憧れ」[*56]を非難したのには十分な理由があった。彼において性愛は、厳格に「標準的」な異性愛用語で定義されていたのであった。ヘンリーとは対照的に、多くのいわゆるデカダンにとっては、両性具有とは強烈に性的なものであった。例えば、フランスの作家コレットにとって、あやふやなまたは偽装した性別の人間から発散される誘惑は、強い力を持っていた。[*57] しかし当時、新たに見出されたレズビアンとホモセクシュアルの可視性は、彼らのライフスタイルや理想同様に、標準的な男たちにとって不毛であり、破壊的なものと思われたに違いない。

世紀転換期におけるそのような男女の恐るべき可視性は、社会規範に対する若い文学的・芸術的前衛の猛攻撃と時を同じくした。それは年長者による俗物根性、男女のセクシュアリティおよび感情の自由な表現に対して加えられた制限を、酷評するものであった。前衛芸術家たちは、マックス・ノルダウが著書『退化』の中で書いた、彼の信じるところによれば神経がバラバラにされ、視界が損なわれた芸術家や作家、近代人であり、退化した人間であった。そしてまさに、ボードレールの詩に出てくる売春婦や、トーマス・マンの初期作品に出てくる人物で、上流気取りを拒絶する人々のような、[*58]デカダンな文学や芸術の中で輝くアウトサイダーであった。世代間の対立は他の人々もとらえた。青年が親に反抗し、親の世代の慣行や道徳、市民的価値観を偽善的なものとして捨てるという劇が書かれた。

例えば、〔ドイツの劇作家〕フランク・ヴェーデキントの『春の目覚め』（一八九一年）では、男子生徒たちが単に自然な衝動を抱き、性的好奇心を満たす。しかし社会はそうした行為ゆえに男たちを罰するので、生徒たちは罰に直面させられる（一人は自殺してしまう）。ある男子生徒は、自らの最初の男らしさのほとばしりの中で、他の生徒にこのように語った。「僕たちは何でもできる。……僕たちは卓越さを保って、臆病さを理想主義と勘ちがいする青年期や傷心の中で死んでいく時代を非難できるんだ」[*59]。ジャリ[†15]の『ユビュ王』（一八九六年）――このタイトルはフランスの子どもの揺り木馬の名である――は子どもの目を通して、ゆがんだ恐ろしい世界と、大人のセクシュアリティを観察している。ブルジョワ文化に対する前衛芸術の反抗は大きな痕跡を残し、絵画における表現主義や新原始主義（例えば、ゴーギャンの描いたセミヌードの先住民）は既存の道徳に挑戦した。

標準的な男らしさはここでも同様に攻撃された。この場合、すべての男らしさではなく、抑制と自己統御という中心的理想、男らしさの美の概念が攻撃された。一方、前衛の一部にも、決断や意志の力はある程度重視された。結局、許容される人間の振る舞いについての確たる境界は、覆されねばならないのだから。ウィーンっ子のロベルト・ムージルの小説『テルレスの惑い』（一九〇六年）の中心人物は、小説の中で言っている。現実世界は手強いものだが、自らが望む方向にそれを変えることに成功してきた人々が存在しているのだ、と。ドイツ表現主義者の残忍さ、力や戦争に対してすら示す歓喜は、停滞して退屈な社会への解毒剤であった。しかしそうであっても、ブルジョワの道徳に対しての他の挑戦者たちとは違って、これらの男女は積極的な反抗の中に自らを見出していた。彼らは表現の自由獲得をめざすのみならず、伝統的なやり方や道徳を投げ捨てようともしていた。彼らは近代的な男性性への世紀末の挑戦に加わった。彼らによる意志の力や攻撃性の強調は男らしいものであったにもかかわらず、自らの感情を解き放とうとしたのであった。

しかしながら、既存の社会の一部としての標準的な男らしさへのあからさまな挑戦は、必ずしも単純な道ではなかった。男らしさの理想を取り入れたブルジョワ社会には、挑戦することはできたが、理想自体はそれにもかかわらず肯定されたのであった。ドイツ青年運動は、既存の重要な社会規範の内部においてではなしに、むしろそれと対立して理想化された規範的な男らしさの好例を提供した。一九〇一年の創設以来ずっと、その運動は少年たちの多様なグループに分離して、年長の大人によって監督されることなくドイツの田舎を歩きまわり、独自な「自然志向の」サブカルチャーをつくりだしていた。彼らは歌を歌ってキャンプをし、議論をしてゲームに興じた——そして彼らの多くが愛国者であり、また同様に、自らの男らしさを誇っていたのであった。

彼らの運動の諸雑誌は、ヘルマン・ポッペルトの、当時広く読まれた青年運動についての小説『ヘルムート・ハリンガ』（一九一〇年）で巧みに示されたような、男らしさの理想的タイプをしばしば前面に押し出した。主人公がブロンドで幅広い胸をしており、エネルギッシュで決然としている、という外見を有し、標準的な男らしさの理想を今いちど表現しているとしても驚くべきことではない。またヘルムート・ハリンガが詐欺で告発された時に、一人の判事が、被告のような良き外見をした者は犯罪者ではありえないと宣言したことも、驚くに値しないのである。[*60] ヘルムートの外見、彼の慎み、貞節、身体的我慢強さは、彼の兄弟たちの、不道徳な愛、アルコール依存症、梅毒にかかった骨格――退化した「対抗的タイプ」と、対照をなしていた。[*61] 社会に対する青年運動の抗議は、主に大人の監督から独立することを中心に置いており、標準的な男らしさと市民的価値観による制約を侵すことはめったになかった。それにもかかわらず、男らしさのギリシア的事例がそのホモエロティシズムとともに復活した時があった。例えば一九一一年にホモセクシュアルのスキャンダルで運動の一部が動揺したことがあった。しかしこれは枝葉の現象であった。いずれにせよ青年運動は、標準的な社会を、またたく間に走り去るスポーツカーに出くわした荷馬車にたとえて、自らを抗議運動として見なしていた間でさえ、男らしさの標準的な理想を継承伝達したのであった。[*62]

ヘルマン・ポッペルトは完璧な身体をもったセミヌード男性【図5・4】の図像を、彼の雑誌『先遣隊《ヴォアトラップ》』の表紙に掲げた。実際、青年運動に関する限り、かつてヴィンケルマン

図5・4　雑誌『先遣隊（ヴォアトラップ）』はドイツ青年運動と強く結びついており、ドイツ精神、絶対禁酒主義、性的節制の強調によってドイツ青年を再生させようとした。（*Der Vortrupp: Deutsche Zeitschrift für das Menschentum unsrer Zeit* 7, no. 24［December 2, 1919］.）

にとってそうであったように、裸体は男らしさの理想タイプの表現において大きな役割をもっていた。しかしここでは、そのような裸体がギリシアの例に結びつくことは稀であった。それはほとんど常に自然と結びついていた。世紀転換期における人体のいわゆる再発見は、近代生活の人工性に対置される純正なもの、近代性と戦う損なわれていない自然の探求の一部であった。青年運動のみならず、この時代に起源をもつさまざまな裸体運動、そして体育に興味をもつ個人が、自らの身体を再生させるために服を脱いだ。陽、光、損なわれていない自然は、身体を鍛え、そこに健康と力を与えるものと見なされた。男らしい美へと到達する道としての身体的鍛練は必ずしも否定されるわけではなかったが、これら主にドイツのグループはとりわけ自然崇拝に耽溺していた。ここにおいては再び、官能性なき裸体が目的となった。裸体像は、損なわれていない自然の中に置かれた時にのみ、受けいれられるものとされた【図5・5】。この場合男であろうと女であろうと、裸体は草原、庭、海、朝日といった他の物と一緒にある一つの美的な物体と見なされた。男性の身体は依然として調和と精力を例示していたが、今や純正さと永遠の象徴という、枠組みを与えられたのであった。

男性の裸体は市民的価値観にとって問題を示し続けた。ヴィンケルマンが提示した、あらゆる官能性を欠如させた滑らかで透き通るような身体の賞揚が、しばしば裸体を市民的価値観に合うものにする目的で使われた。そして、自然の中に置かれた時、裸体はいっそう脅威が少なく思えたかもしれない。やはりそのような裸体は、ギリシアの若者像がそうであったように、抽象にとどまり続ける限り問題にはならなかったであろう。しかし今や同時代の現実の青年運動や裸体主義者たちにより実践され、その結果、市民的価値観に基づく社会を象徴するものとしての男らしさのイメージに挑戦する恐れがあった。青年運動も裸体主義も、例えば神経疾患や、男らしくない明確な退化の象徴と同じようには、直接的に男性性へ挑

図5・5　自然の中の女性たち。ドイツの教育的映画『美と力への道』のワンシーン。そのモットーは「古代ギリシア人と現代（モダン・タイム）」であった。映画は、美しい身体を形づくるための身体的鍛練の奨励を意図していた。

戦するものではなかった。それでも、それらは近代の抑圧の下で道徳が崩壊しているという感覚を増加させた。そして近代的な男性性の構築において、適切な道徳というものの維持が果たした重要な役割については、すでに見たとおりである。基本的な輪郭が保たれていたにしても男らしさの理想は世紀末に危機に瀕していた。いわゆるデカダンたちは、社会が自らと標準的な男らしさの理想を守ろうとして反撃している間ですら、徐々に前進していると思われた。

III　同性愛への対抗

一九世紀末における男らしさの強調は、現実の、あるいは想像されたデカダンスによる挑戦に対峙させつつ議論されねばならない。それらの挑戦は、最初は孤立した文学的なものであったけれども、既存の社会の堕落を裏付けるものと見なされた。デカダンスの諸徴候は、切り離されて存在したのではなく、すでに述べてきたような近代性への恐怖を高めたのであった。一九世紀末の数十年に、ホモセクシュアリティはいっそう活発にかつ公に迫害されたということも、偶然の一致ではなかった。例えばイギリスにおいて、いわゆる一八八五年の修正刑法は、あらゆる私的な同性愛行為を「はなはだしいわいせつ行為」として罰した。また、一九一一年のオランダにおいては初めて、男性間での性的な関係を直接的に罰する法律が可決された。ドイツは一八七一年以降、国家的な反同性愛法（悪名高い一七五条項）を有しており、二〇世紀初頭には、警察は同性愛者の名前が記載された「ピンク・ファイル」を設けた。[63]

　さらには、すでに指摘したように、一八九〇年代に起こった性科学という新たな医科学が、病理と逸脱を明確に定義しようとしていたことが重要でもある。ここで、社会として性別分離を強めようと努めることすら、それ自体の意図に反して、同性愛のより大きな可視性をもたらしたということを、世紀末の空気の一部として指摘しておきたい。性科学者たちは生ける証拠を必要とし、その目的のために、彼らの患者が語った、苦しみ、不満、密会の話など、同性愛者の自伝を収集することにつながった。これらは特殊な医学的文書の一部として考えられていたが、まもなくより広い読者層を得ていった。[64]

　キリスト教は再び伝統的役割を担った。一八世紀末以降ずっと、それは、市民的価値観の確立の重要な部分であった。ドイツを例にとると、道徳を守るためのキリスト教団体、いわゆる「純潔協会」は、世紀転換期に急増した。それは、デカダンスと社会的不安定に対する恐れの高まりの、新たな表れであった。売春に対する戦いが具体的な目標であったが、彼らはあらゆる性的・道徳的不適合に反対した。彼らが望んだのは、一九〇八年にこれらの団体の一つが述べたように、「真のドイツ男性」による助けによって国家にその道徳的健康を取り戻すことであった。[65]　そのような団体のメンバーにはプロテスタントの牧師や学校教師が多かった。ドイツの医学教授は先行してわいせつ行為の増加を嘆き、抑制を要求する独自の宣言を出していたが、純潔協会に加わった医師はそれほど多くなかった。[*66]純潔協会中央連盟は、一八九二年にクラフト＝エビングの『性的精神病理』を、ある種の「アブノーマルな」性的行為に対して刑事訴追の免除を求めるものであるとして攻撃した。ホモセクシュアリティは再度、ローマ帝国の没落の光景を呼び起こした。[*67] 医師A・レーマーは一八九二年に「医学的権威に裁かれる道徳法」と題された論文をドイツ純潔協会中央連盟の機関誌に発表し、クラフト＝エビングを盛んに攻撃し、神経質が増加している時代において、国家は自己保全の名のもとに行動するべきであると要求した。[*68]

おそらく医師は、いわゆる退化あるいは異常とされる振る舞いの治療を提案する際に最大の影響力を持っていた——結局、彼らは退化を医学化し、結果として自分たちの治療機能の中に組み入れたのだ。その際、誰にも手を出せないものとして、遺伝的な退化は常に除外された。近代性の抑圧とは別に、いわゆる悪癖〔自慰〕は、神経質やアブノーマルな性的振る舞いの根幹とごく近い関係にあるものとされた。クラフト＝エビングはほとんどの医師同様に、神経をずたずたにし「性生活《ヴィタ・セクスアリス》」をゆがめる個人的習慣のリストの筆頭にマスターベーションを置くことに同意した。これは一世紀以上も前のティソの著作以来、何も変わっていないということであった。近代という時代が、男性から男らしさをはぎとるマスターベーションを助長すると言われたのであった。

現在、マスターベーションと試みられた治療法については膨大な二次資料があり、さらに付け加えるべきことはほとんどない。マスターベーションが、異常な情熱と一切の統御の喪失との根本原因であると、引き続き考えられていたということを指摘すれば、十分であろう。マスターベーションは、既存の社会の象徴である男らしさの理想を特徴づける適切さや「中庸」に対立する、過熱した想像力の反映であると言われた。一つの異常さは他のものにつながると広く考えられていたので、マスターベーションはホモセクシュアリティの実践の扉を開くと見なされた。クラフト＝エビングが書いているように、マスターベーションは「人為的に生み出された男色家」[*69]へと至るのである。一九世紀および二〇世紀初頭を通じて、ほとんどの熱心な工夫は、この悪しき実践から少年たちを遠ざけるためにデザインされた。しかし虚弱にするとかアブノーマルだとか診断された特定の性的行為を管理し罰することと以上に、最終的な決め手と言われたのは、ここでもまた、意志の力なのであった。

第2章で検討したように、意志の力は近代的な男性性の特徴であり、意志の教育は男らしさの理想への到達における重要な要素であり続けた。しかし一九世紀末頃になると、意志の力は、真の男らしさを描こうとするうえで、ほとんど強迫観念となった。先に論じた新たな挑戦は重要なものであった。しかしドイツのみならず、ヨーロッパ諸国においても同様に起こった展開を促進したものとして、ニーチェの影響が低く見られるべきではない。

ニーチェは時代の気分を代弁したように見える――「良きものとは？　力の感情を高めてくれるすべてであり、力への意志であり、男性の中の力自体である」。[*70]多くのドイツ知識人は、ニーチェを自分たちの男らしさの解放者であると信じ、「ニーチェの魂の偉大な男らしさ」を、トーマス・マンのように賞揚した。[*71]彼らは絶対的な意志の力、決意、決断性といったものと男らしさを同視し、男らしさのステレオタイプの調整に寄与していた他の男らしさの徳を軽視した。意志が作動しなくなるとすれば――オスヴァルト・ブムケが審査員の一人であったある医学論文に書かれているように――人間はバラバラとなり、その人の人生に関わるあらゆることが、不完全さの中にとどまってしまう。意志の力は、いわゆる弱く女性的とされる男性とは対極にある、適切な男性の理想の識別マークの一つであった。[*72]ダメージを受けた意志の力は悪徳につながるとされ、一九〇八年に純潔協会の機関誌の一つは、性的な抑制や身体的鍛錬を通じて男らしい勇気《マネスムート》を強めるということを意味する〈意志の体操〉を提起した。[*73]ここにおいて再び、男らしさの理想とセクシュアリティとは、緊密に結びついたのである。

意志の力はたいてい危険や痛みにいかに対峙するかを知っている勇気と等置された。スポーツを通じて身体を鍛えることは、この目的を成就する最善の道の一つとして、世界中で主張された。著名なイタリアの生理学者アンジェロ・モッソは、男性の身体を完璧にする完璧な方法として、体操運動を賞揚したことに加えて、イギリスの学校がチームスポーツを奨励したやり方を称賛した。[*74] しかしながら、一九〇〇年に医師によって書かれた勇敢さに関するドイツの書物は、身体的な武勇だけではなく、勇気に基盤をおいた男性的特性の諸資質も伴って勝利が得られると語っている。[*75]

勇気と痛みは結びつき、それは負傷に勇敢に直面することを意味していた。実のところラオコーンのイメージは、男性に身体的な痛みの扱い方を教える方法のモデルとしても貢献したように見えた。そして戦争における兵役は、理論を実践に移す偉大な機会をもたらした。不満を言わず痛みに耐えることは、男らしさの証明であり、人格の強さを見せることであった。トマス・ヒューズの有名な『トム・ブラウンの学校生活』（一八五七年）における、いじめっ子のフラッシュマンに悩まされていたトム・ブラウンもそうだったし、ドイツの生徒たちの中でくり返し語られた、狐を盗み裁判官の前に引き出された時に、自分の身体をマントに隠した狐が食いちぎろうとも白状しなかったというスパルタの少年の物語もそうだった。実際、イギリスの福音主義においては、サディズムとさえ言える残酷さが多く存在した。先に〔第3章で〕引用した『フェアチャイルド家』においては、かわいそうなオーガスタ・ノーブル嬢は両親に従わなかったために焼死するのである。

そしてイギリスの学校同様に、ドイツにおいてもムチ打ち教育は行なわれ、男性として痛みに耐えることを学ばせる多くの機会を少年たちに与えた。苦悶を表さず痛みにどう対処するかを知るのは勇敢なことであり、標準的な男らしさに対してのみならず、兵役に対する準備と見なされた。後述するが、当時において痛めつけられ犠牲となることは、国家への献身の証として称えられ、同様に男性同士の関係性を高貴なものにする役割を果たしたのであった。意志の力、勇気、痛みに耐える能力を持った男性は、退化と対決した。すでに述べたような他の諸戦略が、退化という挑戦に立ち向かうように設計されていたように。

退化や真の男らしさへの挑戦と戦うための理論的根拠の大部分を、医師は支持し、自分たちで創り出してもいた。その時々によってさまざまな制御の方法が加えられた。結婚は悪徳の実践への防波堤であると考えられた。一八八九年の「男らしさの名誉」に関するドイツの小冊子は、自分を支配できないのにいかにして他者を支配することができようか、との疑問を示すことで、いつかは家長となるのだということを若者に思い起こさせた。[*76] 女性の依存性に対置された理想的男性の自律性は、そのような忠告につきものの言外の意味であった。身体的な清潔さもまた、男らしさを鼓舞するものとして前面に置かれ、あらゆる誘惑の除去も——裸体をさらすことから入浴の場の厳格な監督に至るまで、クラフト＝エビングによってほとんど熱狂的なまでに主張された。[*77]

男らしさの理想は、近代的意識の深部に浸透した高雅な男らしさのイメージを、言葉や絵画や石像において表現しており、デカダンスに対する防壁と見なされた。その結果例えば、これまで見てきたように両性具有がある種のデカダンたちにとって重要なイメージとなった時ですら、男らしい行為を賞揚する冒険小説や、英雄的で古典的な神々を描き出す絵画は、ますます人気となっていった。[*78] ホモセクシュアルであろうとレズビアンであろうと、社会に対して危険と考えられた「アウトサイダー」は、彼らが何者であるかということとよりもむしろ、何者でないかということを常に表していた。第4章で指摘したように、対抗的タイプは否定的なものであり、外見・容姿・振る舞いにおいて、標準的な男らしさとは正反対のものだったのである。

インサイダーとアウトサイダー、真の男性とデカダンを結ぶ分かちがたい結びつきは、世紀末においていわゆるデカダンの可視性が高まり彼らの存在に対する真の男性の反作用がより大きくなったことにより、大いに強められた。男らしさは、ブルジョワ社会の自己イメージの大部分を築く土台岩であった。しかしアブノーマルなセクシュアリティもまた、男性の理想化されたイメージに結びついており、その理想イメージが、アブノーマルなセクシュアリティによって表象される対抗的イメージを決定していた。

Ⅳ　フェミニズムへの対抗

女性全体としては、たくましさの欠如や、病気やヒステリーになりやすい傾向など、アウトサイダーのステレオタイプのある部分を共有していたにもかかわらず、男性への挑戦としてのデカダンスには該当しなかった。しかも女性は必ずしも運命の女《ファムファタル》や抑制のきかない情熱の生き物などではなかった。真の「アウトサイダー」とは異なり彼女たちは、大体において世紀末に、母親や教育者としての確固たる場所を持ち、子どもや使用人を支配しつつ、彼らに優しさや愛情を注いでいた。女たちは、その領分の中で、男と対等なものであると考えられた。しかしながら女が両性それぞれに割り当てられた場所を離れた時、彼女は同じくアウトサイダーとなり、近代的な男性性に対する最も深刻かつ厄介な挑戦の一つとして存在したのであった。

本書はフェミニズムの歴史についての本ではないが、文脈上、男らしさを脅かした女性運動の勃興を指摘することは重要である。実際には、フェミニストの大部分が自らの女らしさをかなぐり捨てたり、両性間の差異に架橋しようとはしなかったのであるが。彼女たちの要求は、すでに述べてきた挑戦のそれとは異なっていた。彼女たちは、異なったライフスタイルについて、あるいはセクシュアリティの表現が個人の選好によって完全に決定されるであろう世界を創り出すことについて、第一に関心を持っていたわけではなかった。一部のフェミニストはいわゆるデカダンに共鳴していた。しかし全体としては、女たちが公的領域という空間において場所を得ることにエネルギーを注いでいた。そうした空間について、本書でこれまで見てきた周縁的な男女はほとんど関心を持っていなかったのである。

ヨーロッパにおける女性運動は、一九世紀を三つに分けたうちの最後の期間にゆっくりと始まって、大体一八九〇年代以降から無視できない力となっていった。フェミニストには穏健な者からラディカルな者までおり、法的平等を要求する者、参政権獲得を要求する者、一九〇七年に投票権、同一賃金、平等な教育、昇進や就業機会における平等などを要求したドイツ女性団体連合のような者たちがいた。[*79] これらのプログラムは最終的にほとんどの女性運動によって採用された。男らしさそのものに関して言えば、対等をめざす戦いにおいてさまざまなフェミニストがそのプログラムのいくつかの点だけを採用し、別な者はより根源的な立場をとったとしても、そのことは大して重要ではなかった。記憶にある限り初めて、彼女たちは政治ならびに社会が進むべき方向性に対する男性の支配に異議を唱えた。男性の問答無用のリーダーシップに疑問符をつけるだけではなく、秩序と発展という社会の二つの理想の調和の象徴としての機能、ヴィンケルマンの時代以来ずっと果たされ続けてきた、近代的な男性性の機能にも疑問符をつけたのであった。

男性のアイデンティティにおける危機は、オットー・ヴァイニンガーが『性と性格』（一九〇三年）において、女性に対する容赦のない敵意を書くことにつながり、フランスにおいては、ポール・ヴォトが『衰弱した性』（一九〇八年）を書いてヴァイニンガーを模倣した。またイタリアにおいても、ヴァイニンガーは画家のジョルジョ・デ・キリコや右翼哲学者ジュリアス・エヴォラのような重要な称賛者を得たのであった。[*80] ロマン主義運動に一定の役割を果たした「運命の女《ファムファタル》」のイメージは、デカダンスの時代にその全盛期を迎えた。それは必ずしも、そのエキゾティックなものへの愛好ゆえだけではなかった。女性の残忍さは、フランスの男性小説家やイギリスのオスカー・ワイルドのような作家による作品に頻出し、何よりも、マルキ・ド・サドの作品と彼の生み出した残忍な女たちが、この時代において再発見されたのであった。[*81] しかしジョリス＝カルル・ユイスマンスが『さかしま』（一八八四年）において、自らに近づくものや自らが触れるもののすべてに毒を撒き散らす「奇妙な、人間ならざる者」として一般に広めた運命の女《ファムファタル》というものを象徴するべく定められたのは、ギュスターヴ・モローが一八七六年に描いたサロメであった。[*82] 洗礼者ヨハネの切断された首を持って踊る（例えばワイルドの劇ではそうなっている）サロメは、おそらくは作家や芸術家にとって最高の魅惑として機能していた。まさに、「絶えざる欲望の象徴的な化身、不滅のヒステリーの女神、呪われた美女」[*83]だった。

　解放を望む女たちは、その影響力においてかつてなく可視化された対抗的タイプによって示された脅威よりも、いっそう効果的な脅威となった。結局、女たちは男たちの社会的機能を攻撃したのみならず、社会における不可欠な部分を握っていた。彼女たちはいなくても済む存在ではなかった。対して、これまで議論してきたようなアウトサイダーたちは、矯正しうるか、いなくても済む者であった。保守派からリベラル、そして全体としては人口の他の層よりも女性解放に対してずっと積極的ではあった多くの社会主義者にいたるまで、フェミニズムに対する敵意にはさまざまなものがあった。結局実際には、社会民主主義者が女性の政治的平等についての最も確固とした主張を示した。

また、女性運動の相対的な勢いの程度は、男たちの反応に違いをもたらさないようであった。例えばフェミニズム運動が比較的弱かったフランス（一九〇一年において、フランス女性全国評議会には二〇〇〇人のメンバーしかいなかった）では、[84]男たちが男らしさの不可欠な要素として、自らの優越性を熱狂的に賞揚する傾向があった。これはおそらく、女たちに対する男たちのコントロールを現世の法として有するカトリック教国においては驚くに値しないことだった。しかしイギリスやドイツでも、多くの男たちは女たちによる新たな要求にパニックに陥った。しかし実際のところは、フェミニストも多くの男たちも、純潔協会に例示される道徳的改善の提唱において、一致していた。この点においてフェミニスト全体における主流派は、多くが家族や結婚生活の仕組みを強化して破壊しないようにすることを望むというように、保守的なものであった。ただ女性運動の小さくラディカルな一派が、二〇世紀になってから、避妊や中絶の合法化、時として自由恋愛にも熱心で、女性の参政要求によってすでに脅えていたほとんどの男たちの目には運動全体を汚すように映った。

例えば、ウィリアム・ヴォトはいわゆる順応性、早熟、理性の欠如において、女性とユダヤ人を結びつけた。逆にM・プレヴォーは「処女の力」が世界を作り変えるであろうと脅えていた。[*85] しばしば「おとこ女」と彼らが呼んだフェミニストに対する恐れは、もっと多くの事例を挙げることができる。女たちが解放されるべきだと主張していたエミール・ゾラですら、男たちの役割を引き受けようとすることは女たちにとって不自然なことであると、自己矛盾しつつも急いで付け加えたのだった。[*86] 世紀転換期におけるフェミニズム運動は、すでに述べてきたような他の挑戦とともに、男らしい自己意識を強化したのであった。

確かに男らしさは守りに入っていた。だが、性別分離への挑戦はいまだそんなに圧倒的なものでもなければ、新しいライフスタイルの圧力も迎合的な反応を引き起こすほどに大きくなってはいなかった。近代社会が自らへの挑戦者を取り込む能力は、男らしさの理想にも有利にはたらいた。そのような取り込みの例証は多い。例えば、標準的な男らしさに挑戦した作家や芸術家は、抑圧されるのではなく、既存の社会を危険に陥れることなしに楽しませてもらえる単なる芸術家あるいは夢想家として、分別《ぶんべつ》されたのであった。ドイツ青年運動は、大人の社会に挑戦していたのであったが、男らしさの理想を保持しており、挑戦自体も、冒険好きな少年が愛国的な男性になるにつれてほぼ消滅してしまった。女性の権利獲得運動においてもほとんどの人々が、市民的価値観に基づく社会を手放すことを、そもそも望んでいなかった。標準的な男らしさへの挑戦は完全には消えてしまうことはなかったが、市民的価値観が保持されている限り、男らしさの理想は守られたのであった。

性的知識およびそこから派生した洞察は、世紀末において男らしさのイメージが男らしくない男性や女らしくない女性に直面している間ですら、発展していった。その結果、男らしさは、女らしさあるいは同性愛と対峙することで自己定義の大部分を行なわねばならないという考えは、ほとんどの性科学者によって修正された。標準的な男性のセクシュアリティですら、他のいわゆるマイナーなセクシュアリティの要素を含んでいる可能性があった。ジークムント・フロイトは決してこのことを主張した唯一の人物ではない。男らしい男たちは意志の力と自己抑制があらゆる誘惑に打ち勝つがゆえに貞潔で純粋なのではなかった。逆に彼らは自らの性について隠れた不安に支配されていたのである[*87]。セクシュアリティについてのいかなる議論をも医学界に限定しようとする一部の努力にもかかわらず、それが不可能なのは明らかだった。次第に、ノーマルとアブノーマルや男女のセクシュアリティについてのさまざまな問題は、公的な言説の一部となった。男女は世紀末以前には経験したことのなかったような、性的なトピックスに関する公的な議論にさらされた。問題なのは公的な議論のトピックスとしてのセクシュアリティであった。この新たな開けっぴろげさに反対する純潔協会のような人々は、自らが忌み嫌う可視性を助長することになった。しかしながら社会が自己防衛を試みるにつれ、公的な議論は性的なトピックスの抑制あるいは取り込みへと向かったのであった。

ジェンダーの明確な分割を危うくする傾向を持った挑戦やセクシュアリティについての

知識の進展にもかかわらず、男らしさの理想とその社会的機能は保たれ続けた。後述するように、実にそれは、第一次世界大戦およびその余波によって促進されたのであった。独裁者たちのヨーロッパは、社会と国家の守り手としての男らしさの理想をいっそう賞揚した。ナチスドイツの先導的詩人ヨーゼフ・ヴァインヘーバーは、過去半世紀において性科学から得られたあらゆる知見を払いのけて、真の男らしさの意味を再びまとめあげるであろう。近代的男性性の構築においてずっとそうであったように、真実ではなく神話が重要なのだった。以下の抜粋は、ドイツの学校で最も用いられた読本の一つの一九四〇年版に収められている「若者」というタイトルの詩からのものである。

己自身に厳しくあれ
君たちの強さの輝きと君たちの性の情熱において貞潔であれ
愛と性欲は別なものとして分けられていなくてはならない
それは生と死が対立するものであるのと同様だ
生と名誉は一つである。[*88]

第6章　戦士と社会主義者

I　戦士

戦士と社会主義者は、一つの本の同じ章に置かれるべきでない対極者と思われる。片や戦士は、近代的男性性の構成要素の中にほとんど常に内在してきた男らしさの概念を極限まで高め、第一次世界大戦で強化されたステレオタイプに、いくつかの重要な特徴を付与した。片や社会主義者のうちの幾人かは、これから見ていくように、標準的なステレオタイプを拒絶する新しい種類の男性を作り出そうとした。ところがこの新しい男性の運命そのものが、近代の男らしさの理想像、その強みと弱みとに新しい光を投げかけうる。戦士と国家の讃美からこの社会主義的な男性に目を転じることは、一条の光が周囲の闇を貫いていくさまを見るようだ。戦時でなくても攻撃的な競争や平和裏の敢闘を奨励していた社会によって、かき消されてしまったのであるが。

世紀末における男らしさの危機は、標準的な男らしさの理想を変えるのではなく、硬直させた。それに対する何らかの挑戦が残存していても、ヨーロッパの青年たちが戦争に駆り立てられた一九一四年の八月の日々までに一時的にかき消された。世界大戦は、女たちのより大きな独立を促すことに果たしたその役割にもかかわらず、男らしい出来事であった。前線の男たちは、女たちを、看護婦や娼婦たちとして主に受動的役割において見た。例えば、マリアンヌは、戦争中に現れる時、フランス兵たちとともに行軍したり戦ったりせずに、兵たちの上空を漂いつつ、戦いへと彼らを鼓吹していた。[*1] 西部戦線で戦争が行なわれたあり方が、戦争を、塹壕の中で兵士たちが戦い、ともに生きともに死ぬ時に発揮される男たちの友情に依拠したものとして見る見方を強めた。

それでも、先に言及した男らしさのオルタナティヴな理想が生き続けて、第一次大戦後に重要となった。標準的なステレオタイプをなぞらない、より優しい別種の男らしさの理想を、戦士のイメージが一掃することはなかったのである。実際、一九二〇年代において、男らしさのオルタナティヴな理想が、わずかな期間だが伝統的な男らしさに圧倒的な力の差に直面しつつも戦いを挑んだ。第一次大戦中の社会主義者たちは、より平和的な、闘争にではなく支え合いに依拠した男らしさのステレオタイプを押し出そうとした。しかし、大戦によって幻滅させられた人々もまた、自身の男らしさを見つめ直した。たとえ大量殺害を苦々しく思っていても、それでも不本意にも、標準的なステレオタイプの強固さを証明することになった。多数引用された反戦詩人や作家たち、イギリスの〔詩人〕シーグフリード・サスーンやウィルフレッド・オーウェン、ドイツの〔作家〕ルートヴィッヒ・レンらは、その男らしさの意識を大戦の支持者たちと共有していた。彼らは、戦う理由についてしきりと批判したが、戦いそのものは批判しなかった。[*2] 例えば、レンは、彼の反戦小説『戦争』（一九二九年）において、主要登場人物の一人を、戦争に幻滅し反対であるが、勇気があり厳格で前線勤務を誇りに思う理想の兵士に仕立て上げた。そして、レンは決して真の愛国主義者ではなかったが、自分の男らしさにこだわった。すべての平和主義的小説の中で最も有名なもの、エーリッヒ・マリア・レマルクの『西部戦線異状なし』（一九二九年）は、主要登場人物の一人パウル・ボイマーに、生を浪費されたと感じさせつつも、戦闘における忍耐強さと冷静さという男らしい特質を与えた。[*3] このように、戦争と密接につながった男らしさの理想は、軍事紛争への嫌悪を表明した男たちの態度の中にも染み込んでいた。

勇気、犠牲、戦友的連帯の理想（つまり、戦士そのもののイメージ）は、この特定の戦争に対する批判には影響されなかったのである。ほとんどの志願兵たちが戦争を自分たちの男らしさへの試練と見なしていたから、いっそうであった。例えばイギリスとドイツの学校で長く通用していた定義では、男らしさとは、自分の義務を果たすことであり、与えられた状況の要請に従うことであり、敵に立ち向かうことである。ドイツの対ナポレオン解放戦争などのような以前の戦争と同じく、戦闘者は男たちだという明瞭な事実が、真の男らしさの身体的かつ精神的な特徴を端的に表すもの、その例示として、しきりと用いられた。

第一次世界大戦は、近代的な男性性のステレオタイプにいかなる新しい特徴も加えず、先行の諸章で触れたいくつかの特色を深めた。軍国主義と男らしさとの結合は常に存在していた。なにしろ、近代的な男性性の誕生は、ナポレオン戦争で頂点に達していたのだから。軍隊は、国民皆兵制が始まると、例えば体操で鍛えられるような男性身体の新古典派的理想を採用した。本当に、この男らしさの理想は、静かなる強さと自己管理において、軍隊が必要とする種類の規律にお誂え向きであった。

しかしながら、男らしさと軍国主義はさほど密接でなくてもよかった。男らしさは、単に社会の一部〔軍〕でなく、社会全体を象徴していた。男らしさへの教育は、少年たちを頑強にし、身体を鍛え、正しい道徳的態度を持たせることに向けられた。少年たちをいかに男にするかについての関心において、未成熟さに対する懸念は女性化の恐怖に比べてさほど考慮されなかった。そこでは、身体的かつ精神的健康の一定の規準の達成が求められた。[*4] 情熱の規制や清らかな生活をすることや意志の力を発達させることなどの諸徳に基礎を置く道徳的健康さは、戦時下でなくても効果を発揮した。例えば、「端正なイギリス男性」は帝国を統治するために海外に出て行ったが、平時に軍隊に加わることは稀であった。「真のドイツ男性」は皇帝ヴィルヘルムのドイツの植民地において官僚となったが、戦争とはかけ離れた市民的な日常を生きたのである。

それでも、個人を超える高い大義に仕えたい、男らしさを理想的なものへの奉仕に供したい、という熱望は最初から男らしさの定義の一部でもあった。国家はこの要求を満たした。ナポレオン戦争から第一次大戦までの近代的男性性の歴史を通じて、そこに国家は恒常的に存在していた。ナショナリズムは柔軟なイデオロギーで、攻撃的であることを必要とせず、領土的野心がない場合でもなんらかの収穫を国家に与えるだろう。そうではあったが、一九世紀初頭におけるロマン主義の時代以来各国は「国民的人物像」の探求に夢中になり、ロマン主義が官能的で女らしい女性を讃美した時も、国を守ることを目標とする勇壮な男らしさを創造した。しかしながら、再度言うが、ウォルター・スコットの『アイヴァンホー』における、とても女性的なレベッカの男らしい勇気[*5]について第4章で論じた時に見たように、明確に男らしくあることは、必ずしも攻撃的あるいは排他的でなくともよいのである。とはいえ、攻撃性は、表面には表れずとも、国民という排他的な理想を通じてナショナリズムに潜んでいた。第一次大戦が、ナショナリズムの攻撃性を焦点化し、戦士としての男性を、その国民的人物像の探求の中心に置いたのであった。

第一次大戦はナショナリズムと男らしさとをかつてなかったほど強く結合させた。そのことによって、大戦は、それまで単に潜在しており、今やその場を得た男らしさのあらゆる面を頂点に導いた。塹壕戦は、敵の塹壕を奪取するために男たちが土塁の上を越える時に、攻撃性を自制から解き放った。エルンスト・ユンガーの従軍日記[†1]『鋼鉄の嵐の中で』（一九二〇年）の有名な一節がこの戦闘魂の典型である。彼は書いている――塹壕戦はあらゆる戦争の中で最も血なまぐさい、野蛮で凶暴なものである。「しかしながらまた、塹壕戦は、時代の要請が立ち上がらせた男たち、名もなき向こう見ずな戦士たちから熱い支持を受けている」。そうしたドイツの兵士たちが「塹壕の王子たち」であり、不退転にして情け容赦を知らない者たちだ。[*6] ユンガーによる塹壕戦の讃美は極端である。しかし、戦後にユンガーのものほど人気を博さなかったものの、他国でも似たような意見は見出される。

ユンガーにとって戦争は、生存のための闘争であり、その中で、男の動物的本能が解き放たれた。しかしまた、彼の勇気が試されるまさにその時に、その意志の力も解き放たれた。彼の『内的体験としての戦闘』（一九二二年）は、戦時の戦いが解き放つ驚くほどのエネルギーを讃美した。しかし、敵への憎しみは、このエネルギーの一部を成していない。（評判に相違して）ユンガーには、排外主義はほとんどない。むしろ、彼の見方では、戦争は、男をその原始の本能にまで裸にして、彼らの最良の者をして、いっそう高い理想のためと言うより、戦士としての自らの本性の発見のために戦うことを可能にする。これら戦時についてのユンガーの著作は、大変好評を博した。概してそれらは、男であることに高らかな意味を与えている。すなわち、容赦ない戦闘に新たな喜びを見出し、それを個人の成熟の一部に位置付けている。確かに、戦争に対する兵士たちの大多数の反応は、ただ自分たちの義務を果たしている（「本分を尽くしている」）だけであるというものだった。それでも、彼らの多くの者たちが真の男らしさと見なしたものは、凶暴さの新たな次元を、兵士たちが内省する間もない実際の戦いの時よりも、戦後において回顧的に獲得した。自分の男らしさに耽溺しつつ、フランスの若きファシストのロベール・ブラジャックは、純粋な人種と国家の名において用いられた力からのみ喜びが出現する、と戦間期において振り返って書いている。[*7]

こうした攻撃感情の解き放ちは、戦闘の現実のみにではなく、社会的命令からの個人の自由を探求することにも関連づけられた。そうした自由は、先に見たように、近代の戦争とずっと関連づけられてきたものである。例えば、すでに引用したフリードリッヒ・シラーの詩「騎士の歌」は、自由がすべてその周りから消え去って、主人と奴隷だけとなってしまった臆病で偽りの連中と対照的に、ただ兵士のみが死に直面できるから自由だ、と主張した。[*8] この対照は際立っている。後方基地にいる臆病者たちと対比される前線直後にいる向こう見ずな戦闘者たち、真の男たちへのユンガーの讃美と似ている。こうした男たちは自由だ。なぜなら、ユンガーの目には、彼らは自分だけに依拠しており、その個人性を取り戻していたからである。

後に戦争への反対者として広く知られるようになった前線の兵士たちでさえも、自らの男らしさのみならず、戦争がもたらしたかに見えた自由を楽しんだ。イギリスでシーグフリード・サスーンが、「戦争は、我らの災いである／だが、それは我々を賢くする」「自由のために戦いつつ、我々は自由である」と、一九一五年に最初の戦争詩において書いた時、まだ彼は訓練中であり、実際の戦闘を見ていなかった。サスーンの詩は、敵を前にした恐怖と怒りは過ぎ去る、しかし、戦友にして兄弟である幸せな軍団は残る、[*9]と続く。戦闘に参加した後、彼の反応はユンガーとはまったく異なり、塹壕戦を呪い始めた。しかし、エイドリアン・シーザーは、正しくも次のように述べた。サスーンとイギリスのもう一人の有名な反戦詩人ウィルフレッド・オーウェンは、戦争の中に、彼らの個人的な自由の手段を見続けた。それは、塹壕の中で共有された男たちの戦友意識によってのみならず、詰まるところ彼らが、詩人についてのステレオタイプが言うような弱虫ではなく、「男らしく耐え抜くこと」ができるのだと自分に感じ取らせることによってでもあった、と。[*10]

　戦争という手段を通じて「男になる」自由を得たという感覚は、広く共有されていた。それは、ユンガーのように残虐化へと進む必要はなく、男らしさに潜む他のジレンマ、例えば、詩人でありつつなお真の男であるというジレンマを解決するのに役立った。サスーンとオーウェンの不安は、標準的な男らしさがいかにしっかりと確立されていたのかを示している。その男らしさには、芸術的な感受性の余地はほとんどない。これまでの議論を通じて見てきたように、男らしさの美とは、硬質で、禁欲的で、断固たるものであるから。情熱は、管理下に置かれなければならない。真の男は、痛みから泣き叫んだりはしない、戦友が死んでも涙ぐむこともない。実際、いわゆる真の男たちは、しばしば芸術家たちのことを同性愛者だと疑った。かつ、サスーンもオーウェンも詩人であり同性愛者であった。それゆえ疑いなく彼らは、男らしくある必要性を多くの男たちよりもいっそう強く感じていたのである。

ここでも、戦争は男らしさの象徴であったのだ。戦闘が終わってからユンガーが打ち立てた男らしさとは違うものであっても。サスーンとオーウェンは、苦痛と犠牲、すなわちユンガーの戦闘の中の喜びとは対極的な受動的種類の英雄主義を通しての浄化を強調した。隊が耐え忍んだ恐怖と犠牲が、兵士たちを高貴にした。そして、彼らが他者を殺害しようとした事実は、都合よく忘れ去られた。[*11] サスーンやオーウェンたち詩人の英雄主義の概念も、ユンガーのそれと同じく、塹壕の中での男たちの仲間意識を讃美した。この仲間意識が、殺害に喜びを感じた残虐さを抑制することに確かに寄与した。戦争を振り返って「詩人」リチャード・オールディントンは、次のように書いた——塹壕の中の前線の兵士たちは、残虐さに向かっても不思議ではなかった。しかし、憎しみの代わりに自分たちの間の仲間意識を育むことで、そうならなかった、と。[*12] 実際、ほとんどの戦争文学と戦争日記が一様に、彼らの語りの中心に分隊を置いていた。それは、ともに戦いともに死ぬ「戦友の小さな一団」だったのだ。

それでも、後に大戦で死ぬことになるドイツの将校は、銃弾が周りを飛びかい、大砲が轟《とどろ》く時に、自分は最高の気分だった、と書いた。彼は、「苦痛の中にさえ官能性」を感じていた。[*13] そうした感覚は、ユンガーの感覚にも通じるものだが、苦しみを通しての浄化の探求にも関連している。その浄化は、禁欲的に苦痛を耐える能力と男らしさとの結びつきを強めたのである。先に述べたように、真の男らしさは、より高次の大義に奉仕を為すものでなくてはならぬという感覚は常に存在していた。今や大義への自己犠牲は、男らしさが持ちうる最高の徳であると考えられた。それまでに伝統的となっていた他の諸徳に取って代わったわけではないが。

　オーウェンやサスーンのように何らかのキリスト教を信じている人々は、戦争を通じての自己犠牲と浄化とを、キリストの自己犠牲との類似で考えたであろう。兵士の自己犠牲とキリストのそれとは、戦時において密接に結びつけられ、戦死者を追悼するために使われた。[*14] オーウェンにとっては、彼の戦争詩が示唆していると思われるのだが、国家のための自己犠牲という考えはなく、耐え忍ぶことについてのキリスト教の教義に基づいた純粋な自己犠牲があるだけである。ところが、戦後になると、死者の復活は軍人墓地の中の復活の礼拝堂か十字架によって象徴されるようになった。そして、密に並んだ墓は、戦時中の仲間意識を思い起こさせるものである。「死は意味を失い、生きんとする意志が今や我々の国家の継承者の中に生きている」[*15]。痛みと苦しみは自己犠牲への意志に結合されて、男らしさの教育に向けて重要なものとなった。

この男らしさは、単に古い男らしさの拡大したものだった。実際、銃後に留まっていた多くの者たちは、戦争を身体的・道徳的退化に対する自分たちの戦いを続けるための手段として見た。例えば何人かの医師たちは、大戦を、先に見た世紀末における男らしさの危機において勃発した、退化との戦いにおける勝利を約束するものと信じた。ポール・ワインドリングは、戦時動員の間に存在した、いわゆる医学的オプティミズムについて書いた――軍隊生活が、都市生活よりも健康的なものとして讃美されるだけでない。退化の伝統的原因である酒とタバコの消費が、軍隊の機能への脅威として厳しい管理下に置かれた。[*16]戦争は、最も適応した最良の者たちが大量に殺されるとしても、精神療法的だと思われた。いずれにせよ、彼らの死がもたらす空隙は、もしも戦闘で強化され浄化された帰還兵たちがより多くの子どもたちを生み出すならば、容易に埋め合わせがなされるであろう。さらに、戦勝国は、居住地と仕事とをもたらす追加的な領土を獲得するであろう。[*17]

そうした夢を、ドイツの人種衛生学者たちは見た。しかし、同様の者たちは、他国でも見出されうる。フランスの〔作家〕アンリ・ド・モンテルランは、戦争とスポーツは、仲間の男たちとともにあって退化への対策となると主張した。[*18]退役軍人で作家・随筆家で、後にはファシストとなったドリュ・ラ・ロシェルは、すべての形態の戦争をやめてしまうと、男性の生への衝動は弱まり、デカダンスへと追いやることになると主張した。[*19]ヨーロッパの右翼は、第一次大戦後も、退化に対する戦いを続けた。そこでは戦争は、真の男らしさを回復させてくれるものとして提示された。こうした見方は政治的右派で強く、やがてヨーロッパのファシズムにおいて体系化されることになるのだが、多かれ少なかれ広く共有された。実際、今まで見たように、第一次大戦は、男らしさを再定義しなかったのであるが、男らしさの構築に当初から関与してきた多くの要素を強化した。

戦中と戦後にいくばくかの兵士たちの間に生きていた冒険魂は、とらえがたい。近代の男らしさの始まりからそれは存在しており、多くの形態をとった。新しい土地の探検、帝国の創造と維持、軍隊への志願などだった。これらは、単にいくつかの例にすぎない。冒険魂は、しばしば副次的な関心として描かれ、必ずしもはっきりと表現されていないのである。常に勇敢な冒険の文学は、確固として男らしいものであった。それは、探検家の女性たち、あるいはアラビアでのガートルード・ベルのように、帝国のパイオニアである女性たちが偉業を成し遂げているのにもかかわらず、そうであり続けるだろう。戦前戦後に、少女たちよりも、たくさんの少年たちが、一九世紀の冒険物語を読んで育った。それらは、〔アメリカ先住民やアラブの砂漠の民を描いた〕ドイツのカール・マイや〔過去の戦勝が題材の〕イギリスのG・A・ヘンティの物語がそうでないように、必ずしも好戦的なものではなかった。[*20]冒険物語の中で、騎士道精神はしばしば重要な要素であった。冒険魂と男らしさは、ほとんど同じものだと見られた。

ここに、すべての真の男たちが持っているにちがいないのだが、いわゆる男らしさの美徳のリストにはめったに記載されない一つの特質がある。ユンガーは、第一次大戦を、冒険であり、男らしさの試練であると見ていた。そして、もう一人のドイツの右翼の作家も、戦争を振り返って、「偉大さは危険から生じる。普通の生活は窒息死に等しい」と書いた。[*21]イギリスの例を挙げるなら、人気作家のサキ（ヘクター・ヒュー・マンロー）は、戦争について書く時、いつも興奮とかロマンスとかいう用語を用いた。彼は熱情に駆られて軍隊に入った。戦死する時までに彼はそうした情熱のいくらかを失っていたが、彼の戦争と興奮と冒険の物語は、生前よりも死後の方がいっそう多くの読者を得た。[*22]

　こうした作家の作品中で、また、一九一四年に戦争に殺到した人々の書いたものの中で、興奮が、冒険魂と混ざりあっていた。レマルクの『西部戦線異状なし』でさえ、戦争の恐怖をリアルに描き出す一方で、良くできた冒険物語の要素を含んでおり、それが作品の人気を決するのを助けたであろう。小説の中心人物である二人の若い兵士たちは、一方で自分たちを取り囲む恐怖で麻痺し、他方で、悪ふざけをし、学校生徒の冒険と呼びうるようなものを行なった。全体のリアリズムにもかかわらず、その冒険の、人を熱中させる語り口は、左翼の雑誌（『ヴェルトビューネ』）をして、「平和主義者の戦争プロパガンダ」と評せしめた。[*23]

　冒険の男らしい感覚は、やはりはっきりと、T・E・ロレンス〔いわゆる「アラビアのロレンス」〕の『知恵の七柱』（一九二六年）にも表現されている。それは、塹壕に閉じ込められた場面ではなく、大戦中にイギリスがトルコと衝突した時、アラビアの開けた空間に舞台を置いている。ロレンスは男らしい美徳と冒険魂とをつなげている。主役たち（アラビア人であろうとイギリス人であろうと）は、真の男たちである。勇気があり、大胆不敵で、偉大な冒険に夢中になっている。そのために、この本は、両大戦間においてイギリスの学校の少年たちのお気に入りとなった。この戦闘と冒険との密接なつながりの大部分に、大戦の現実が終止符を打ったのであるが、しかし、そのつながりは、第一次大戦後の世界でいっそう強く再登場した。まだ若すぎて戦うことのなかった多くの少年たちにとって、戦争の恐怖を削り落とした戦争物語や絵本を見ることは、この偉大な冒険と男らしさの試練とを体験し損なったことを残念に感じさせた。

冒険魂は、とりわけ男らしい特質とされてきた意志の力と勇気とに、完全に依拠していると考えられた。いわゆる戦争物語は、何よりも義務へのゆるぎない献身と勇気の物語でありながら、その中に冒険魂もまた含まれていた。男らしさは、あまり意識して表現されてはいないのだが、そもそもの始まりから冒険によって魅せられていた。そして、ひとたび戦争開始となれば、この冒険魂はたやすく政府によって取り込まれる。戦争宣伝や兵士募集のポスターに使われ、または、自国に尽くすのに熱心な志願兵たちによって表明された。

フランス大革命やナポレオン戦争以来、戦士としての男らしさのイメージは存在していたが、第一次大戦は、男らしさのある側面をさらに強調することになった。それは、それ自体としては必ずしも戦争風でなかった。例えば、意志の力、冷静さ、忍耐など、平和時の社会も称賛するような特質であった。忘れるべきでないことだが、男らしさの戦士としての側面には一定の現実主義があった。つまり、前線の兵士たちが塹壕の中で生き延びるには、タフであり、意志力と一定の攻撃性とを有していないとならないのである。しかし、戦闘で有用であった諸特質は、平和時においても有効であり続けて、すでに存在していた男らしさのステレオタイプを強化した。

　男らしさを教え込むものとしての戦争は、例えば体操や決闘よりも過酷であった。第一次大戦が少年たちを男にしたと信じている人々は、必ずしもまちがっていたのではない。だから、ドイツにおいて、〔評論家〕ジークフリート・クラカウアーは、彼が遇《あ》った志願兵たちの無鉄砲な熱狂を「むやみやたら元気一杯だ」とからかっている。[*24] それでも、彼は、前線において少年たちはいっそう早く男に成熟すると信じた。しかし、次のことは、まったく別な話である。アドルフ・ヒトラーは、『わが闘争』において、ランゲマルクの戦闘（一九一四年）で戦って帰還行進する一七歳の兵士たちはもはや少年のようでなく真の男たちのようだったと、楽しげに回想した。[*25] 確かに、ヒトラー自身、この戦闘によって、神経と意志力とを鍛え上げた。しかし、自由主義的左翼のクラカウアーとは異なり、ヒトラーはこの体験を、すぐさま政治的原理に作り替えた。つまり、そうした成熟とは、すべての

図6・1　「我らを勝利者にさせたまえ」。フリッツ・エルラーのデザインによる1917年の戦時公債ポスター。

敵に対する関の声であり、力と征服への信念だった、と。

戦時中の男らしさの神話の背後にどのような現実があったにせよ、また、戦前と戦後の男にどのような連続性があったにせよ、塹壕から新しいタイプの男が生まれたという一般的な感覚が広まった。ユンガーが、戦争の生み出した男たちという新たな種族、エネルギーに満ちており進んで戦闘態勢にある鉄の男たちについて書き、先導者となった。ここでも、彼らの外見は重要だった。しなやかで引き締まった筋肉質な身体で、何千の死を見た眼を持つ印象的な顔である。[*26]ドイツの画家フリッツ・エルラーは一九一七年に、戦時公債のポスター【図6・1】のためにまさにこのような男を創造した。そこでは、兵士が戦闘服を着て、有刺鉄線を背景にして立っている。胸にガスマスク、バッグに二つの手榴弾、彼はおそらく塹壕を出て攻勢に転じるところであろう。絵は、男の顔に集中している。彼の体のほとんどは見えない。彼の顔は、戦闘の泥で黒くなっている。しかし、輝く両眼がすべての注意を引きつける。その両眼は、男を堅固に仕上げた経験を物語っている。これが、エルラーにとって、「本当のドイツ人の顔」であった。[*27] このポスターが、いわゆる新しい兵士のタイプを一般に広めた。ナチスはその後、それを最大限に活用した。例えば、第二次大戦の最中の一九四〇年に、ヴェルナー・ピヒトは『兵士的男性』において、英国紳士やフランス革命に由来すると言われる理想のフランス人など、より劣った他の男らしさのタイプとは対照的な、新しい特別なドイツ的タイプを提示した。確かに、ピヒトは、新しいドイツ的タイプの起源をフリードリッヒ大王の時代に置いているが、内容は第一次大戦での戦士のものであった。[*28]

おそらく、こうした新しいタイプの男が持つはずのあらゆる特質の最も印象的な例示は、地上でなくて大空に見出されるだろう。戦闘機パイロットは、第一次大戦以前にはなかった新しい専門職だった。彼は、ロマンティックな憧れと、冒険魂の対象になり、同時に、塹壕においては惨めなまでに不在であった礼節ある戦いのあり方、騎士たちの戦いの記憶を思い起こさせた。戦闘機は大戦のかなり終わりまで、敵機との一対一の戦闘を繰り広げた。そしてひとたび敵機が撃墜されると、騎士道的振る舞いが実際に行なわれることが知られていた。捕虜にされたパイロットは将校の部屋で歓待され、時折、撃墜された者の名誉のために、敵陣に花輪が投下された。「大空の騎士たち」は、空飛ぶ機械に乗った新しい男たちの種族であり、同時に男の名誉と騎士道の伝統を体現する者であった。[*29]

彼らが大空で「時を超えて」戦うという事実が、彼らに特別なアウラ〔香気、輝き〕を与えた。ある説明が主張したように、彼らは「天空を翔ける男たち」であった。第二次大戦の後でさえも、戦闘機パイロットたちは、ゲルマン神話の神々や英雄たちのように大空で戦ったと語られた。近代的な戦闘機パイロットたちは、神々の骨に血肉をまとったと言われた。[*30] 空中戦での英雄たちは、姿においても美徳においても、真の男らしさの体現者のように描き出された。例えば、ドイツで最も有名な第一次大戦での空のエースで、戦死したオスヴァルト・ベールケは、自分の力をコントロールしていながらも素朴で謙虚な性格を持っており、「調和ある美しさ」を有していたと言われた。これは、ヴィンケルマンが論じたギリシアの青年たちが有していたと言われる「静かなる崇高」の興味深い反響である。このような典型的な男らしさの体現者は、また騎士道的でなくてはならなかった。「オスヴァルト・ベールケは、応戦力を失った敵を撃たない」[*31]と言われた。

　パイロットが最も現代的な機械をコントロールしたことが、まちがいなく男らしさの理想を強化した。だが、このイメージはすぐに精神化された。一九三六年に出版されたドイツの本は、何がよいパイロットになるために必要かを規定して、次のように主張した――飛行機は工業技術の単なる製品ではなく、馬がその騎手と一体であるように、パイロットの精神の一部でなくてはならない。[*32] この新しい英雄は、第一次大戦から出現した兵士の理想に概して付された男らしい特質を高めた。しかし加えて、騎士道の概念と時を超えたイメージ付与を通じて、戦闘機パイロットは個人と近代の危機とを媒介するものになった。

本章で引用した事例のほとんどはドイツのものである。実際、ドイツでこそ、この戦士の新たなタイプが政治的右派によって採用されたので、政治的衝撃が最も強かった。一方、イタリアでは戦後ほどなく「戦士タイプの男」がやはりファシストの理想となった。[*33] もっとも、イギリスにおいてさえも、いわゆる戦士タイプの男は、いくつかの戦争記念像に再現された。とはいえ、全体として、その像は、大戦から出現した新しいタイプとしてではなく、標準的な男らしさの理想を再現するものだった。そうした記念像のいくつかで若い男たちの像を彫刻したティト・マッケンジーは、彼らの「力、美しさ、男らしさ」を、彼らの道徳的完全性の象徴としての身体的外見を、受容されている男らしさの理想と調和させて表現しようと試みた。[*34] イギリスの未来がかかっていると彼が考える青年は、ケンブリッジの戦争記念像【図6・2】のように、神経を張りながらも、幸福そうで、少し困惑した表情を有していた。[*35] 対照的に、戦争体験の真の継承者であるドイツの「戦士タイプの男」は、おそらくユンガーの叙述に近く、まじめさの極みで、献身的で力強く、規律ある男たちだった。

平和へと帰還するドイツの戦士タイプの男は、マッケンジーの若い男とまったく異なって、ある種の酷薄さを有していた。このドイツの男は、以下のことを思い出させる。ドイツの政治が凶暴なものとなったのは、まさに、第一次大戦と不正義な平和とその後勃発し

図6・2　ケンブリッジの戦争記念像

た革命によってであり、それらがナチズムによる権力の静かな獲得を助けたことを。戦争によって蒸留された男らしさが、ドイツの政治のそうした凶暴化のプロセスにおいて重要な役割を疑いなく演じた。そして後に見ることになるが、理想化され、攻撃的で、規律ある男性身体がナチズムの象徴として多用されることになった。同じく、例えばイタリアにおいても、ファシズムは、男らしさの更新に希望を見ていた。

けれども、新しく見える戦士タイプの男は、実際には、男らしさの従来の規範の上に作られたものであった。従来からの組成の中に常に潜在していた共感性のなさと攻撃性という危険が、今や十分に展開を見たのである。しかし、次のことを念頭に置くことは重要だ。すなわち、潜在しているものは必ずしも表面化しなくてもいいこと、そしてたいていの男らしさは、均衡ある歩みを保ち、中庸と調和と静かなる強さを評価する社会を象徴していること、である。だが、打ちのめされた社会と国家とを革新する「新しい男性」に対する探求が一段と強まるなかで、戦争中に高揚させられた男らしさが効果を発揮した。

II　社会主義者

一方、戦前そして戦時中にも、もう一つの別な男らしさの理想が現れ、戦時中の男らしさのイメージと、ブルジョワ社会の男らしさの理想の双方に、しばしの間挑戦しようとしていた。戦争に幻滅した人々は、新しい、よりソフトな男らしさを押し出してもよかったはずだ。しかし、見てきたように、そのうちの一定の人々は戦士のイメージを受けいれた。それでも、広がった男らしさのステレオタイプに一貫して反論した人々がいた。例えば、レオンハルト・フランクは、ドイツで出版された『男は良い』（一九一八年）で、その主人公に、平和主義者になって、あらゆる武力の行使に反対し、戦争に対する平和的な反乱を指導して、あらゆる民族の支え合いを呼びかける男を選んだ。彼は、個人の自由とすべての人類への愛という信念によって導かれていた。

戦争に幻滅した人々の多くは、左翼運動に加わりがちであった。そして、彼らが社会主義者になると、往々にして、戦争に反対するのみならず、戦争を支えていた男らしさに疑問を呈するようにもなった。例えば、作家のエルンスト・トラーは、ドイツの大義を信じて軍に志願したのだが、前線で死の無意味さを実感して戦争を嫌悪するに至った。一人一人のうちにある価値という「単純な事実」、それとともに人類は一つという考えが彼に明らかになった。同時に、彼は、現存の社会秩序の変革を唱えた。それは、男たちの心の変革も含んでいた。[*36] トラーは、「新しい人間性」の理想を抱いて社会主義者になった。彼は、一九一八年のミュンヘン革命に参加した。そして、武力行使を望まないながらも、武装部隊の指揮者になった。

それでも、社会主義者の理想である「新しい男」が、標準的な男らしさの多くの特質に対抗物を供した。すなわち、〔闘争でなく〕支え合いに基礎を置く男らしさ、あらゆる武力の否定、近代人の浄化に役立つ理想としてのナショナリズムの否定、などを提供した。このような新しい男は、男らしさがもはやブルジョワ社会に投錨《とうびょう》しなくなった時に実現されるだろう。つまり、社会主義の共和国が根底から変化した新しい男らしさを生み出すだろう。そして、おそらく過去との最大の決別として、男らしさの概念そのものが総体としての人類、すなわち男らしさの刺《とげ》を抜き取った男女共通な人間性の中に統合されるだろう。

オーストリアの社会主義者マックス・アドラー[†2]は、この新しい男らしさを最も巧みに、広く受けいれられているステレオタイプと大変異なるように語っている。彼の本『新しき人間――社会主義の教育についての考察』（一九二三年）は、今日の男たち女たちを新しい人間へと変えることを考察している。たくさん論じられてきた戦後における若者の再生は、この本では、身体的または兵士としての更新を意味していない。アドラーは、彼の新しい人間性の概念を、世界のあり方を説明すれば変革が動機づけられるはずだという、人間の合理性に対する信念に基礎づけた。[*37] 体操や戦争が標準的な男らしさの構築に演じた役割とは対照的に、新しい人間たちを創造することは、純粋に教育の事業であった。ここでは、体操や戦争は何の役割も与えられない。そのことで、新しい社会主義的男性は伝統的な男らしさの厳しさを欠いているのである。カント哲学と啓蒙の精神における教育が、アドラーの新しい人間性形成の鍵となった。同時に、階級なき社会の必要性についてのマルクスの理論が十分に受容されていた。

　啓蒙の精神とカント哲学に結びついたマルクス主義は、カント主義の基礎づけを獲得した。道徳的命令が見失われてはいけない。新しき人間の一部としての男性は、やはり大義への奉仕において、自らを全うさせなくてはならない。ただし、大義への奉仕と言っても、ナショナリズムへのものではなしに、新しいいっそう人間的な社会を作るためのものである。[*38] しかし、大義へ奉仕するにも、自由な道徳的人間としてまずは自らの思想と性格とを養わなくては、果たせないのである。こうした陶冶を意味し、ヴィンケルマンによって受けいれられていたことを第2章で見た、中央ヨーロッパのビルドゥングという概念が、ここで用いられた。それは、かつてはブルジョワジーの解放の推進のために供され、同様に今や労働者の解放のためにも供された。いつも、重視されたのは精神だった。例えば、教育は功利主義的なものであってはならず、未来の社会の創出へと向けられていなくてはならなかった。こうした新しき人間のイメージを描き出したのは、アドラー一人ではなかった。時を同じくして、上オーストリア〔ウィーン西方の高地〕の社会主義者たちの指導者のマックス・コーレフは、新しき人間の中のこの新しい男性は、人間主義的な思想――高潔で自由で善良な男性という思想――によって形成されるべきだと、書いた。[*39]

オーストリアの社会主義者たちの男らしさの理想は、終わったばかりの戦争の期間中に支配的だった戦士のイメージに対抗した。さらに、ここでは、男性の生得的な優越性は否定され、両性の平等が強調された。アドラーは、男女が持つべき特質になんらの区別も設けなかった。両者は、未来の社会主義社会の建設において平等の役目を果たすものだった。その目的に向けて、両者は同じ教育を受けるのが当然であった。女たちは、理性を用い、男たち同様に新しい社会の創造を行なう能力を持っていた。実際、こうしたオーストリアの社会主義者たちは、ボブカットを自立のしるしと見なした。ボブは、たいていは女らしさの倒錯を示すものと考えられており、そうした倒錯は、いわゆる「新しい女」に結びつけられたものだった。[*40]

女性たちが理性なき者とされたり、その気質ゆえに公の場での活躍から遠ざけられたりすること、それはすでに見たように男たちの間でのありふれた偏見なのであるが、そうしたことはなかった。オーストリアの社会主義者たちが考えた新しい男性は、その男らしさを意識するために厳しいジェンダー区分を必要としなかった。

ここに、本書に溢れている男らしさに対する一つのオルタナティヴがある。しかし、男らしさの概念におけるあらゆる差異にもかかわらず、道徳的純粋性という共通の理想が、これら社会主義者たちと、男らしさの標準的な理想を信じている者たちとを結びつける。両者は人格的および性的な振る舞いにおける広く受けいれられている真っ当さが、男らしさにおいて重要だという見方を共有していた。重要な差異は、政治的道徳への態度にあった。すなわち、攻撃性と暴力とを受容するか拒絶するかに。それに加えて、とりあげてきたオーストリアの社会主義者たちは、概して外見に言及していない。ステレオタイプの構築において重要な男の美学は、彼らの考えではほとんどあるいはまったく役割をもたなかった。

マックス・アドラーと彼の指導に従う社会主義者たちは、平等が支配し、個人がその能力を発揮できる、彼らの夢である新しい社会の助産師たりうる新しい男性を作り出す試みにおいて、他のほとんどの社会主義者が直面したいくつかの問題を無視した。全体として社会主義者たちは、その新しい男らしさの概念に直接影響を与える社会的・政治的現実に直面させられた。第一次大戦後に、敗戦国においては戦争から平和への移行に伴って、革命と反革命とが生じた。新しいソヴィエト連邦が、新しい文明の代表、実在する社会主義社会だと自らを宣言した。このような戦後社会において暴力の行使を拒否できるだろうか？　引き続く階級闘争は、大戦中に国家のために大いに役立ったのと同じ男らしい特質を要求しないか？　そしておそらく以下の問いは党の多くのメンバーに関わるからいっそう重大だ。すなわち、男たちの人生を形作ってきた戦争体験は、反軍国主義の名の下に、あるいは、新しい男性を作り出す道徳的命令の名の下に、無視されたり、単に頭ごなしに非難されたりしてよいものだろうか？　アドラーのメッセージは、容赦のない現実に直面して、浮いてしまっていた。社会主義者たち自身が、標準的男らしさの受容にかなり接近した。

ドイツの社会民主主義者は、ヴァイマール共和国の創設に尽力してきて、今や共産主義者と政治的右派の猛攻撃から、共和国を守らなくてはならなかった。彼らがこのために作った組織、すなわち共和国の色を団体旗としてとりあげた「国旗団／黒・赤・金」は、平和主義的理想ならびにヒューマニズムの傾向と政治的必要性との間の相克の格好の例であった。[*41]「国旗団」は、軍隊組織を模して組織された。それは、戦争体験を、困難にさらされた共和国のために活用するように想定されていた。ドイツ国会議長の社会民主党員パウル・レーベは、言い訳めいた説明をした。党が軍隊組織を採用するのは、共和国を防衛するのみでなく、若者たちを大義へといっそう結びつけるためである、と。[*42]確かにこれは、共和国の若者向けであっても、戦争体験の魅力の驚くべき受容であった。しかしながら「国旗団」のメンバーは、軍の規則方式に従って行進することを禁じられ、兵士の歌をたとえ歌うにしても攻撃的にではなく歌わねばならなかった。さらに、第一次大戦で授けられた勲章を身につけることは、公然とは禁じられていなかったが、確かに顰蹙《ひんしゅく》を買うものだった。しかし、一九三〇年に、内戦にも似た状況となった共和国を救うために「国旗団」が、特別な襲撃部隊を軍隊に倣って組織した時、「総統《フューラー》」という呼称が、すぐに「統轄者《プレジデント》」という呼称に取って代わった。この事例が、軍国主義や攻撃性や戦士タイプに対する、社会民主主義者たちのどっちつかずの態度をよく表しているだろう。

オーストリアの共和国防衛同盟は[†3]、オーストリアの右翼の猛攻から共和国を守るために、同時に、労働者をその敵から守るために、社会主義者によって一九二三年に作られた。防衛同盟は、最初、「国旗団」で行なわれた討論によく似たものに遭遇した。オーストリアの政治的深刻さのせいで、たとえ異なった、いっそう具体的な課題についてであったとしても。共和国は、社会主義者と、政府と結んだ政治的右派との間で内戦になりつつあるように思われた。防衛同盟は、個人的自発性と判断とが認められるゲリラ部隊として作られるべきか、それとも、市民軍として、軍事的に組織されるべきか？　社会党の中で、軍事化路線に賛成の人々が勝った。防衛同盟は、服従が民主的討論に取って代わる準軍事組織になり、指揮系統がはっきりと置かれた。[*43]　これは、大きな軍隊だった。時に、オーストリア軍そのものよりも大きくなった。最大で、八万人を数えた。[*44]　しかし、オーストリア内戦が一九三四年の二月に始まると、その抵抗はたった数日しか続かなかった。と言うのは、防衛同盟がオーストリア軍と右翼の軍事組織の故国防衛隊《ハイムヴェーア》にあっさりと負けたからである。

防衛同盟は、先制攻撃をしないで純粋に防衛的闘争をした。その指揮系統は崩壊した。[*45] この敗北の中に、軍事化への持続する違和感をも見ることができるかもしれない。その違和感は、社会党の中にあり続けた恐れ、すなわち防衛同盟の兵たちが、軍隊の傲慢さと近衛兵的心性へと逸脱しないかという恐れに表れていた。[*46] 戦間期における軍事的衝突で実際に戦った唯一の社会主義的な市民軍は、ドイツの社会民主主義が敵である右翼の苛酷さに対抗することを難しくしたのと同じ理想によって、ハンディを負わされていた。

力への意志は知と倫理に——シラーとカントの伝統に——結びついていなければならないというマックス・アドラーのようなオーストリアの社会主義者の意見は、ドイツ社会民主党でも強かった。ここでもまた、理論上、人民の解放に個人の解放が先んじていなくてはならない。[*47] しかし、こうした理想は、「国旗団」や防衛同盟などの組織を作り、党の規律を保つ必要によってのみならず、男らしさの美学の受容によっても蝕《むしば》まれた。さらに、女たちへの社会主義者の態度は、その解放を唱えつつも、多くは伝統的なままであった。確かに、これらすべての本来はブルジョワ的な見地は、たいてい賛否相半ばしているのだが、労働者階級に直接影響する社会問題の解決のためにしばしば採用された。男らしさの美学は、労働者の健康への関心を通じて、たぶんそれ以上に重要なことに、社会が労働者をしばしば描き出しているあり方、すなわち暗黒と道徳的堕落と混沌の中に生きているという像への対抗として現れた。社会主義者自身、未来への希望を、暗闇から光が現れるという比喩で語った。[*48] 闇を制する光の比喩は、しばしばポスターや出版物や絵葉書に示されたように、理想化された労働者の姿によって象徴化された。彼は、男らしい力強さを放射していた。それは、肉体労働と明らかに関係しているが、近代的男性性の美学ともいくつかのつながりを持っていた。

労働者階級のスポーツ運動《ムーヴメント》が、ブルジョワ的な体操やスポーツ運動《ムーヴメント》とほとんど同じくらいの注意を、男性の身体に向けていたことは、そう驚くような事態ではない。体操は、健康な身体を作り出し、高貴さや美への欲求を目覚めさせる、という呼びかけを第一次大戦前に若いドイツの労働者への宣伝の中に見ることができる。[*49] 戦後においても、よく発達し鉄のように鍛えられた男らしい身体についてや、よく鍛練された体型の重要性について耳にし続けた。[*50] 一九二五年の第一回ドイツ労働者オリンピックを映像に収めた監督は、まさに同年に、『美と力への道』という映画を制作した。その映画は、ローマ風の運動場のセットの中での男性の身体の力と美に焦点を合わせたものだった。[*51] 力と美は、労働者の映画にも浸透した。半分裸体の労働者を示しているポスターや絵葉書は、そうした関心のさらなる記録である。とはいえ、男の身体は、労働者運動《ムーヴメント》においては、社会全体において果たしていたような象徴的で重要な役割を決して果たさなかったのであるが。かくして、例えば、ヴァイマール共和国時代のドイツ社会民主党の選挙ポスターは、ナチスと共産主義者の双方を押さえつけている半裸体の労働者を示した。しかし、強調されているものは、彼の力であって美ではない【図6・3】。

それでもやはり、若い社会主義者たちは彼らの身体を再発見し鍛えるように勧められた。『若き労働者』誌は、社会主義運動の右派寄りであったが、身体的鍛練に優先性を与えたほどであった。例えば、その雑誌は一九二五年に読者に、「柔弱になり堕落した人類が……身体の美と強さの価値を再び発見し始めることは素晴らしいことだ」[52]と語りかけた。一方に柔弱と堕落、他方に強く美しい身体という対比は、体操運動の成長期にもデカダンスの時期にもありふれたものであった。社会主義者の運動において伝統的な男らしさが自己主張しなかったとしても、それは、水面下に潜行していただけである。

社会主義者の若者たちは心身を鍛え、伝統的な意味での男らしい美を所有しなければならなかった。労働者スポーツ運動《ムーヴメント》の一分野としての体操は、その伝統的機能を全うさせたかのように思われる。人気の点で、チームスポーツがじきに体操を凌駕したという点を除いては。一九三一年に、資本主義的イデオロギーのすべての要素（英雄主義、規律、集団への服従）が労働者スポーツの中にあるのを見て取った、オーストリア労働新聞の文化部長のエルンスト・フィッシャーは正しかったのだろうか？　そうだとすれば、はるかに人気の高いこの労働者階級のチームスポーツに、「新しい男性」の入り込む余地はあったのか？[53]

いずれにしても、戦間期のほとんどの間、スポーツにおける競争は、社会主義的連帯に敵対する資本主義の遺物として、軽蔑されるか熱心に攻撃された。かくして、労働者のスポーツ祭のためのプログラムは、スポーツがコミュニティ意識と、すべての人間的なものへの尊敬を引き起こすものであると教えていた。[*54] 労働者たちのスポーツ運動は、アドラーの夢であった新しい人間／男を創り出す教育に余地を残そうとしていた。ちょうど「国旗団」が攻撃的でない精神を受けいれるために、軍事色をたわめようとしていたように。

労働者のスポーツと軍国主義への社会主義者の態度を、標準的なブルジョワ社会から区別させる強調点の違いと両義性は、礼儀作法や道徳に関してはなかった。家族の大切さは支持された。離婚は許されるべきだとされたが、性の緩みは強く批判された。社会全体に

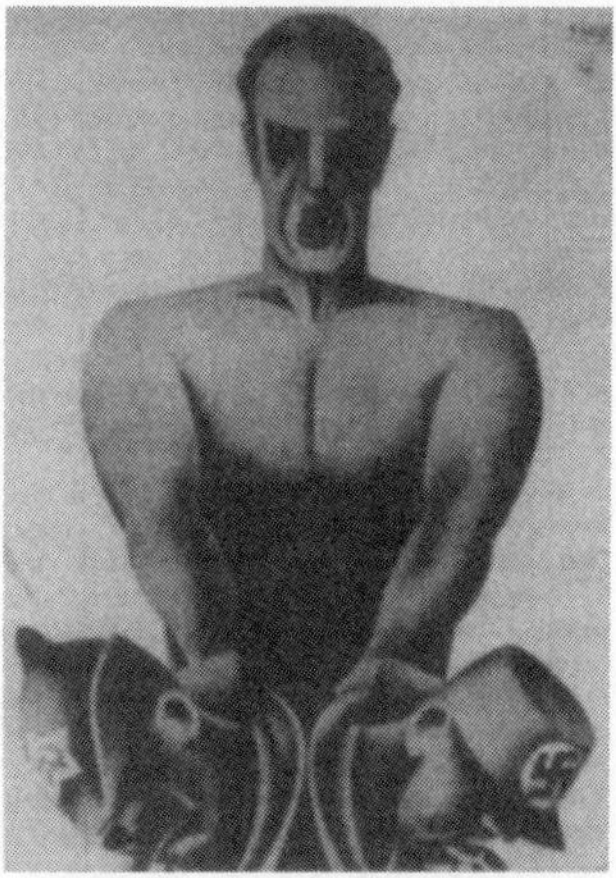

図6・3　ナチスと共産主義者に対峙している、1932年11月6日の国政選挙用ドイツ社会民主党ポスター。「これら二者は、政府という我らが紳士クラブに対して、責任の重い者たちである」。(Beth Irwin Lewis, Peter Paret, Paul Paret, *Persuasive Images*［Princeton : Princeton University Press, 1992］より)

おけるのと同様、社会主義者においても、尊敬に値する振る舞いとして、勤勉、禁酒・節酒、秩序、自己陶冶が強調された。最終的産物は、秩序正しい、上品な家族生活ということとなった。[*55] 例えば、ウィーンの労働貴族たちの間だけでなく、労働者階級全体にとって、秩序ある平和で清潔な家庭の維持は、好ましい市民的秩序のしるしであった。第一次大戦前のイギリスの労働者階級の研究は、類似した結論に至った。[*56] これらの態度が、ブルジョワジーを模倣することによって、あるいは獣的なあり方へと堕ち行くことへの恐怖によって、あるいは単に安全性への欲求によって等のいずれから作り出されたのであるかは、本書の目的にとっては重要なことではない。しかし、標準的な社会と類似したライフスタイルを好むということは、おそらく男らしさについても標準的な観念を受けいれやすいということを意味しているだろう。

女性解放への努力がなされ、またはボブカットの是認にもかかわらず、男女間の分離は多くの部分で続いた。社会党員でさえ、少女たちは編み物を習い、ソックスの繕いができれば、知識はそれで十分と思っていたし、ほとんどの労働者階級の両親たち自身も、同様な考えを抱いていた。多くの社会主義者が男女平等を要求し、女性教育のために戦った。しかし、労働者の多数の間で、同じく社会党員の多数の間でも、家父長制は、少ししか変わらなかった。オーストリア社会主義の指導者としてアドラーの仲間であったオットー・バウアー[†4]が、次のように述べたように。すなわち、妻は家庭において夫の安息とプライバシーと快適さを確保すべきである、と。[*57] しかし、それでも、大戦前の社会主義者たちと大戦後の社会民主党は、伝統的な男らしさの輪郭をやわらかなものにしようと試みた。そして、アドラーが定義した新しい男性は現実化されなかったのだが、それは、はるかであっても目を引く存在感を持ち続けた。

共産主義者たちは、社会民主主義者たちのように議会制民主主義への参加によって弱められることのない階級闘争の強調によって、攻撃的で力強い男らしさを誇った。もしもソヴィエト連邦の初期の数年に現れた道徳の変化が継続されていたならば、状況は異なったものであったろう。しかし、我々が見ることになるように、その実験は中断された。ハンガリー・ソヴィエトの元メンバーでドイツに難民として暮らしていた共産主義的作家で映画制作者のバラージュ・ベラは、一九二九年に次のように語った。すなわち、男らしさは情熱的な意志を持ち、心に目的をしっかりと据えて、ひるむことなく戦うことを意味している、と。[*58] 一九二四年に創設された擬似軍隊であるドイツ共産主義者の赤色戦線戦士同盟は、威嚇するように突き上げられた拳をそのシンボルにした。ここにおいて共産主義者たちは決然と男らしい戦闘性に加担することになり、アドラーの新しき社会主義的男性は、放棄された。その戦闘性が、すでに没落しつつあると彼らが信じていたブルジョワ階級をお払い箱にすると考えられた。

赤色戦線戦士同盟は、社会民主党の「国旗団」を悩ませていた躊躇を、どうやら感じていなかったようだ。ドイツ共産党のこの襲撃部隊は、敵を殺す必要性を悲しんでいたが、それにもかかわらず、殺すことを学ばなくてはならないと述べた。自分自身をも含めて血が流されねばならない。ひとたび労働者階級が勝利すれば、もう流血はなくて済むからである。ドイツ共産党中央委員の古参メンバーであるヘルマン・レムルは、戦争と戦士についての共産党の態度を次のように要約して語った。終わったばかりの世界大戦と進行中の階級闘争との相違は、後者が革命的な戦いであり、反革命の戦争ではないことにある、と。[*59]しかし、それはやはり戦争であり、非攻撃的な社会主義的男性に、戦闘的な男らしさが取って代わるのである。ドイツのみならずフランスの共産党の男性も、攻撃的な男らしさのイメージを前面に押し出すべしとされた。[*60]

新しい共産主義的男性は、自己陶冶や教育の産物というよりも階級闘争の産物であり、彼のヒューマニズムは時折言及されたが、何よりも鍛えられた戦闘者なのであった。[*61]それでも、社会主義社会に暮らす将来の男は、確かに「新しい男性」となるだろう。勝利が達成された新生ソヴィエト連邦においてトロツキーがそうした男を定義しようと試みた。新しい男性は、測ることができないほど強く賢明で鋭い。彼の身体はいっそう調和に満ち、動きはいっそう律動的であり、声はいっそう音楽的である、と。[*62]

出現した新しい社会主義社会の実際の状況は、当初は、新たな出発を約束するものであった。ボルシェヴィキ国家の最初の一〇年間、道徳の桎梏《しっこく》が弱まり、「永遠の道徳的真理などもう存在しない、道徳的真理は実際の社会主義的実践から生まれるにちがいない」[63]と言われた時に、これまでの規範から自由な新しい男性が実際に出現してきたかに見えた。そして、社会主義の実践は、結婚と家族についての新しいルールを持った若い革命家たちが、一九一八年に考えたように、マルクス主義理論に従って家族と国家の消滅をもたらすに相違なかった。彼らは、個人の自由を基盤とした社会を後に残すだろう。[64]道徳の純粋さは、かつて男らしさの理想の重要な要素であったが、それは、宗教的影響が排除され、同性愛が非犯罪化され、事実婚が認められ、妊娠中絶が非犯罪化され、男女間の総合的な平等が保障されるにつれ、力の幾分かを失うように思われた。短期間ではあるが、「恥じらいを捨てよ」という運動すら存在を許された。[65]清浄な男性のステレオタイプが存在する余地はなくなりそうだった。さらに、一瞬であったが、近代的な男性性の構築において非常に重要であった男らしさについての正常者と逸脱者との間に立てられた壁が、崩壊するかのように思われた。

　アヴァンギャルドな作家や詩人に囲まれ、その影響を受けて出現した新しい男性は、ともあれ、少数の都市的な中心部に限られていた。さらに、道徳の伝統的な規準は、大戦前に帝政ロシアですでに疑問にさらされていた。[66]だからボルシェヴィキの過去との切断は、見かけほどにラディカルなものではなかった。それ以上に解放された社会的態度は、最初からボルシェヴィキの指導者たちによって脅かされていた。彼らは、レーニンの場合のように、道徳的に寛容な社会への反対を表明した。かくて、一九二四年にブハーリンは、共産主義社会は売春と家族の消滅を目にするだろうと言ったが[67]、一年後には、「恥じらいを捨てよ」という名をもつ諸グループを、デカダンスと非難した。この時期に、新しい社会主義的道徳の探求のシンボルとされていた自由恋愛に関して、一人の古参ボルシェヴィキが、次のように書いた――「自由恋愛理論に対抗して何が持ち出せよう？　親の権威か？　そんなものはない。道徳感情か？　しかし、古い道徳は死に、新しい道徳はまだ生まれていない。家族の古いタイプは、おおよそ完全に破壊された。だが一方、新しいタイプはまだ存在していない[68]」。

しかし、この緩められた道徳の時代でさえ、いわゆる新しい社会主義的男性は、根本的な変化に抵抗した。彼は、いまだに大義への献身において大変堅固であること、習慣においては単純で、強く寡黙であることを期待された[69]。〔歴史家の〕リチャード・スタイツは、書いている。一九二〇年代の理想的な労働者は、生産的工程で、活動的で創造的な役割を演じ、意識的でよく訓練された熟練の兵士のように行動した、と。工場が彼の戦場だった[70]。大義に献身的で鍛えられ、目的意識的な男らしさは――戦争においてでなく生産労働における貢献であっても――近代的な男らしさへの本当のオルタナティヴを提示するものではなく、概して標準的な男らしさのイメージに近かった。

まさにこのイメージこそ、ソヴィエト連邦で勝利したものだった。と言うのは、スターリンの権力掌握とともに、道徳的純粋さと貞潔とが真の労働者の性質として再び肯定されたのである。一九三五年に潔癖すぎる〔フェビアン社会主義者〕ウェッブ夫妻が、イギリスが見習うべきモデルとして、ソヴィエト連邦を鼻につくほど讃美した本を出版した時、彼らは、優越性の標識としてソヴィエト連邦の「健全な道徳的風潮」を良心に恥じることなく指摘することができた。いかなる自己への耽溺も共産主義者の道徳とは正反対だ、と彼らは書いていた。[*71]

一方で、ソヴィエトが宣伝した新しい共産主義的男性は、休むことのない戦士だと言われた。他方で、彼は、何千年にもわたり変わらずに存在し、道徳的に純粋で美しい男女を生み出してきた日々の生活の規範を内面化していると言われた。革命的改革の失敗を暗に認めつつ、一九三六年に妊娠中絶が再び犯罪とされた時、女性もまたその持ち場に返された。[*72] 新しい道徳と新しい男性を創り出そうとした偉大な実験が、失敗に帰したようだった。

それにもかかわらず、ボルシェヴィキの男性はいくつかの点で、男らしさの伝統的理想から分離した。男女の平等は公式に認められた。女たちは、家庭に囲われた単なる伴侶ではなく、職場における同志であった。

　しかし、この平等の観点は、ソヴィエト連邦における社会的実験の消失とともに、母としての女性の役割、および家庭と家族の重要性の強調によって消えていった。レーニンは、常に自由恋愛に反対だった。おそらく、女性の純潔への伝統的見方こそ、革命直後に始められた反売春キャンペーンを支えたものだっただろう。その折、何人かの売春婦が強制労働キャンプに送られた。

ほとんどの西欧の共産党、特にドイツの共産党では、少数の女たちが指導的役割を担ったにもかかわらず、女たちのイメージは総じて伝統的なままだった。もう一度ドイツから例を引くが、同じことは、他の強力な共産党を持つ国々でもおこりうると考えられる。典型的な話だが、女たちは、最初は赤色戦線戦士同盟の戦闘者として男たちに合流した。しかし、すぐに彼女たちの存在は不適切だと考えられた。実際、人気のあった「赤い」小説家のハンス・マルヒヴィッツァは、女たちを、遂行されるべき戦いから意識を逸らさせるものと見なしていた。声望あった共産主義作家のヴィーリー・ブレーデルにとっては、党の活動家は、女たちと関わると頼るに値しなくなりがちだった。[*73] これら二人の男たちはいずれも正統的で声望の高いボルシェヴィキだった。すべての宣言でそれとは反対の主張を行なったにもかかわらず、またはボルシェヴィキの図像群では女たちがたいてい男と平等に描かれているにもかかわらず、この傾向はボルシェヴィズムが存在している間ずっと続いた。

女たちの役割についてのこの葛藤は、結局、平等よりも伝統が好まれるのであったが、それは、カール・グリューンベルクの『燃えるルール川』（一九二九年）にも反映していた。その小説は、内容からも、グリューンベルクが独学の工場労働者だった事実からも、共産党が高く評価したものだった。そこでは、二人の女性が主役である。「悪魔的女性」[*74]とされる誘惑者ギゼラは、ゼネラルストライキの指導者である主人公を堕落させようとする。戦いに参加しているメーリーは、敗北に際しても逃げ出すのを拒否した。彼女は、実際の戦闘における同志になる資質を持っていた。ギゼラのような運命の女《ファムファタル》は、いわゆるプロレタリア文学においては、お決まりの人物であった。他方、メーリーは闘士でありつつ、それでも女らしさを完璧に有していた。彼女は、傷ついた者を世話する看護婦であり、死にゆく敵を共産主義へと改心させる時には、聖母マリアとの類似が明らかなように思われる。グリューンベルクは、典型的な仕方で、階級闘争において女性に男性との平等性を与えようとする熱意と、伝統的な女らしさの最終的な勝利との両方の証言になっている。

フランク・トロムラーの語っているように、鋭い眼をした、緊張して引き締まった筋肉質の男が、ロシア革命とともに、共産党の図像体系《イコノグラフィー》の最前列に来た。[*75]その男には比肩しうる者はいない。実際、グリューンベルクの主人公は、そんな肩幅の広い男として記述されていた。しかし、その労働者は、規範を支えていたイメージからかなり重要な仕方で離反する。たとえソヴィエト・リアリズムが、男たちを背が高く力強い労働者として描いたとしても、男らしさの美学は強調されなかった。男たちは全身着衣であった。彼らの身体は、市民的価値観へのレーニンとスターリンの傾倒に合致して衣服で覆われていた。

ナチスにとっては、後で見るように、ヴィンケルマンのギリシア人たちの伝統における男性裸体が、有力な政治的象徴となったが、ソヴィエトの儀礼は、身体的象徴の使用において控えめであった。[76] ボルシェヴィキの図像体系《イコノグラフィー》の最前列には、男であれ女であれ「労働者」の抽象的なイメージが存在した。ヨーロッパの共産党は、すでに述べたように、新しいソヴィエト連邦の初期の許容度の高さを真似したことはなかったし、彼らは、スターリンの戦闘精神と厳格な市民的価値観への回帰を支持した。

しかし、ボルシェヴィキの男性とブルジョワ的男性性の間のすべての強調点の相違にもかかわらず、それでも男らしさは、双方によって、強さと仕事と近代社会を特徴づけるダイナミズムの卓越した象徴として用いられた。本書で何度も言及してきた秩序とエネルギーの理想は、男らしさについてのほとんどの公的な表象に反映されていた。かつ、そうした表象機能における諸象徴の間に差異を示すためには、わずかな余地しかないように思われる。例えば、男らしさについてのソヴィエト・リアリズムとナチスの諸表象は、多くの際立った特徴を共有していた。すなわち、霊感を受けた姿勢、頭部の位置、まっすぐで正直な表情などである。意志の力、連帯、力強さなどの発揮に違いはない。さらに、同志愛など、お気に入りのいくつかのテーマも同じであった。[77]

かくして、第二次大戦後に、ドイツ民主共和国が、ヒトラーのお気に入りの彫刻家アルノ・ブレーカーの彫刻を何点か相続した時にそれらを活用したことも、驚くには当たらない。後に見るように、ブレーカーは、古代ギリシアの伝統に基づいて裸体の若者を彫って、ナチスにその最も重要な象徴を提供していたのだった。今や、ソヴィエトもスポーツ競技場を飾るためにブレーカーの彫像を使った。[*78] それは、裸体であることと官能性において、本当は社会主義リアリズムには合わなかったのだが、妥当なことだった【図6・4】。我々がずっと論じてきたような一般に受けいれられた男らしさの理想は、共産主義者であろうと、ブルジョワであろうと、ナチズムの男たちであろうと、それらの男らしさのすべての表象の中に、強調されたり、先鋭化されたり、しばしば攻撃的色調を強められたりして存在していた。

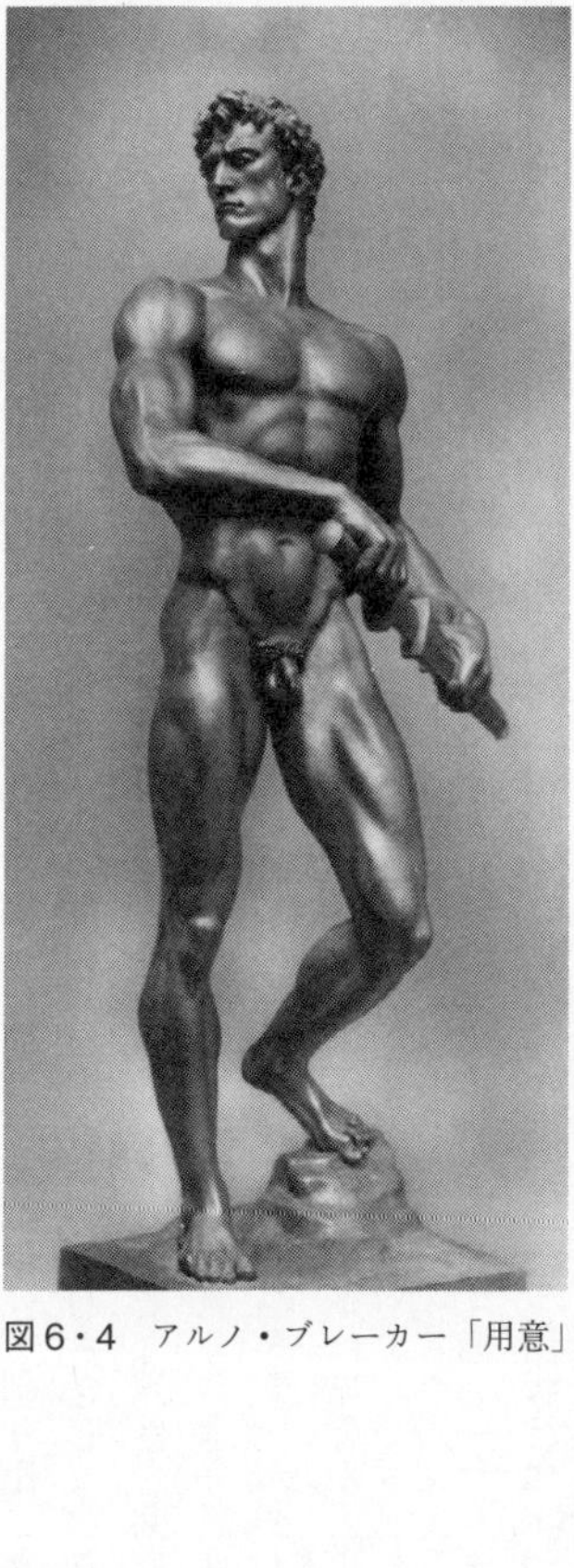

図6・4　アルノ・ブレーカー「用意」

標準的な男らしさのオルタナティヴとしての新しい男性を創出する機会は失われた。最初の社会主義国家は、マックス・アドラーが夢見た社会主義的男性を創り出さなかった。むしろ、ソヴィエトはいくつかの例外はあっても、規律ある男らしさをしっかりと保持した。そうした男らしさは、階級闘争における自分たちの敵と、主要な属性を共有していたのである。大衆に読まれることを意図されたプロレタリア文学は驚くべき一貫性を持って標準的な男らしさを反映した。そうした文学は、再度、男らしさのステレオタイプの影響力を証明し、結局のところ、男らしさのオルタナティヴなイメージはほとんど重要でなかったことを証言しているのである。

ヴァイマール共和国の時代にドイツ共産党によって出版された「赤い一マルク小説」は、大衆娯楽として政治的読み物を創造した。それは、ベルリンの大手出版社によって刊行されていた通俗的な小説が労働者のイマジネーションを支配していたのを打破しようというユニークな試みだった。ずっと後に長らくドイツ民主共和国の文化大臣を務めたヨハネス・R・ベッヒャー[†5]は、広い肩幅と頭脳との双方を持った男たちに、その企てを支えるように要請した。[*79] グリューンベルクの本は、赤い一マルク小説の一つであった。それらの安っぽい小説はすべて攻撃的な男らしい語彙を用い、単なる身体的強さと支配と勝利とを崇拝した。確かに、それは軍事的勝利ではないが、「もしも君たちの力強い腕が命じるならば、すべての車輪は停止する」というスローガンの示すように、ストライキ参加者の勝利なのである。ここ、つまり人気ある小説の中で、女たちは再び、男たちと真に対等ではなかった。広い肩幅の労働者は、女たちを寄せつけなかった。[80] 共産党の敵、社会民主主義者たちなどは、女々しいと言われた。そして実際、これらの小説中での敵のイメージはたいてい、男らしさとは正反対だと伝統的にされてきたもの、すなわち、弱く、青ざめて、年寄りで、女性的で、一言で言うと「男らしくない」のであった。[81]

　標準的な男らしさの方向性を変えようと、社会主義的知識人がくり返し試みたにもかかわらず、共産党員の間だけでなく、ほとんどの社会民主主義者の間でも、新しい別な男らしさがしっかりと根づくことはなかった。社会主義は、標準的な男らしさを別の呼び名で宣伝した。伝統的な戦士のイメージすら含まれた。男らしさのイメージそれ自体に関する限り、国家間と階級間という別種の戦いが、大きな違いにはならず、伝統的な男らしさの頂点としての兵士のイメージに代わる真のオルタナティヴをもたらさなかった。ここにおいて、戦士と社会主義者は、一つの同じ章に確かに属しているのである。

　社会主義者が思い描いた、人間的で平和主義的な男らしさの理想は、実践において、またかなりの部分、理論的にも失敗したように思われた。しかし、最終的には、戦士の理想も勝利しなかった。両者ともに極端すぎて、普通の男女が望む穏やかな生活の雰囲気に逆らいすぎていた。戦士の理想は、その影響をボルシェヴィキとファシスト党に残した。アドラーの社会主義的理想は、いく人かの社会民主主義者の間に生きていた。また、スターリン時代以前においてはソヴィエトの理想を和らげるのに寄与した。だが、本書でその誕生から辿ってきた男らしさのブルジョワ的ステレオタイプこそ、近代の男らしさの基盤を提供し続けていたものであり、その政治的忠誠の対象のいかんを問わず、圧倒的多数の人々の男らしさについての見方を決定したものであった。

第7章　男たちの標準的な社会

I　市民的価値観と男らしさの諸制度

男らしさの理想は、戦争によっても革命によっても揺らぐことはなく、根本的な変化を求める試みはすべて失敗する運命にあった。近代的な男らしさは、近代社会の願望を反映していた。その近代社会自体、経済や社会構造に変化があったとしても――なにしろそれらはボルシェヴィキ革命によって変えられたのだから――、社会そして国民を結束させる主要なものとしての市民的価値観を受けいれている点では、大きく変わることがなかった。ヴィンケルマンの時代から、真の男らしさは基本的に健全な社会を象徴してきた。そして、この健全な社会の方も、男らしさを、ただ単に到達すべき理想として位置づけただけでなく、社会が機能していくうえで不可欠なものとしていたのである。二つの世界大戦間に到達した近代的男性性の絶頂期を〔第8章で〕論じる前に少し立ち止まり、社会が男らしさを理論から実践へと変換した主要な手段について、検討しなければならない。

ここまで、男らしさのステレオタイプが、社会の理想であり、社会を代理表象するものであったことを強調してきた。しかし、それに比べて、男らしさがどのように制度化されてきたのか、すなわち、標準的な社会がまさに機能していくことに男らしさの理想がどのように結びついてきたのかについては、あまり注意を払わないできた。確かに西洋社会は、常に男たちによって動かされてきた。しかし、近代において、男らしさのステレオタイプは制度化され、そして、近代国家の中にしっかりと錨をおろしたのである。

男らしさの理想は、世紀末におけるいくつかの挑戦を克服した。しかし、そうした挑戦は、第一次世界大戦後になっても、社会によって周縁化された人々が新たな自信を獲得するにつれて増大した。確立された社会において近代的な男性性によって行使され、共産主義者のような敵対者にも受けいれられた不可欠な機能は、少なくともファシズムがヨーロッパの多くを支配するようになるまでは、挑戦者たちの引き続く出現に対して作動させられなくてはならなかった。とはいえ、相対的に自由な時代、すなわち第一次大戦後の一〇年間においても、男らしさのステレオタイプの強力さとその制度化の成功は、ほとんどのアウトサイダーが、自分たちのアイデンティティを受けいれながらも、標準的な男らしさのイメージに自らを一致させようと強く望んだ記録によって、いっそう裏付けられている。

教育は、ステレオタイプの制度化に決定的な役割を果たしたが、その他多様な社会的・政治的な諸団体も決定的な役割を果たした。男らしさの理想が人々の間に浸透していく過程も重要であり、単に中産階級社会が機能していくことに作用しただけでなく、労働者階級を社会化させもした。ここで、もう一度、例示によって話を進めなくてはならない。というのも、このステレオタイプの普及と制度化について十分な説明をしようとすれば、ヨーロッパ諸国民の社会・文化史を叙述することとなるからである。我々はすでに、軍隊やイギリスのパブリックスクールなど、男らしさを近代社会の営みに必要なものとして描き出すために重要な役割を果たしたいくつかの制度についてとりあげてきた。一九世紀の初頭以降、中等教育は男らしさの教育を取り入れる傾向にあった。実際、適切な男らしい行為や態度は、西洋の多くで中産階級の少年の育成において重要な部分を占めていた。中産階級が次第に権力を手にするにつれて、彼らは社会や国家を指導する、貴族ではないエリートを育てなければならず、そこで男らしさの教育が役割を果たした。本書の初めに見たように、新しい男性のステレオタイプが、中産階級の感受性と密接に結びついて醸成され、同時に新しいブルジョワ・エリートを教育するために実践的な役割を引き受けた。

　イギリスはヨーロッパで産業化の最も進んだ国であった。ここでこそ、新しい支配エリートを作り出すものとしての男らしさの教育が、一九世紀を通じて最も進められた。騎士道の理想といった貴族的価値はいまだ残っていたが、しかし、男性のステレオタイプに不可欠な諸徳によって統御されていた。一八六四年にイギリスのある雑誌が「健全な精神は健全な身体に宿る（Mens Sana in Corpore Sano）」と題した記事の中で、男らしさのトレーニングにとっての運動や競技の重要性をくり返しつつ、次のように論じた。「イギリスのような国の力は、（古い）貴族階級に依存することはできない。苦痛に耐えることを教えられ、服従と自己抑制そして騎士道精神というさらに厳格な義務の訓練をされた善良で健全な精神と身体が、我が国の中産階級の若者の顕著な特徴となるべきである」[*1]。イギリスのパブリックスクールは、一八三〇年代に新しく改革され、そうした訓練が提供されるようになった。そこでは礼拝堂と運動場が学校生活の二つの中心だと、しばしば言われた。一方は、適切な道徳を吹き込むものとして、他方は、引き締まった男らしい身体を訓練し、フェアプレーを経験させるものとして。しかし、パブリックスクールだけがこういった訓練を行なう施設ではなかった。別の諸組織が、人々に男らしさのメッセージをよりいっそう広めた。ロバート・スティーブンソン・スミス・ベーデン＝パウエルによって一九〇八年に設立されたボーイスカウトが、手近な例である。ベーデン＝パウエルはボーア戦争で得た教訓を、少年を男にすることに応用し、軍隊的体験に役目を担わせた。マイケル・ローゼンタールが、ボーイスカウト運動の歴史について書いた著書に『性格の工場』というタイトルを与えたことは、まったく正しい。そうしたものとして、多くの国でスカウトやそれを模した組織が普及したので、その影響力は大きく、特定の一国のエリートにとどまらなかった。

偵察（スカウト）の仕方を学ぶという軍事的な側面よりも、適切な姿勢や習慣を身につけることなど正しい生活をすることの方が強調された。「喫煙して大人を真似る少年は、決してろくなものにならない。強く健康な少年はその足でフットボールを楽しむのだ」[*2]。実際、『少年たちのためのスカウト活動』（一九〇八年）というボーイスカウト運動の手引書では、概して適切な少年のタイプとその正反対のタイプを対照させている。タバコを吸う少年は姿勢が悪く、外見はだらしなく、手はズボンのポケットの奥に。球技をする少年は、まっすぐに力強く立っている。ベーデン＝パウエルは彼のボーイスカウトたちに「健康で力強い盛りにある正しい若者は、神が作ったこの世で最もすばらしい被造物である」[*3]と語った。ヨハン・カスパー・ラヴァーターの人相学に起源を持つ伝統によりつつ、顔のかたちが人間の性格の案内書になるとベーデン＝パウエルが考えたのも、さほど不思議なことではない。ボーイスカウトはパブリックスクールの少年たちと、外見的にも道徳的態度においても非常に近しい関係にあった。というのも両者とも、男らしい徳について同じ訓練を受けていたからである。

　ボーイスカウトは、戦時下では命令に従うように訓練されていた。それは、服従、義務、忍耐といったものの一般的な教育の一部であり、多くのパブリックスクールでも普及していたものであった。しかし騎士道も忘れられていなかった。我々はそれがいかにイギリスの紳士の定義の不可欠な部分になっているかをすでに見てきた。例えば『成功への彷徨《ローバーリング・ツウ・サクセス》』（一九二二年）の中の「男らしさ」の節は、「きみ自身の主人になりなさい」と少年に強く勧める前に、騎士道についてのパラグラフで始められている。これが意味するのは、「親切な心」が、ゆるぎない性格と同じくらい重要であると見なされていたことである。そして、スカウトの少年たちが、時として、厳格な忠誠心と愛国心で結ばれた騎士として見られたということである。[4]

男らしさの社会的機能に対する関心は、スカウトを設立しようとする強い動機であった。ベーデン＝パウエルは、スカウトには少年たちと同様に男たちにとっても、多くの利点があることに気づいていた。彼は、次のように書いている。男たちは、〝執念〟で任務を成功に導くまで、規律に従い、自分の時間や喜びを犠牲にするのだ、[5]と。ここには、男らしさの理想が明確に要約されている。それは、中産階級のエリートを育成するのに役立つ理想である。さらにボーイスカウトのような広く多様なメンバーからなる組織によって、中産階級以下の人々にも同様に広められていった理想である。

一八八三年に創設された英国国教会系の少年旅団も、この理想に貢献した。また、福音主義的な敬虔に大きく影響された書籍や教えによって広められた労働と祈りのメッセージも、同じく貢献した。少年旅団は、日曜学校と公立学校の両方を卒業した労働者階級の少年たちの余暇を組織し、訓練することを目指していた。このようにして、「筋肉的キリスト教」とパブリックスクールでのスポーツへの熱狂の両方が少年たちに伝えられていくうちに、彼らは「勇敢な真のキリスト教徒男性」になっていった。[6]イギリス中につくられた個々の少年団は小規模だったが、広汎な福音派の熱意を表していた。救世軍やYMCAのような組織もまた、「信仰の男らしさ」を人々に広めた。イギリスにおける男らしさの構築に関するこういった敬虔さの重要性は、先の章で指摘したところであり、それは、第二次世界大戦後になるまで実際、減少することはなかった。

「国家の進歩は、個人の勤勉さとエネルギーと高潔さの総和であり、国家の衰退は、個人の堕落と利己心と悪徳の総和である」[*7]——この言葉は、サミュエル・スマイルズが見事に題した『自助論』（一八五九年）で書いたものである。この言葉は、それが書かれた一九世紀同様に二〇世紀の男の理想にも当てはまった。この本は、すでに述べたようにあらゆる営みにおいて、個人の努力によって成功を達成するための実際的マニュアルになると想定されていた。真のジェントルマンは、強い名誉の感覚を持ち、卑劣な行動を慎重に避けると論じられた[*8]。この本では、それが、エリートに対してではなく一般の人々に向けられていた。政治家、将軍、医師、芸術家といった社会にインパクトを与えた人々の例話によって、『自助論』は世界中で成功を収めた。

しかしながら、社会を機能させる基礎としての男らしさは、単に適切な心持ちにのみ依存していたわけではなかった。と言うのも、健全な精神は健全な身体に宿るものであるからだ。第5章で言及したように、一九世紀末までに多くの中産階級の男たちが、自分の身体を強く意識するようになり、イギリスの労働者階級の男たち自身の間でも同様に、身体を訓練し作り上げることへの支持が高まった。[*9] そのことが、労働者階級を標準的な男らしさに適応させ、その成員をより生産的にするだろうと期待された。

〈健康と体力連盟〉という労働者階級と下層中産階級による組織は、「汝の魂と同様に身体を神聖にせよ」をスローガンとして、設立の五年後の一九一一年、その会員は一万三〇〇〇人であったが、三五年までには会員一二万五〇〇〇人となり、一〇年の年報は、およそ九万人の若者の目に触れた。[*10] 年報による推定では、〇八年には一〇万人の身体の練成者がイギリスにいたのだが、その見解では、大陸よりもはるかに少なかったとされる。[*11] 年報は、男たちを「非常に美しく、強く、高貴に」[*12]するために、愛国心を男性身体への崇拝と結びつけた。イギリスは国際的な運動競技では成績が悪かったので、愛国心に基づいて人種としての水準を高めようとしていたのだ。労働者階級の若者たちも中産階級の若者たち同様に、男らしさを正しく機能させるために身体を鍛えた。ここでいう美しさは、調和のとれたプロポーションを手に入れることではなく、力強さや筋肉を発達させることと混同されているように思われる。

他国での労働者階級への男らしさの理想の浸透を記述することは、さらに難しい。しかし、ドイツ人の労働者もまた、世紀転換期には男性の身体の潜在的な美と力強さを意識し始めており、第6章で見たように、広く多様な労働者のスポーツ組織が、彼らの健康や体力を育成していた。大恐慌下で刊行されたジークフリート・クラカウアー[†1]の著書『被雇用者』(一九三〇年)によれば、誠実さの証としての男性の美は、職に就くことを容易にするものであった。クラカウアーは、こういった賃金労働者をプロレタリアートとも中産階級とも定義せず、本書の関心に沿うかのように、男らしさの理想の拡大を再び記録した。「どうしたら美しくなれるか?」と問いかけた新聞広告が、女の被雇用者だけにではなく、男の被雇用者たちにも向けられた。少なくとも部分的な動機としては、失業を恐れて、スポーツへの熱狂が新たに男たちに生じ、女たちは美容室へ訪れるようになったと書かれている。[*13] 外見は確かにいつも雇用を得るためには重要であった、特に、公衆に接するような仕事の場合には(引用したクラカウアーの意見は、ほとんどが小売業に関するものであった)。ここで、我々が関心を向けてきた「真の男らしさ」は、生計を得るために決定的なものとなっている。

ドイツの医師は、男らしさのステレオタイプを推し進めるのに常に重要であったが、彼らはまた、男らしさの中産階級のパターンを下方の社会階級に広める役割を果たした。ここで、ドイツにおいてビスマルクが始めた労働者の保険制度が、政府が定めた医師の診察を受けるよう労働者に強いた。その際、たいてい、彼らは単に医学的な診察のみならず、個人的な衛生についての助言も受けたのだが、それには品行上の決まりも含まれていた。「道徳上の病」と身体の病は、イギリスでもドイツでも密接に結びついていた。[*14] 世紀末の対抗的タイプを特徴づける退化という「病」において、まさにその両者の病が結びついていたように。

　ドイツでの男らしさに関する教育は、教育方法の違いにもかかわらず、多くの点でイギリスの少年たちの教育に似通っていた。これについては、少年たちが生産的な男性になる過程において読むこととされた物語群によって明らかにできる。そういった物語群は、善戦や冒険に満ちた生活を題材とし、同時に共同体精神を植えつけるものだった。

　ここで、中産階級社会の支配下にある男らしさは、攻撃的あるいは軍事的でなくてもよかった。例えば、〔ドイツの少年冒険小説家〕カール・マイの本は、多くがネイティヴアメリカンを登場人物としたもので、一九世紀末から優に第二次大戦後に至るまで、ドイツのあらゆる階級の少年たちにとって圧倒的に人気のある読み物であった。それらは、非常に平和的なもので、主人公は、オールド・シャターハンドと呼ばれる猟師で、強く男らしく、しかし、可能な限り戦いを避けようとするのだった。オールド・シャターハンドは、火器や剣によってではなく、法や秩序に適切な敬意を払うことで、平原を制するのであった。悪人を打ち負かした際には、殺すことなく、裁く者の前に連れて行くのである。マイは、最も適した者が生き残り、弱い者は強い者に従わなくてはならないと信じていた。しかし、彼の社会進化論《ダーウィニズム》は、最後に勝利するブルジョワ的価値と慈愛の中に埋め込まれていた。

　北アメリカの平原に住むマイのヒーローたちの生活は、彼の故郷ドイツでなじみのある中産階級社会にそっくりであった。さらに、マイの小説は、敬虔主義の伝統に特徴づけられており、それは、勝ち誇ったヒーローたちを時としてとらえる残虐性を和らげるのを助けた。[15] 彼の物語を満たしていた道徳性は、同時代にG・A・ヘンティというイギリスで最も人気があった少年小説作家の物語に見られる道徳性とそれほど異なるものではなかった。ヘンティの主人公は「キリスト教徒であり男らしく」、すなわち、主人公の若者は、自分自身のことより、他の人々のことを考え、第一に義務を遂行し、女たちを助け、子どもたちを幸せにするために献身する覚悟がある。そんな主人公は社会的成功にふさわしい。[16] それと並んで、イギリスの少年週刊誌や人気冒険小説によって広められた男らしい活動の理想はほとんどの階級で読まれたが、しかし時にそれらは残虐なものにもなった。外国人はひどい扱いを受け、バルパライソ〔チリ〕でラテン系のバーテンダーを拷問にかける権利や、あるいは、イギリス人少女をいやらしく触ったからという理由で、ヘブライ人（ユダヤ人）の宝石泥棒を絞首刑にする権利が自分たちにあるのか、主人公たちがためらうことはなかった。[17] 冒険物語はしばしば外国人に対して厳しいものであったが、ここでも、再び対抗的タイプが登場したのである。ドイツの少年小説にも同じような攻撃性があったが、最も人気のあるものは、イギリスにおける類書のように、ある種の騎士道精神によって和らげられてもいた。

　とはいえ、ドイツにおいて騎士道精神の伝統はわずかな役割しか演じていなかった。その代わり、主人公たちは――ルートヴィッヒ・ガングホーファーの世紀転換期の人気小説においてそうであったように——優しい心を持ち、弱き者を守る原石のダイヤモンドであった。マイの主人公たちは見かけも恐ろしく、熊のようでもあったが、彼らは極悪な敵に対してさえ、慈悲の心を持っていた。厳しく傲岸な男らしい構えは維持されたが、その中に、恐ろしさを緩和するような、キリスト教的でありブルジョワ的である核が含まれていた。

だが、このような緩和をあまり強調しすぎてはいけない。フェアプレーは、通常ドイツの英雄の構成要素として重要ではなかった。もし、ファシズムがイギリスで失敗したのは、その暴力的戦術がゲームのルールを破ったからであるという、レスリー・スッサー〔の分析〕が正しいならば、そういったルールはドイツには存在していなかったことになる。[*18] ドイツの社会構造と政治的伝統は、イギリスとは異なっていた。ドイツの男らしさの機能には、より鋭い刃が与えられていたのである。何よりイギリスにおいては、愛国主義と軍国主義の間の結びつきはほとんどなかったのに対し、ドイツにおいては、軍隊と退役軍人協会が男らしさの理想を国民の幅広い層に広め、制度化するのに重要な役割を果たしていたのだ。

例えば、いわゆる軍人協会は、ナポレオンに対するドイツの解放戦争後に設立されたが、ドイツの統一戦争後、急速に大きくなり、第一次大戦前夜までに、およそ三〇〇万人のメンバーとなっていた。[*19] 彼らが公的な場に登場したり、行事を開催することで、さらに多くの人々が影響された。メンバーの中心は、下層中産階級であり、労働者階級（職人や地方労働者たちが目立っていた）であった。そのイデオロギーは、ナショナリスティックで、軍隊を好み、男らしい軍人的精神を育成するものであった。メンバーは、死を賭しても皇帝と祖国への忠誠を尽くし、大胆で勇気があって、決然として、強く、タフな意志を発揮することが求められた。[*20]

　第一次大戦後の〔ドイツの〕退役軍人たちはこの伝統を維持し、愛国主義と男らしさの合成物に人種主義を加えた。政治的右派による準軍事的運動がヴァイマール共和国で重要となるよりもはるか以前から、ドイツとイギリスにおいて男らしさの伝えられ方が異なることは明らかであった。もちろん、そこには類似性もあるということも忘れてはいけない。男らしさはドイツにおいてさえ、必ずしも攻撃的であったり軍事的であったりするものではなかった。とはいえ再び教育を見てみると、支配エリートを訓練する方法についてのドイツとイギリスの相違は際立っている。

　ドイツの中等学校――いわゆるギムナジウムは、エリート育成を想定されていたが、このタイプの教育には、ほとんどイギリスのパブリックスクールとの共通点がなかった。イギリスの少年は、服従ならびに支配を学んだ。最初に彼らは監督生（その多くは最終学年の少年）に仕え、後に彼ら自身が監督生になっていった。しかも、生徒たちは、教師によって干渉されることなしに監督生によって訓練された。彼らは早くに自己規律と責任について訓練の中で教えられた。それは、生徒たちが大人たちの厳しく柔軟性のないしつけのなすがままになっていたギムナジウムとは異なっていた。

ドイツのギムナジウムには、日常生活では普通の男でありながら、「生徒の前では神のように振る舞う」教師たちが数多くいた。[*21] こういった学校が多くの忌まわしい記憶を残していたことは驚くに当たらない。世紀転換期の若者の反逆は、結局、抑圧的社会の象徴としての学校に直接向けられたのである。一種の軍事的訓練と兵舎での物言いとが、教室を侵害した。そして、「教授」という称号がギムナジウムの教師に与えられたことは、単に、教師と生徒の距離を広げただけであった。ドイツの学校の少年たちが、彼らの学校生活の苦い思いを、小説や演劇を装いながら書いたのももっともなことであった。現に、ヘルマン・ヘッセやトーマス・マンといった有名な作家たちが、学校生活における息詰まるような雰囲気やサディズムを激しく非難した。ギムナジウムでは、服従と懲戒が重視された。それらは性格の訓練でもあった。しかしまた、最終的には、暴君たちに直面する生徒たちの間には友情があった。

そうした教育を支持することを期待された右翼の政治運動でさえ、結局はそれに不満を持つようになった。例えば、ナチスは、国の将来のリーダーを作り出すことを企図した国営寄宿制男子校を組織化しようとした時、イギリスのパブリックスクールに強い影響を受けた。これらの国民政治教育機関《ナポラ》は、新しい帝国に奉仕する「新しい男たち」を作ることを期待され、そこで、少年たちに教え込まれたのは、自己統制、命令と行動への愛、犠牲への意志といった兵士の諸徳であった[*22]。ナチスはこの目的を成し遂げるために、非常に意識的にイギリスのパブリックスクールのいくつかの方法を採用した。ナチスのエリートの若い成員は、服従と命令の両方を、集団の内部でともに行使することによって学ぶとされていた[*23]。これは、とりわけ、イギリスの教育原理がナチスの施設によって採用されたことを物語る例である。さらに、イギリスのそれと同様に、教師だけでなく生徒も、学校全体がスムーズに機能することに責任を負っているものと見なされていた。たとえ方法は違っていたとしても、ナチスの寄宿学校でイギリスの学校と同じ授業内容が行なわれた、と考えていたイギリスのある校長は、逆の理解をしていたのだ。すなわち、イギリスの学校の手法やそこで共有されていた男らしい徳が、人種差別政党と民族に役立てられたのである[*24]。おそらく、イギリスに対するヒトラーの憧れが、こういった親イギリス志向に一役買っていたのかもしれないが、多くのナチの指導者たちの経験も同様だった。彼らは、自分たちを排除した伝統的なギムナジウムによって示される体制に対する反逆者であると、自らを考えたことがあった。

　ドイツの大学における学生のフラタニティには、決闘や飲酒、自分たちの社会的規範や規則や儀式といったものがあり、そこでは、ギムナジウム以上に男らしさの一般的な教育がなされていた。それは、イギリスのエリートを訓練したオックスフォードやケンブリッジの学寮よりもはるかに乱暴な雰囲気と環境を提供していた。さらに、一九一八年まで大学生はみな、徴兵を免除されていたが、一年間は兵役に就かなくてはならなかった。その一年間の兵役は地位のしるしであり、経験した者は、予備役の中で自動的に将校に昇進した。教師や専門職に就いた者は、誇らしげに自分の名刺に軍隊での肩書きを印刷していた。学生に影響力を行使しようとするドイツの軍隊の試みは、イギリスの状況とはまったく異なっていた。軍人精神は、イギリスのエリート形成に、何の意味も持っていなかった。

一九二八年の秋季開講の際にミュンヘン大学でなされたスピーチは、第一次大戦後に、訓練と服従への信仰が継続していることを示す典型的なものであった。ドイツは、諸君たちの肩に大いなる責任を期待している、自由で高潔で独立した男になるために意志と心を鍛えるように、と。ここまでは、イギリスでもありえただろうスピーチであったが、しかしそれは次のように続けられた。「自由、真の自由は、内面にあり、情熱やエゴイズムはそれに対立する」[*25]。こういった内面の自由は、言論および行動の自由といった要求には無関係となりがちであって、その文脈では、情熱やエゴイズムに対立するものは、既成の社会や国家に奉仕する自己規律を意味した。ここで、男たちを作り上げる理想は（大学に入学を許された女性はごくわずかだった）、ギムナジウムで行なわれたものと実際、変わらない方向性を示していた。ドイツのブルジョワ・エリートは、イギリスのブルジョワ・エリートと共有する適切な諸価値をすべて受けいれていたが、その諸価値に、軍隊的な歪みを与えた。そこでは、服従と規律が個人の責任に取って代わろうとしていた。ドイツの教育者たちは、一八世紀における人文主義的ギムナジウムの起源にあった個人の自己陶冶という理想から程遠いところまで、迷い来てしまっていた。

しかしながら、他の男性集団――聖歌隊、体操クラブ、文化や慈善、あるいは純粋に親睦目的の団体――は、こういった例にならう必要はなかった。これらは、個人が参加し、自分の意志で去ることのできる自発的な団体であって、ほとんどが自治的なものだった。個人主義がそれらの前提であって、[26]我々が論じてきたような教育組織とはまったく異なるものであった。こういった諸組織は、男性同盟《メンナーブント》と呼ばれていたが、概して、少年を男にするというような、明確な教育的目的は考えていなかった。[27]ドイツは、中産階級と下層中産階級の男性同盟のネットワークに覆われていた。イギリスもまた、国家や文学、芸術に関する話題が議論されたロンドンクラブのような男性組織のシステムを持っていた。上流階級のイギリス人は青年期と成人してからのほとんどを男性仲間の間でだけ過ごした。しかし、これはほとんどの西洋社会に当てはまるものであって、そこでは、女性は、上流階級の教育制度から、また、社会や政治を動かすいかなる役割からも、分離され排除された。ただ、イギリスやドイツは、男性組織が制度化されていたという点で例外的な存在であった。

安定したブルジョワ社会の不可欠な要素としての男らしさは、ブルジョワ社会の主要な特徴となってきた男らしさのダイナミックさを疑問視するようになった。一九二九年にドイツ表現主義の作家クルト・ピントゥス†2と共産主義者の批評家バラージュ・ベラ†3の間で、いわゆる男性的文学についての論争があった。確固として決然とした男らしさというバラージュの定義は第6章で引用したところであるが、その論争が、この問題を説明している。ピントゥスにとっての男らしさは、何らの幻想も持たず、人生に対する即物的な態度を取ることを意味し、それと同時に粗野にして無骨《デルプ・ウント・ラウ》な性質を養うことを意味していた。*28 ピントゥスは、こういった男らしい態度を、彼が「弱くて女々しい」と呼ぶ表現主義の若者たちの叫びや、自分の強さを自慢するナショナリストたちの男らしさと対比した。*29 彼の男らしさは、ブルジョワ社会に、そして節度と節酒をも含んだ男らしい振る舞いや態度に、合致しているように思われる。そこでは弱さを見せることも、わずかに女々しさが疑われるようなことも男を台無しにするのである。

バラージュはこういった男らしさの定義を攻撃し、真の男らしさにあるべき決然たる関与や妥協のない倫理的な構えを問うた。*30 バラージュは自らのコミュニストの観点から疑問を呈していたのだが、それは、ナショナリストによっても同じようになされうる問いかけだった。ピントゥスは、近代的な男性性の定義の不可欠な部分であった、より高次の大義へ従うことを単に見落としただけではなく、それを否定したかのように思われる。しかし、情熱的な関与、しかも何らかの極端なものは、おそらく国家的な危機の時代は別として、ブルジョワ社会ではほとんど存在する場所がなかった。概して、ありのままに物事をとらえ幻想を持たない方が、現実的でよりよいように思われた。男らしさが日常生活の一部分、社会が平常に機能することの一部分となった時、自発的なもの、大義への情熱的な献身、不死鳥のような男らしさの側面を捨ててしまうことが、その代償であった。そこには英雄たちが存在する余地はなかった。

男らしさの理想は常に目指すべきゴールであった。しかし、穏やかな日常生活や、戦争と対極にある平和な時代の社会を営んでいく際に、その理想を試す機会はめったになかった。残されているのは、人々が識別できるような外見と徳のステレオタイプだった。それは、正しい道徳性を象徴する適切な身体を幸運にも有している男たちにかなえられるようなものであった。結局、正しい教育や身体的鍛練によって、国民性を反映する、「端正なイギリス男性」や格好のいいドイツ男性になることはそれほど難しいことではなかった。我々がその起源と発展を分析することを試みてきた男性のステレオタイプが、その優越性を主張していた。そして時折、第一次大戦時のように、このステレオタイプの隠れていた諸特徴が表面化した。第6章で見たように、オルタナティヴな男らしさが提案されることもあった。しかし、判断の規準としての、また、近代ブルジョワ社会を表現するものとしてのステレオタイプは、たとえ低音においてでも、常に、その重要性を保ち続けていた。

こういった男らしさの理想は、近代文化の中心にあると言われている家庭生活とともに、ブルジョワ社会を運営するためだけではなく、定義づけるためにも不可欠なものと考えられた。とはいえ、我々が見てきたように、男らしさは、家族によって押しつけられる束縛から逃れようとしがちであった。シラーの詩「騎士の歌」は近代的な男性性の始原に位置するもので、それは、日々の生活の重荷を脱ぎ捨てた人間の自由を称賛したものであった。一九二四年に〔青年運動・男性同盟の理論家〕ハンス・ブリューアーはドイツ青年運動を称賛する中で、男性の創造性は男たちの仲間意識の中でのみ花開くことができ、家族は男性の精神を破壊すると主張した。彼には一定の支持もあったが、批判もされた。彼は、民族の健康を害する同盟、サルたちの同盟を提唱していると非難されたのである。[*31] こういった論戦が、日常生活が要請するものと男らしさとの間の緊張を消し去ることはできなかった。両者の不穏な関係は、第三帝国で頂点に達することを、我々は見るだろう。第三帝国は、近代国家として初めて、大いに自らを男性同盟と見なしたのにもかかわらず、なお家族を促進し維持することを望んだ国家であった。

しかし、日常生活に統合されて、鋭い角を取り除かれた真に男らしい男性は、前述のほとんど良き家庭人となっていた。ホモエロティシズムのそしりを、さらに悪い場合は、そうした男性志向の社会の中ではすぐに出てくる告訴を回避するために、実際、「端正なイギリス男性」や彼のドイツ人のいとこは、家族によって取り巻かれていなくてはならなかった。ドイツにおいてブリューアーは例外的であって、概して、家族生活と真の男らしさは折り合いがつけられ、適切に秩序づけられた社会の前提とされていた。この折り合いは、女性の地位に依拠していた。女性が男性に従属している限り、そして両性の相違があらゆる観点において明らかである限り、責任と対になっていたとはいえ、男性は一定の自由を享受した。しかし、もし世紀転換期の女性の権利獲得運動のように女性がより大きい独立を切望するならば、男性は、いわゆる生まれ持っての優越性が脅かされ、また、その個人的な自由が不当に制限されたと思うようになる。彼はもはや、家族の唯一の司令官ではなく、また自分の面倒だけ見ているわけにもいかなくなるのだ。

女性の権利獲得運動の結果として、二〇世紀初頭に女性の地位は、男たちの間に不安を引き起こすのに十分なほど変わった。戦争が終わった時に大部分は解雇されたのだが、第一次大戦の間に多くの女性は家庭の外で働き収入を得た。それどころかさらに新しいタイプの女性、嘲笑の対象にされたことをすでに言及してきた「新しい女」が登場したように思われた。[*32] にもかかわらず、実際には、まだ男性の優越性はそれほど重大な危機にあるわけではなく、家族と真の男らしさの間の緊張はコントロール下に保たれていた。近代史の叙述は、平等を求める女たちの戦いに集中しており、女たちの間でさえその地位に関する伝統的な観点が支持され続けてきたという文化の底流を無視してきた。大衆文学が我々に教えてくれるのは、一般的に受けいれられている態度である。そうしたものを、より洗練された作品は教えてくれない。洗練された作品は変化の担い手であり、より人気のある作家は概して非常に保守的であった。すなわち、大衆文化は伝統となお結びついていた。その事実を社会が無視することは、危険なことであった。

アグネス・ギュンターの『聖女とその道化』（一九一三年）は、ドイツの長年のベストセラーの一つであり、戦間期に何十万部も読まれ、最も人気のある古典よりも普及した本である。この本は実際おとぎ話で、その中心的な登場人物は若い王女で、異世界の雰囲気をかもし出していた。そこでは、人々は繊細で、純粋な感情を持っていて、その地からは卑劣なものは永遠に追放されていた。王女は、彼女の愛する将来の夫、背が高く誇らかに確固として男らしく闊歩する男性を崇拝した。王女は親しみを込めて、小魂《ゼールヒェン》ちゃんつまり「小さな魂」と呼ばれた。その名前は単に彼女の持つ透視能力だけではなく、彼女の全人格を反映したものであった。実際、この親しみを込めたニックネームは彼女の従順さや繊細な神経、純粋さについて雄弁に語っている。

ギュンターが女性に関して描き出した態度は、より控えめなものであり、疑いなく戦間期に最も人気のあったドイツの作家の一人であったヘートヴィッヒ・クルツ＝マーラーのような絢爛たる文章や大袈裟な表現はなかったが、それに匹敵するものであった。体制に対するギュンターの勇気ある姿勢（彼女は公式の作家協会に入ることを拒否した）ゆえに、ナチスはギュンターの本を禁じようとしたが、強いてそうすることはなかった。作家の人気でナチの検閲を打ち負かした稀なケースであった。[*33] 彼女の小説は、女性たちが上品で、控えめで、心の底からの優しさを示すラヴストーリーだった。他方、クルツ゠マーラーが説いたのは、品性の欠如、不安定、自堕落といったものの防波堤としての、固い家族の絆の必要性であった。彼女は、男も女も慣れ親しんだ場所にいる幸福で健全な市民的世界を描いたのである。

ドイツのみではなく、イギリスやその他のほとんどのヨーロッパの国々には、非常に人気のあるこういった小説があった。時にそれらは、さまざまな設定、さまざまな特徴を有したが、しかしその結末はどれも同じである。戦間期に人気があったイギリスのいわゆる砂漠ロマンスにおいては、王族で、男盛りで、魅惑的な男が、腕力で女たちを支配する。[*34]しかし、こういった女たちは異議を唱えることはなく、自分たちの意思を強制的に屈服させられた後でさえ、主人に忠実であり続けた。ここには、クルツ゠マーラーの恋愛物語では考えられないことだが、暴力と一定の残虐性がロマンスに付け加えられていた。しかし、こういった小説の発行部数を伸ばしたのは、まさにヒーローの活躍であった。それは、映画という新しいメディアにお誂え向きのものであり、一九二〇年代の中葉から終わりにかけてセックスシンボルとしての男性映画スターが台頭した。

ルドルフ・ヴァレンティノ[†4]は、典型的なロマンスを体現し、女性の性的な想像力を刺激すると言われていたヒーローであった。[*35]ヴァレンティノは、強引な男であったが、彼のダンサーとしての身体と物憂いポーズは真の男らしさというよりも、両性具有的な美しさを示すものであった。その美しさは、男性的野蛮さにほとんど女性的な優しさを結びつけたものであった。ヴァレンティノや多くの彼の模倣者たちは、男らしくない「にやけ男」として、他の男たちによって攻撃された。[*36] しかしながら、こういった両性具有の男らしさは、将来を、すなわち本書の最後に我々が見るようなもう一つの世界大戦〔第二次大戦〕後の時代を指し示している。そこにおいて、こういったジェンダーの混交はもっと容易に受けいれられるのである。今のところは格言に言うように、「男は男」であった。また、「女々しい男よりも男みたいな女に支配される方がまし」であると言われた。[*37] しかし当時、初期の映画のヒーローの大部分が真の男らしさを表現している限りそういったことが起こる危険性はなかった。

ここまでに論じてきた文学は、通常、女性によって女たちのために書かれたものであり、女たちがまた読者層の大半を提供していた。こういった女たち自身、多くは女たちの伝統的役割を内面化しており、同時に、ヴァレンティノやラモン・ノヴァロ[†5]の男盛りで独占欲の強い行動に喝采した。確かに、彼らは、小説の中の王族の男たちよりは残酷でも乱暴でもなかった。[*38] 社会慣習は、男性のイメージと対極にあるこの女性のイメージを支持した。フランスの作家のラシルド[†6]が我々に語るには、たぶん誇張もあるのだろうが、彼女の若いころ、一八七〇年代初頭に、娘たちはワインを飲みレアに焼かれた肉を食べることを許されなかったし（明らかにそういった特権は男たちに保持されていた）、まっすぐに座り、話しかけられるまで待っていなければならなかったという。伝統的な慣習は、この時代からいくらか緩和されてきた。実際、世紀転換期のパリの注目に値する人物のドゥニ・ド・グールモン[†7]が、ラシルドの本は女性であっても男っぽい散文を書くことができることを示していると驚嘆して書いていた。[*39] にもかかわらず、攻撃もまた相変わらずであった。先に述べたような女性のステレオタイプは、市民的生活の一部であり、そこで男は、家族に結びつけられているにもかかわらず、行動の一定の自由を持ち続けていた。しかしながら、男性の自由は中産階級の道徳性や行動パターンによって制限された。男たちの自由は、砂漠の王族たちのようなものではなく、ギュンターやクルツ＝マーラーの小説におけるように、潜在的には荒々しい男らしさを、社会が適切に機能するために必要な市民的価値観へと飼いならしたものであった。

II　同性愛者やユダヤ人への波及力

近代的な男性性は長い期間にわたって、うまく制度化されていた。それへの対抗的タイプも、一九世紀末以降、挑戦をし続け、第一次大戦後にはさらにその度合いを増しつつ、目に見える存在であり続けていた。しかし、再び、標準的な社会とそれに伴う「真の男らしさ」は、どうにか新しいものを吸収し刺を抜いた。こうした動きは、社会それ自体の強さによってだけではなく、真の男らしさを支持している合意によって支えられた。先に見たように、そうした合意は、右翼あるいは左翼の敵対者たちの間でさえ普及していた。

女性の権利獲得運動は、一九世紀末以降ブルジョワ社会における男性の地位に挑戦してきた。とはいえ、運動の先端の過激派に属する多くの女たちでさえ、自分たちの女らしさを強調し、自分たちを母親になるべく運命づけられていると見なした。しかしながら、イギリスでは一八九〇年代から、ドイツやフランスではもう少し遅く、異なったタイプの女性が、同じ程度かそれ以上に切迫した脅威となって現れた。このいわゆる「新しい女」は、性別も家庭も母性もないように思われ、イギリスの大衆紙に尽きない娯楽のネタを与えた。しかし、第一次大戦後に至ってようやく、「新しい女」は真価を発揮するようになり、その目立つ外見と平等の要求によって、すべての男たちに挑戦した。短い髪、男性的な服装、そして咥《くわ》えタバコといったものによって、彼女は、ジェンダーを消し去っているように思われた。フラッパー（イギリスでは「新しい女」はこう呼ばれた）は、少年のような見た目にすることによって、彼女の性の特徴を壊したと言われた。付言するなら、男性という性の特徴も同じく壊したとも言えよう。

フランスには、ラ・ギャルソンヌという独自のフラッパーがいた。それは、ヴィクトール・マルグリットが一九二二年に書いた小説の題名から付けられた呼び名であった。ラ・ギャルソンヌは、髪を短く切ってテーラードスーツを着てますます男のような外見をしていた。[*40] 彼女がいかに解放されていたとしても、最後に、彼女を死から救ったのは一人の男の英雄的行為だった。マルグリットの描いた、はっきりとしたジェンダーの区別を剥奪された「新しい女」が感じたとされた失意や孤独をもってしても、彼女が示した新しい女のスタイルの進展を止めることはできなかった。人間が男でも女でもなくなり、伝統的なジェンダーが消滅し、「真の男たち」によって担われてきた社会を動かすという同じ役割が女たちに与えられる第三の性の到来は近いのだろうか？

「新しい女」は、フランスやイギリスの男たちにとってもドイツの男たちにとってとまったく同じ問題を引き起こした。そういった女は、男性が目覚めさせ楽しめるような性的な感情を持ち合わせていないように思われた。『ベルリン画報』は膨大な発行部数のあった雑誌であるが、二〇世紀初めに、「新しい女」たちの中に未来の女性を見ていた。そこには、以下のように書かれていた。何物も、彼女たちの勝利への行進を遅らせたり妨げたりすることはできない。今日、彼女たちは議員にも、法律家にも、あるいは、非情な判決を言い渡す裁判官（「運命の女《ファムファタル》」からの影響）にもなることができる、と。こういう女は、男の喜ばせ方も愛し方も知らない女たちであり、過去に奴隷のように扱われた復讐として、男なしで済ませられることを証明していた。[*41]

第一次大戦後、「新しい女」は、ドイツの政治的右派からも左派からも、広く共通に注目を引いた。第6章で述べたように、社会主義的傾向を持つ人たちがみな、ボブカットを進歩の兆候と見なしたとは限らなかった。オットー・ディックス[†8]は、シルヴィア・フォン・ハルデンというジャーナリストがベルリンのカフェに座ってタバコを吸っている容赦のない絵（【図1・2】二一頁参照）を描いた。彼は彼女の攻撃的な顎、女性的な外見を思わせるものをすべて隠蔽しようとする意志、短いドレスの一部を子宮を隠すように手で覆うさまを強調した。

ディックスの当惑した擁護者たちは、その絵は、実は、女性ではなく知識人たちを攻撃したものであると論じた。というのも、彼女が座ってタバコを吸っていたベルリンのカフェは、知識人たちが好んで会合場所としていた所だからである。シルヴィア・フォン・ハルデン自身は、ある日街路でディックスが、「私はあなたを描かなくてはならない。ただ、そうしなければならないのだ。あなたは、まったく新しい時代を代表しているから」と言って、彼女に呼びかけたことを覚えていた。ディックスは、女性の表面的な美しさではなく、彼女の心理的な状態への関心から絵を描いた。[*42]そして、その心理的な状態は、期待の持てるものではなかった。心理学的な関心にどれほどの重きを置いて解しようとも、ここで、「新しい女」のステレオタイプを作り出したのは、伝統を守り続けようとすることに慣れた右派の画家ではなく、アナーキズムに傾いた左派の芸術家であった。

「新しい女」は、来るべき事態の先駆者であった。とはいえそれは、直近の未来のではなく、一九六〇年代の先駆であった。一九六〇年代には、伝統的な男らしさのイメージは侵食され、よりラディカルなフェミニスト運動の成功が用意されているように思われた。しかしながら、その頃でさえ、伝統的なジェンダーイメージはひどく傷つけられていたとはいえ、いまだにそれなりの位置を占めていた。ドイツのクルツ＝マーラーやイギリスのバーバラ・カートライトの系譜にある恋愛小説の絶えることのない人気にその証拠がある。第一次大戦後の「新しい女」は、その時代を特徴づけるよりも、未来の前兆であった。しかし、当時において男たちは、「新しい女」を自分たちの支配に対する深刻な挑戦と見なしていた。

一九世紀末以降ずっと、真の男らしさに対する最も切迫した挑戦の一つは、解放された女性から生じていたのだが、男らしくない存在（いわゆる女っぽい男）は、男らしさの適切な機能に対する脅威を倍増させるものであった。「男らしくない男」という亡霊は、近代的な男性性の誕生から、それに付きまとっていたものである。例えば、一九世紀初頭の軟弱な洒落男や、その後のデカダンな男のように。後者は決して消え去ることはなかった。オスカー・ワイルドはイギリスで監獄に送られたかもしれないが、彼には、イギリスのみならず、ヨーロッパ大陸中にも多くの後継者がいたのである。「新しい女」の兄弟、退廃的な芸術家やカフェの常連、あるいは、けだるいポーズをした咥えタバコの彼らは、二〇世紀的退廃と考えられていた（ここでは、「新しい女」の場合と同様に、タバコが男らしいパイプや葉巻に対立するものとして、堕落のシンボルの一つとなっていた）。

しかし、その時、男らしくない男たち、すなわちモンテスキュー伯爵の末裔たちの幾人かが、彼らの最初の同性愛の公刊物において、自分たちを真に男らしい者として表現しようと試みた。これは、理念的理由と実用的理由の両方によるものであった。同性愛者の擁護者たちの幾人かによっても推進された、同性愛者たちは男の体に女の心を持っているとか、彼らは多かれ少なかれ第三の性となっているとか、そういう考え方が、広く否定された。

例えば、ドイツ初の、そして長期間刊行された同性愛の雑誌であった『主体者《デア・アイゲネ》』（一八九八～一九三三年）は、戦闘的な男らしさを奨励した。そのオーナーであり編集者であったアドルフ・ブラントは、彼が生きた、強い男たちや強い君主たちへの尊敬を欠いた男らしくない時代を嘆いた。文章に添えられたイラストは、標準的な刊行物に見られるような若々しい男らしさにあふれたものと同じであった。ただし、男たちの幾人かが裸であったり、お互いに愛情を示したり、メインストリームのメディアでは許されないようなポーズを取ったりしていた点を除いては。しかし、男たちの身体や振る舞いは、標準的な男らしさの理想と完全に一致するものであった。典型的なことに、多くの寄稿者たちが、女性の解放をより民主的な時代の最も不愉快な結果であると考えていた。[*43]

実際、一九二九年から五〇年間にわたるドイツのゲイ雑誌から無作為に恋愛小説を取り出してみると、相変わらずの男性のステレオタイプが見られる。ブロンドで背が高く引き締まっていて彫りの深い顔立ちの、ヴィンケルマンの理想を満たす「美しい若い男」たちが満ちているのである。標準的な男らしさは、挑戦されたというより、むしろ肯定されたのである。[*44] 古典的な美の礼賛と同性愛を正当化するギリシアへの度重なる言及は、ドイツのみならず、イギリスやフランスでも同様に、男性のステレオタイプの強い再確認に至った。もう一つ、別の例を挙げよう。自身同性愛者であったマルク＝アンドレ・ラファロヴィッチが[†9]、彼の『同性愛《ウラニスム》とユニセックス』（一八九六年）で我々に語るところによれば、女っぽい男は、病的な嘘つきで犯罪者で自分の情動をコントロールできないのである。[*45] 美と男らしさの理想に合わない他の同性愛者に対して、自分たちに向けられた非難を浴びせることは、不幸なことに、同性愛者たちにおいてよくあることであった。

イギリスの性科学者ハヴロック・エリスは、同性愛者が望んでいるものは、美と強さと若さであると考えていた。[*46] それが真実であったとしても、ほとんどの異性愛者たちもまた、同じ聖堂で祈っていたのである。同性愛者の大多数は、この男らしさのステレオタイプに対して、非常に執着しているように思われる。おそらく彼らは、ヴィンケルマンその人がもたらした近代への遺産を最も純粋な形で継承していたのだ。『主体者』誌に見られるような男性の姿が、毛深くない体とギリシア的な横顔をもって、これを証言している。このような男たちが標準的な男のステレオタイプに魅かれたということは、さほど不思議なことではない。本書を通して見てきたように、そのステレオタイプは、ヴィンケルマンの遺産の上に形成されたものであるから。当時、ほとんどの同性愛者たちは、実際、男性のステレオタイプを広汎な社会と共有していた。たとえ彼らにとっては、それが人間の美しさを付与する、決して妥協させられてはならないセクシュアルな意味を負わされたものであったとしても。確かに、同性愛者たちは当時の他のいかなるマイノリティとも同じように社会に受けいれられることを望み、実際にそれを追求しており、彼らが真の男であることを証明する強い圧力の下にいた。ここでも現代までの連続性があることの証拠は、一九六〇年代半ばのヴェトナム戦争の間に行なわれた一つのケーススタディに見ることができる。この研究で、アメリカ軍によって二四人の若い同性愛者がインタヴューされており、彼らの多くが、雄々しい行動が強調され、その訓練がなされる軍隊が彼らにとって治療的な経験となることを希望していた[*47]。

明らかに、こういった男たちは、単に標準的な男らしさのステレオタイプだけではなく、彼ら自身に対する醜悪なステレオタイプもまた内面化していた。社会やその働きに参加することは、同性愛者たちにとってある種の治療になると考えられていた。こういった劣等感とそれに符合して正常であることへの願望は、ほとんどあらゆるマイノリティとも共有しているものである。そうした劣等感と願望が目立ったのは、次に見るが、同性愛者たちと同様にユダヤ人たちであった。標準的な社会で受けいれられたいという要求は、マイノリティの自己への信頼感と尊厳を考えると、疑いもなく悲劇であった。と言うのも、どんなに彼らが社会の理想を支持しようとも、いずれの場合でも、彼らが完全に受けいれられることはほとんどなかったからだ。『主体者』誌はこういったことが無駄だった例を提供してくれるのである。すなわち、男らしさの崇拝者であったナチスが、政権を取るや否やその雑誌を発禁にしたのであった。

しかしながら先に見たように、同性愛者たちがみな男らしさの理想を強く支持してきたというわけではない。同性愛を最初に擁護した著述家であるカール・ハインリッヒ・ウルリヒスは、一九世紀の半ばに、「私たちは精神において女性だ」と書いた。[48] また、二〇世紀最初の一〇年間で最も著名な性科学者の一人マグヌス・ヒルシュフェルトは、最初のゲイの擁護団体の創立者であり、彼自身同性愛者であったのだが、実際にゲイは第三の性であると信じていた。彼は男たちと女たちを男の特徴と女の特徴に従って分類し、そして、男も女も両方の性の特徴を持っているとしたにもかかわらず、男らしさと女らしさは明らかに区別されるカテゴリーであると考えた。そして、男性同性愛者たちは真の男性が持つはずであるよりも多く女性的な性格を有するために、男性と女性の間に位置する中間的な性を構成するのだとした。[49] さらに、モンテスキュー伯爵やジャン・ロランのような第5章で論じた男たちは、標準的な男になることなど一切望んでいなかったし、彼らは男らしくないことを誇示していた。また、オスカー・ワイルドは、同性愛に正当性を与えるものとしてのギリシアを拒否し、代わりに、自身の差異性を誇りにしていた。

本章では、標準的な男らしさのステレオタイプを信じる、おそらくは多数派である同性愛者たちについて検討してきた。それは、近代の男らしさの糾合力を論証するためであった。そうした多数派の同性愛者たちは、伝統的に男らしさの引き立て役として見なされてきたが、実際に、純粋な男らしさという名の下にその支持に結集したのである。

ユダヤ人には、どちらかといえば、同性愛者以上に、男らしさの理想を採用する理由があった。ゲットーの生活から解放されたばかりのマイノリティである彼らは、同化のしるしとしてかつ過去の否定として、男らしさの理想を取り入れることができた。貧しく、宗教的な抑圧のあったゲットーの生活（ほとんどの西方のユダヤ人はそう見ていた）は、ドイツの東国境のポーランドの村や町に、あるいは、東ヨーロッパからのユダヤ人移民が密集して暮らすヨーロッパの都市の内部でも、常に眼前にあった。こういった「ゲットーのユダヤ人」（彼らはしばしばそう呼ばれた）は、彼らの宗教的正統主義と同様に、際立った服装と言葉（イデッシュ）を維持しているように思われていた。その生活様式は、標準的な社会から身体も心も相違するものとして彼らを特定するものであった。「新しいユダヤ人」は、彼らの同化に終始付きまとう矮小なイメージに対抗するものとして作られなくてはならなかった。そうしたイメージは、男らしくない男というイメージが同性愛者たちの過去に付きまとうのと同じように、ユダヤ人たちの過去に付きまとっていた。

確かに、同性愛者たちが、社会への統合を求める最も重要な要因の一つは、ユダヤ人の間にも同様に存在していた。すなわち、社会によって作られた自分自身のステレオタイプの内面化と、その影から逃れたいという強い願いであった。近代社会の進歩の中で積極的役割を演じたいという熱望もまた、存在していた。ユダヤ人はほとんど都市に集中し、同じくほとんど商業によって生活していた。こういった要素が「新しいユダヤ人」の形成に決定的な影響を与えた。ユダヤ人は真の男になるために、自然に親しまなければならなかった。一九二〇年代においてさえ、若いユダヤ人は、くたびれた古い血を新しくするためにドイツの農民の女性と結婚するように言われた。ここで、ユダヤ人は概して社会からの偏見を引き継ぎ、青白く、醜悪で、弱々しく、都市の中でごちゃごちゃと暮らし、近親結婚してきた男たちという、彼らのステレオタイプに再び反応した。ちょうど同性愛者のように、退化したものとしての汚名を彼らの敵たちによって着せられた。退化というものは、我々が見てきたように、男らしさの引き立て役であった。あるユダヤ系の刊行物は、夜な夜なコーヒーハウスに集まっていたユダヤ人の青年たちには身体を鍛える気がなさそうな点を非難した。そんなコーヒーハウスからは、明け方に青白い顔をした者たちがふらふらと家に帰っていくのが見られた。[*50]

新しいユダヤ人は、「我々青年が健康でまっすぐな身体を持った成人に成長することによって、ペテン師のユダヤ人というおとぎ話は嘘であることを明らかにする」ものと考えられた。[*51] マックス・ノルダウによる「コーヒーハウスのユダヤ人」と「筋肉的ユダヤ人」

との間のコントラストはすべてを物語っている。ノルダウは、一九世紀末という彼の時代を超えて影響力を持ち続け、新しいユダヤ人を、我々が先に見たように、いわゆる退化と対照的な正常な男として定義した。すなわち、彼らは「朝早く起き、日没前に疲れることはなく、明晰な頭脳と丈夫な胃、そして固い筋肉を持っていた」[*52]。こういったユダヤ人は適切な男らしさを手に入れ、「ゲットーのユダヤ人」とは対照的で、彼らは今や、生産的な仕事に従事し社会の進歩に役立つ能力、体格、姿勢を持った【図7・1】。多くのユダヤ人組織は、世紀末以降、「新しいユダヤ人」を作り出そうとしていたが――彼らの中で真っ先にあげられるのは、ノルダウ的シオニストたちであった――、主流派の組織がそこに加わり、同様に、中央ヨーロッパ中に生まれたユダヤ人のスポーツクラブが合流した。いったん、ナチスがドイツにその影を落とすと、左派リベラルの平和主義者の作家で、自覚的ユダヤ人でもあるアルノルト・ツヴァイクでさえ、新しいタイプのユダヤ人についての称賛を書いた。それによれば、彼らは体格がよく、身体を享受し、鍛えられた筋肉を持ち、アングロサクソンの例にならって、知的な達成と同じようにスポーツを扱っていた。ツヴァイクは、新しいドイツ人として彼が見なしたものを一九三一年に描いたが、彼にとって、このドイツ人が新しいユダヤ人の模範となるはずだった[*53]。その結果、「新しいユダヤ人」は、男らしさの理想をかえって誇張して表していた。そして、男性同性愛者と同様に、「新しいユダヤ人」は、近代の男らしさのステレオタイプを強化したのである。ここで、男らしさはまた、国民のような高い理想に基づきうるものであった。ほとんどのユダヤ人たちは、ナショナリストではなくリベラリストであったのだが。自己抑制、意志の力、「静かなる強さ」が、社会全体にとってと同じように、この集団にとっても男らしさの理想の大きな部分を占めたし、ユダヤ人にとっても男性同性愛者にとっても、男らしい外見や振る舞いが社会への入場券であると見なされた。

図7・1　仕事中の「新しいユダヤ人」。1930年代のキブツ運動で発行された絵葉書。

男らしさの理想は、一九世紀末における最大の挑戦の時代を乗り越え、大戦によって強化され、戦間期にもその優越性を維持した。第一次大戦のずっと以前もその後も、それはしっかりと根を下ろし、象徴として、社会が適切に機能するために想定された本質的な要素として、その道を進んだ。アウトサイダーたちもこの理想を内面化した。理想のために一身を捧げようとする意志は潜在的に常に存在していた。しかし、日常生活やその社会的な機能において、男らしさは、ひたむきな国家的・政治的な参加ではなく、むしろ道徳的な構え——男らしさの諸徳の実践——を反映していた。

そしてさらに、第一次大戦後において、国家的・政治的な象徴としての男らしさは頂点に達した。男らしさの理想は、ほぼファシズムの中心にあった。ファシズムはコミュニズムとともに、戦間期の最も決定的な政治運動になりつつあった。公的な象徴としての男らしさはその新たな頂点に達し、社会的至上命令となった男らしさが、それへの挑戦者たちを糾合し続けた。

第8章　ファシズムの新しい男性

I　イタリアファシズム

近代的な男性性の歴史は今や最高潮に達する。ファシズムの出現以前にも以後においても、男らしさがかくも高みに上ったことはない。国家の象徴あるいは生ける事例としての男らしさの重要性と、それに込められた希望は、ファシズム体制のいずれにおいてもきわめて重要な役割を果たした。男らしさは日常生活を超越する原理だった。男らしさは常に存在していたし、それについては先の諸章で論じてきた。そうした男らしさの諸側面をファシズムは拡大し、装飾を施しただけだった。男らしさのファシズム的理想は、直接的には、第一次世界大戦をもとに築き上げられた。ファシズムは戦争体験の真の継承者を自任していた。しかし、同時にファシズム的理想は、例えばドイツの青少年運動やイタリアの未来派によって提唱されたような、男らしさの他のイメージもまた含んでいた。そうした男らしさの理想が日常生活を超え出る部分をすべて、ファシズム運動は取り入れた。ファシズムは男らしさを、理想として、同時に実践的な方法として、自らの政治的構造を強化するために用いた。それでも、ファシズムの男らしさの概念の中心には、より高次な大義への献身が存在していた。

一九三〇年頃、イタリアのファシスト党の幹部からバリッラ少年団――ファシズムの青年組織――に向けられたスピーチは、より高次な大義への献身が最も重要だということを完璧に表現している。すなわち、「健全な精神は健全な身体に宿る」（日常生活においてまさにそのことを男らしさが強調していたのであるが）というだけでは十分ではないし、学校やスポーツも十分ではない。必要なのは父なる祖国へ献身する意志と熱情に火をつける火花なのである、と。[*1] より高次な大義への奉仕と犠牲は、ほとんど最初から男らしさの定義の一部であり続けてきた。しかし今やそのような要求は第一次大戦のレトリックの中で表現された。この大戦はファシズムの男性の形成や目標に対して最大の貢献をした。エミリオ・ジェンティーレによれば、イタリアの新しいファシズムの男性は、信念に奉仕する十字軍戦士であった。[*2] その信念はナショナリズムという世俗的宗教であった。だが、戦前においても、極端なナショナリストたちは、新たなイタリアに対する彼らの夢を叶えるために、新しい男を創ろうとしてきた。ムッソリーニはファシズムの草創期において、そのような運動に関わっていた。そうした運動が、大戦と並んで、ファシズムの男性のイメージを形作るのに寄与したようだ。

世紀転換期以来のイタリアのナショナリストは、伝統から分離しようとする革命的ナショナリズムを宣言していた。彼ら自身も参加していた世紀末の文学的・美術的アヴァンギャルドと同様、彼らは、現代的な特性《モダニティ》、とりわけ技術によって可能となり、多くの同時代人たちに衝撃を与えた時代のスピードを受けいれようとした。ナショナリズムは、時をとどめるというその伝統的な機能を果たすものと考えられるのではなく、イタリアに革命を起こすことを意味していた。それは、新たなエリートの創造へと導く精神的な革命であると考えられていた。

二〇世紀の初頭以来、未来派は、芸術的アヴァンギャルドと政治運動の両方であり、イタリア・ナショナリズムの中で影響を持ち、かつファシズムの男性の形成にも影響を持っていた。彼らは不変性という考え方に反対し、喜んでモダニティを抱きしめたのだから、古い流派のナショナリストではなかった。未来派が信じていたものは、過去の歴史の重みに縛られたりせず、己の個人的な衝動とエネルギーに依拠してイタリアの栄光を宣言しながら、未踏の空間へと飛び立つことができる新しい男性の創造だった。それにもかかわらず、この新しい男性は規律化されなくてはならない。つまり、時代の新しいスピードを動じることなく受けいれつつ戦いや対決への愛に立脚して、一つの行動様式と世界のとらえ方を通して同志と精神的に一体でなくてはならない。未来派は男らしさ、エネルギー、暴力といった概念を用い、従来型のナショナリズム運動が自身を繋留する錨を下ろしてきた歴史的伝統から離脱しようと模索していた。そして再度、その伝統嫌悪に一見反して、新しい男性は父なる祖国のために進んで戦い、進んで命を捧げようとした。未来派のリーダーであったフィリッポ・マリネッティ[†1]は、そのような新しい男性が持っていなければならない資質についてまとめた。すなわちそうした男性は、動力機関の信奉者であり、書物の敵であって、イタリアの力と栄光を信じると同時に個人的体験を信じる者であるというのだった。[*3] これらの概念は明らかに矛盾し合うものだった。未来派の男が、自律的人格であると言われながら、同時に規律化され、イタリアへの奉仕によって行動の自由に制約を受けていたからである。思い出すべきなのは、未来派の男たちは体系的な思想家ではなく、自発性を信じる芸術家であったことである。

二〇世紀初頭イタリアの他のナショナリストも、新しい男性という観念をもてあそんでいた。その最も重要な評論家の一人であるジョヴァンニ・パピーニは、二〇世紀初頭に書いた自らの評論集を、『Maschilità』（一九一五年）、訳すならば『男らしさ《マンリネス》』と簡潔に名づけることによって、この理想の重要性を示したのであった。同書において、ニーチェが真の男性のモデルとして、すでに第4章・第5章で論じたオットー・ヴァイニンガーの『性と性格』とともに賞揚された。男女ははっきりと峻別されていて、パピーニの分かりやすい言い換えによると、男が力強くエネルギッシュで頑強で誇り高いのに対し、女はかよわく軟弱で温和で涙もろいのである。[*4] 男はブルジョワ的な偶像、例えば家族や学校や女たちの愛から自らを解放しなければならなかった。[*5]それらの偶像を愛することはそれらの召使いになることだからだ。パピーニが主張するには、『Maschilità』は「男たちのために書かれた男性的言説」である。つまり真のイタリアを発見するために既成の伝統を打ち破れと読者に勧告するニーチェのスタイルにおいて書かれていると言うのだ。男たちはロマンティックでない醒めたやり方で、自らを生に投企しなくてはならなかった。彼らはより残忍に、より獣的に、より野蛮になる勇気を持たねばならなかった。[*6]パピーニと、もう一人の重要なナショナリストであるエンリコ・コラディーニは、彼らの雑誌の中で、戦争および精神革命がイタリア統一の過程を完成させるだろうが、〈祖国統一運動《リソルジメント》〉に後続した世代はその仕事に耐ええなかったと書いている。[*7]この考えこそが、攻撃的で堅固（「石と蜜」はパピーニが男女を比較したもう一つの譬《たと》えであった）で、絶えざる運動の中にある、まさにニーチェ的なナショナリズムであった。[*8]

このようなイタリアの「新しい男性」は、ニーチェ的でありながらナショナリストであるという、ドイツの哲学者ならば拒絶したであろう結合をなしていた。新しい男性としてのニーチェ的ナショナリストは、ドイツにおいてまったく知られていなかったわけではない。[*9]しかし、ドイツのナショナリズムはニーチェを用いてはいたものの、その刺《とげ》を抜いてしまっていた。非伝統的・反歴史的ナショナリズムという真にニーチェ的なものを呼び起こす影響力を持ったパピーニのような人物がいなかったということだ。パピーニの本において描かれた新しい男性が、イタリアファシズムの新しい男性に影響を与えた。そしてその時、ムッソリーニその人が、動揺を続ける革命的な伝統から出てきて、第一次大戦中に、パピーニならびに彼の雑誌『ラチェルバ』に多大な讃辞を贈った。このようなイタリアのナショナリストたち（パピーニの考えは他の人々にも共有されていた）は、逆に今度は、未来派と密接な同盟を築いた。これが、イタリアのファシズムとその男らしさの概念に対して持続した影響を与え続けた人々の一群であった。対比するにナチズムは、この種のダイナミズムを欠くナショナリズムであった。

イタリアの偉大さと運命への信念である強烈なナショナリズムは、革命的熱情によって満たされていた。その熱情がイタリアの変革を進んで担う新しい男性を創造するだろう。そのようなナショナリストは、再生をもたらす暴力を信じていた。レンツォ・デ・フェリーチェが論じたように、それはムッソリーニの気質と適合していた。[*10] ナショナリストたちは、第一次大戦へのイタリアの参戦を支持するアジテーション活動において、当時のムッソリーニ同様にこの戦争は革命を促進すると信じて、ムッソリーニに合流した。しかし、ファシズムに対するナショナリストたちの影響は、大部分はインスピレーションを与える程度のものであった。

ファシズムにおける新しい男性は、その愛国者的な熱情と同様にダイナミズムをナショナリストと共有していたが、それにもかかわらず、その男性はまた、未来派の理想に近く、きちんと規律化され自己制御されてもいた。それは、パピーニと彼に続くナショナリストが未来の男性像に与えた言説にはほとんど欠けていた性格であった。

第一次大戦とその結果は、ファシズムの新しい男性の概念の形成において未来派や極端なナショナリストよりも重要であった。政治運動としてのファシズム自体は大戦の産物であり、イタリアファシズムであろうとドイツナチズムであろうと、ファシズムは全体として、自らを第一次大戦経験を継承するものとして考えていた。ファシストの目には、戦争での実際の経験こそ、新しい男性の未来を導くように帰還兵たちを運命づけていると映った。死に直面した者たちは、たとえ無傷で生き永らえていたとしても、犠牲の意味を知っている真の英雄と言われた。戦争という試練をくぐり抜けてきた兵士は、まさにその生命力と人生への愛ゆえに死と争ってきたのだ。[*11] 第一次大戦の栄光化はファシズムのイデオロギーにおいて主要な役割を果たした。戦争の体験は、いかに生きるべきかも死ぬべきかも知らないブルジョワとは対極のものとして、真の男らしさへ導くものであった。とはいえ、この理想化された帰還兵は決して個人主義的ではなく、部隊や仲間と一体であった。

戦時の仲間意識は、すべてのファシズムにとって社会や国家の範型であった。第6章で述べたように、この仲間意識はもちろん男たちの仲間意識なのであり、そのような男たちの絆が国家を支える基礎と考えられてきた。男性同盟《メンナーブント》というドイツ的理想は、しばしばナチスによって喚起されたが【図8・1】、イタリアのファシストもまた、一九二〇年代に

図8・1「競技選手のような男性により、高々と担がれる党」。1937年9月3日から13日の間にニュルンベルクで行なわれたナチス全国党大会の祝賀用に発行された、〈男性国家（メナーシュタート）〉の絵葉書。

おいてムッソリーニが女性の権利に対して一時的な戯れを行なったにもかかわらず、男性同盟でもって国家を考えていた。[*12] 仲間意識は国家全体を包含すると考えられたにもかかわらず、実際のところ関心はファシスト党やその諸組織へと向けられていた。ここで仲間意識は、塹壕の中におけるように自発的なものであり、強制されたものではないと考えられた。そのようなエリートの仲間に参加するには意志の力が必要であり、新しい男性を構築する人間の意志の重要性が再度正当化された。大戦をしかるべき形で体験し、適切な精神を吹き込まれた前述の戦闘員は、新しい男性の原型を表しているファシストの突撃隊、イタリア・ファシスト団（スクアッドリスタ）のメンバーとなった。[*13]

たじろぐことなく死に直面できる能力は、エルンスト・ユンガーの、大戦で形成された男性の新しい種族にとっても鍵となる特徴であり、それは大戦後のファシズムの男性またはナチスの男性たることにとって決定的な契機となった。戦死者、ならびにファシスト党またはナチスの殉教者への崇拝は、ファシスト党やナチスの政治的礼拝儀式の中心に置かれた。そのような死と犠牲についての関心は、戦争自体の産物であり、そして破壊と再生（つまり、古い世界の破壊と国家の再生）への黙示録的呼びかけの産物であった。

　したがってムッソリーニの新しい男性は、戦争体験によって鼓舞されるはずであり、ムッソリーニ自身が絶えざる戦争状態の中にいた。常に軍服をまとい、行進し、身体的鍛練と男盛りを強調するというのは、敵に対する戦いの一部であった。この敵は、国家の力を内側から蝕む退化の脅威であり、一九三五年のエチオピア戦争、三八年の人種法までは、外国の国家やユダヤ人のようなマイノリティを意味するものではなかった。仲間意識、規律、健康の重視には、高潔で倫理的な響きがあった。例えば一九三一年から三八年までファシスト党の書記長を務めたアキーレ・スタラーチェは純潔運動を開始し、いっそう清らかな生活を要請した。ここでもまたファシズムの新しい男性は模範的であり、退化と戦い、振る舞いを通じて、当初から近代的な男性性に付随してきた男らしい純粋さを体現していた。ファシズム青年運動や公的なスポーツ組織に関わった熱心なファシストであるランド・フェレッティは「ギリシア的美と共通するものは何もない」として、ダンスホールの閉鎖まで要求した。[*14]

　人間の身体に対するファシストの関心は特に強調されねばなるまい。近代的な男性性の勃興は、それ以前の男らしさの理想と対立する顕著な特徴として、身体の練成を常に中心に置いてきた。このような考え方もまた、ファシズムにおいて頂点を迎えたのであった。新しい男性の身体は彼の精神をも表現していた。後述するように、美の古典的理想を反映させていた男性の裸体は、ナチスの重要な象徴となったが、イタリアファシズムもより控えめながら同様のことを行なった。かくて、ギリシア的美を伴った若者の裸体は、ファシズム期を象徴するとしばしば語られることになった。また、主要なスポーツ競技場として一九三二年から三七年の間に造られたローマのムッソリーニ広場は、イタリアの各州から一つずつ献納された男女の競技者の裸体彫刻で飾られたことも見落とせない。これらの古典的彫刻は、そのようなインスピレーションが明らかに続いていたことを表しており、この場合は男女双方を包含していた。要するに、良き妻や母になるために、女性もまた強く元気でなくてはならなかったのである。[*15] このことは彼女たちの従属的地位にほとんど変化をもたらさなかった。例えば、運動競技は女性の優美さを増大させる手段と考えられた。一九三一年にはムッソリーニの報道担当官は「過度に痩せて男性化した女性の形態」の図像すべてを諸々の刊行物から削除するように命じた。[*16] よく鍛えられた男性の全裸の身体は、ファシストのシンボルとなったのに対して、ムッソリーニ広場に関して今述べたようないくつかの例外を除き、女性は、少なくとも部分的に服を身にまとい続けた。

ところが、密集した横隊を組みムッソリーニ広場へと行進するイタリアの若者たちを見たドイツ人の一人の観察者の解釈は、あまりにもナチズム的だった。すなわち、スタジアムを取り囲むギリシアの競技者の像に精神も外見も倣おうというのが若者たちの最も大切な望みであると、主張したのである。[*17] 競技や運動について書いたイタリアのファシストは、ドイツ人とは異なり、男性美の形成を常に強調してはいなかった。それでもムッソリーニ自身、イタリア人があたかも「肢体障害を持つ者」であるかのように歩くのを嘆き、イタリア人はまっすぐに歩くことを学ばねばならない、と言った。[*18] しかし、ムッソリーニは、男らしい美に対する手放しの熱狂をどこにも示したことはない。ヒトラーが『わが闘争』で、最も偉大なる身体的美と輝ける精神と高貴なる魂を結合させているがゆえに、美のギリシア的理想は永遠である、と書いた時に示したようには。[*19] 美しいとされている男性の身体をナチスが利用したやり方については後でまた述べる。

外見や身体構造に対するドイツとイタリアの強調の違いは、絶対的なものではなく程度差であった。人種法が一九三八年にひとたび通過しても、イタリアのアーリア人を、ドイツモデルに基づいて創り出そうという試みはあまり成功しなかった。イタリアにおいては身体的鍛練について最も優先されたのは、何よりも規律や秩序感覚を叩き込むことだった。美しい身体の象徴的重要性をさほど中心的に見ておらず、適切な振る舞いこそ本質的なことと見なされていたということであった。身体的鍛練が仲間意識を促進する点は、同様に重要なことと考えられた。この場合、真の仲間意識は大戦においてそうであったように、階級も身分も関係なく存在すると言われた。スポーツが仲間意識を促進するという事実は、ドイツにおいてもまた賞揚された。スポーツは人生において真の仲間意識から生じる男らしい喜びを強める、とあるナチスの教育者は書いた。ファシズムやナチズムに関する限り、男性の仲間意識という理想が国家の基礎をなしたということを想起すれば、これは決して小さなことではない。[*20]

しかし、ファシズムが人間の身体を利用した他のやり方もあった。ドイツよりもむしろイタリアにおいては、外見や振る舞いではなく、ボディランゲージが重要であった。それは、北のプロテスタント圏ヨーロッパではなく、南においては一般的であった表現性に根ざしていた。ムッソリーニは、アドルフ・ヒトラーにはまったくなじみのない芝居じみた仕草でコミュニケーションを行ない、ボディランゲージを用いた。ヒトラーはそれを、女性的とは言わないまでも適当でないと思っただろう。確かにナチスの行進や大会における硬直し規律化された身体は独自の言葉を発していたのであるが、ここイタリアで集団に語りかけているのは総統《ドゥーチェ》のきわめて動きのある身体なのである（例えば、彼の意志力を表現していると考えられた尖った顎の動きのように）。

身体的鍛練はファシズムの男性の形成に決定的な役割を果たした。引き締まった身体は男らしい精神のしるしであるという、そのころまでに伝統的となっていた概念をファシズムは受容した。身体的鍛練は来るべき戦争への準備としてだけではなく、性格を築き上げるものと考えられた。まさにこれまで議論してきたスポーツの正当化議論のすべてが、男性の身体を、ファシズムの新しい男性が持つべき資質を得るための担保にしていた。しかし、身体的強さ、規律、敏捷さを獲得し、身体を整えることは、最終的には、意志の力なくしては役に立たないと考えられていた。イタリアファシズムの公式スポーツ誌の編者は、意志の力が献身と犠牲に対する熱烈な欲望に点火する火花であると語った。[*21] 意志は、男らしさの歴史において常にそうであったのと同じ役割を持ち、ファシズムの男らしさは、極端な形であったにしても、標準的な理想をくり返していた。

　ここにおいても、同時代の社会自体のニーズや希望が、ダイナミズムと落ちつきの両方を象徴する男性のステレオタイプの構築の中に反映されたのであった。ファシストの男らしさの極端さはもちろん重要である。なぜなら、その極端さこそ男らしい攻撃性とエネルギーを導き方向付けようとしながらも、男らしさの戦士的要素を鋭く浮き彫りにしたからである。規律はとても重要なものであり、自己抑制の必要はファシストの出版物やスピーチにおいて主張された。それには、確かにもっともな理由がある。なぜなら、行動や永久戦争を恒常的にゆるみなく強調し続ければ、手に負えないことにもなりえたからだ。

　行動の強調は、ファシストの考えるところでは、受動性やシニシズムやデカダンスと結びついたブルジョワたちから、新しい男性を区別するものとされていた。一九三六年にジョアッキーノ・ヴォルペが書いたイタリアファシズムの公式の歴史によれば、ブルジョワの男性とは対照的にファシズムの男性は文化と知識と行動とを統合していた。とは言うものの、教育は知識を、ファシズムの理想の実現に向かうダイナミックな力として取り扱わねばならないのだった。[*22] 行動を導く知という考え方は、ナチズムの男たちにも同様に見られた。実際、その考え方は、あらゆるファシズムの間で共有されていた。しかしイタリアにおいては、ファシズムの男性は、過去、あるいは明確に定義づけられたイデオロギーに、それほどしっかりと投錨されてはいなかったので、新しい男性が体現しなくてはならない行動のあり方に、はるかに大きな自由を持っていた。

ムッソリーニ自身がパピーニのようにニーチェに大きく影響されていた。ヒトラーもまた自身の大義の中にニーチェを組み込もうとしたが、ヒトラーのニーチェは不適切なところが削除され、伝統的で歴史的に主流であったナショナリズムや人種主義の理想に沿わされていた。ムッソリーニのニーチェは人種主義の影響下にはなかった。ムッソリーニにとってはニーチェのまったく体系性を欠いた思想は、古い世代の信じてきたものとは異なる理想を把握することを意味していた。ムッソリーニは次のように書いていた。戦争の中で鍛えられた〝自由な男たち〟の新たな秩序が勃興してくる。そして、ニーチェの理想を摑むことができた者が、高き山々の颪と氷河を知り、同様に深き淵を覗き込むことができるだろう。彼らが希望を男たちに取り返すであろう、と。[*23] ムッソリーニは世紀転換期に、このニーチェ的ヴィジョンを書いた。しかしながらすでに見たように、自己犠牲と救世という常に存在してきた理想も、男たちの新秩序形成において役割を果たした。

このようにニーチェ的精神と同時に自己犠牲や救世という目標を有していたことを考えると、行動への欲望が、イタリアの未来に対する擬似ニーチェ的ヴィジョンによって導かれたファシズムの新しい男性の主要な特徴の一つでありながら、同時に、彼が行動への衝動と矛盾するであろう規律正しさや従順さを持っていたことも、驚くに値しない。

例えば一九三〇年代初頭、一部のイタリア人の若者たちが真剣にこの行動への挑戦を行ない、それを権力を手にして肥え太っていると見えたファシズム体制に向けた。若きファシストの知識人（ほとんどが学生）は、当時のファシズム体制に対して、彼らが本来の革命的起動力だと考えたものの名において批判を始めた。この批判は、行き詰まった行動の捌《は》け口《ぐち》としてエチオピア戦争（一九三五年）の開始に寄与したことを除けば、たいした影響力を持たなかった。[*24] しかしそれは躍動《エラン》を表現してみせた。躍動こそ、イタリアのファシズムや南ヨーロッパにおける他のファシズムに存在した持続する衝動であった。しかるにナチズムではより厳しくコントロールされていた。

ナチズムにおけるいわゆる新しい男性は、深く過去に根ざしていた。それに比して、古代ローマへのイタリアの結びつきがしばしば喚起された（要するに、ファシズムのトレードマークのリットリオはローマの公的機関の標章であった）ものの、ムッソリーニは新しい男性を無比の出発点、未来に飛躍するための足場として考えていた。その上、イタリアファシズムの新しい男性は、常に現前しているものだった。個人としての新しいドイツ人はめったに言及されなかった。しかしながら一九三九年にアキーレ・スタラーチェが、ファシスト党における書記長としての自らの地位を後継者に譲った際に、新しい男性の創造は党の恒常的な関心の対象であり、党があらゆる力を発揮して没頭しなければならない仕事であると述べたのである。[*25] 未来派を悩ませたのと同じような緊張が、ファシズムの中に存在した。すなわち再活性化された行動的な個人と〝市民的兵士〟の義務との緊張である。この兵士は信念を持ち、規律化されており、意志や勇気を保持していなければならなかった。[*26]

しかし、レンツォ・デ・フェリーチェが示したように、ムッソリーニの考え自体が矛盾に満ちたものであった。新しい男性のイメージは、権威主義的であると同時に大衆的であり、行動的であると同時に瞑想的であり、ダイナミックであると同時に現実的であり、ナショナリストであると同時に西洋的であるという国家によって創られたものであった。[*27] 一九三三年版の『イタリア百科事典』のファシズムについての記述において、ジョアッキーノ・ヴォルペは、二人のムッソリーニがいると記した。集団を愛さず個人に対し共感するムッソリーニと、個人を国家へと統合していくための手段として規律が必要であると知っており、自らも規律あるがゆえに、他人にもそれを求めるムッソリーニである。それに、規律は効果的な行動に必要であり、そしてイタリアの腐敗との戦いによってイタリアの再構築への道がもたらされる、まもなく来る日にとって不可欠である。[*28] これらの矛盾は漠然とした全体性という名の下に調停された。

しかしながらナチスは、そのようなアンビヴァレンスを持たなかった。彼らは集団としての人々をのみ考えようとしていた。どんな個人主義も彼らの思考様式には疎遠なものだった。このことはおそらく、イタリアのファシズムとドイツのナチズムの間の男らしさの理想の違いを決定的なものにした、かなり微妙ではあるが現実的な差異であった。イタリアファシズムはイタリアをユートピアへと導くであろうファシズムの新しい男性に非常に大きな信頼を寄せていた。しかしその未来は決して詳述されたことはなかった。未来は、それを正しく用いると信頼を寄せられたファシズムの新しい男性の手の内にあって、安全であった。この点では、ナチズムとの違いは驚くばかりである。ナチスは何物も偶然性に委ねなかった。真のドイツ人は、国民の過去から有機的に成長してくると常に考えられていた人種的国家の計画を実行する者であった。

それゆえ、ヒトラーが新しい男性を創っている図【図8・2】は、厳密に言うなら不正確だったのだが、一般的には、そのドイツの代表的風刺雑誌において描かれたように、「ドイツ国家の彫刻家〔ヒトラー〕」によってつくられた像ということには真実味があった。ヒトラーが創り出した新しい男性は過去にも十分に錨を下ろすことができた。重要なメッセージは、ナチスによる権力掌握に伴って、新しい男性、現在の退廃したとされている男らしさに打ち勝つものとしての「新しいドイツ人」が生まれつつあるということであった。

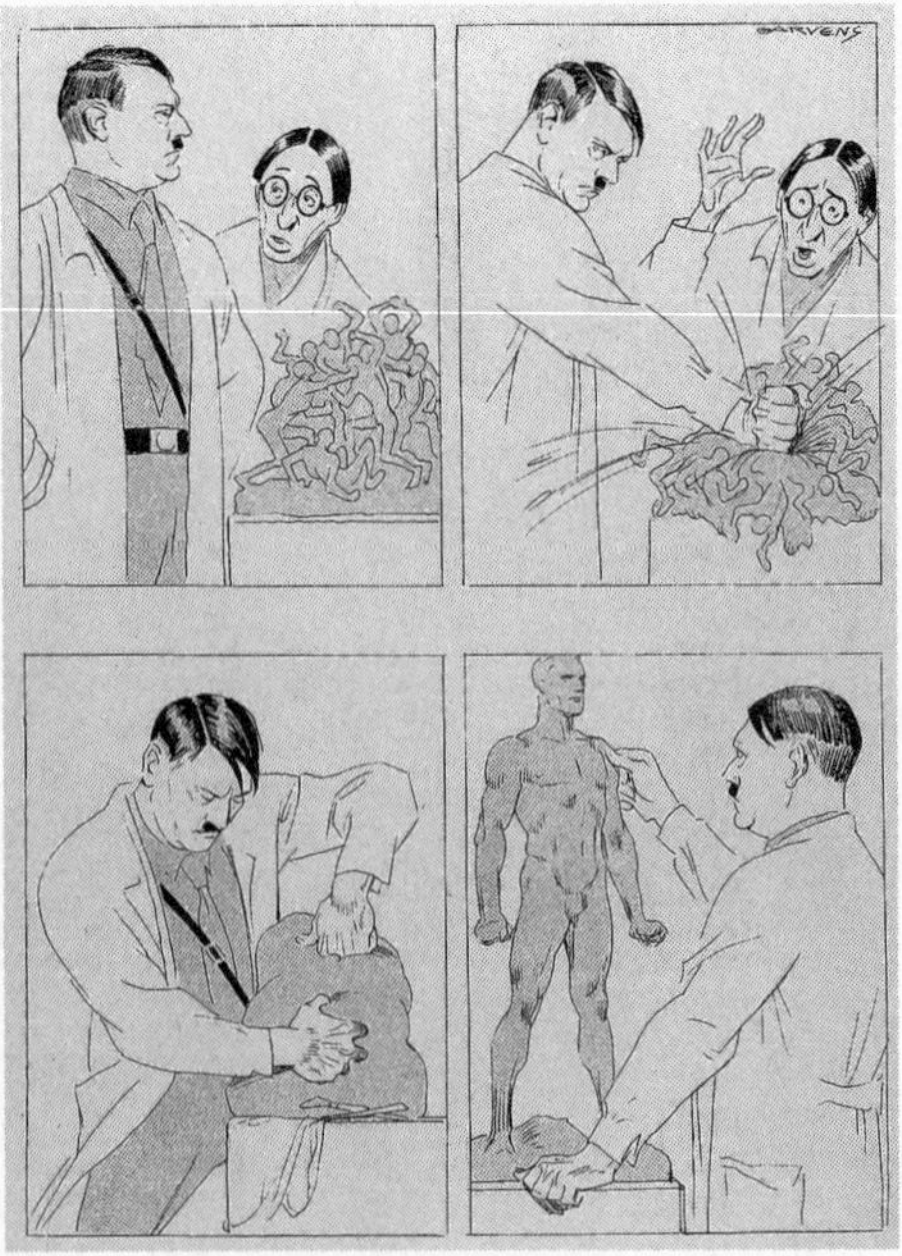

図8・2 「ドイツ国家の彫刻家」。新しいドイツを創るヒトラー。風刺雑誌 *Kladderadatsch* 86, no. 49（1933年）より。

新しい男性をめぐるイタリアとドイツの違いにもかかわらず、すでに簡単に言及してきた緊張、すなわち勝ち誇った男らしさと家族生活の理想との間での緊張を、両者は共有していた。男らしさと家族との間の緊張は、準軍事的な指揮系統で組織された男たちの多くの時間を取り上げる運動において当然予想された。少年たちは、他の成人による党の組織、時として双方の運動で鉄の団結を誇った突撃隊に入る前に、バリッラ少年団やヒトラー・ユーゲントのメンバーであった。しかし、ファシズムもナチズムも、国家の基礎として家族生活をも賞揚した。イタリアの大衆文学は、体制に承認されつつ、理想的なファシストの行動主義と雄々しさとは矛盾するように見える「炉辺の詩」と穏やかな家庭生活を称賛した。[*29]だが同時に、党の重要な機関誌であった『ファシスト批評』は、男性の身体を鍛えることによって、「ブルジョワの家庭生活が個人に与えかねないちっぽけな願いと弱さと平凡な感激」が破壊されたし、今後も破壊され続けるだろう。その結果「国家の求めるものを個人が理解することができるようになるだろう」と書いた。[*30]しかしイタリアよりもむしろドイツでこそ、男だけの党の諸組織と家族生活とのライバル関係があからさまに論じられた。なぜなら、イタリアは、国家の創始者であり唯一の守護者として任じる男性同盟《メンナーブント》の伝統をやはり持っていなかったからである。

ヴァイマール共和国期の権力闘争において、例えばナチスの突撃隊であるSAは、街頭闘争者としての荒々しいライフスタイルと家庭生活と、どちらを取るかというジレンマに直面していた。当時のSAと共産主義者との衝突についてのある公式回想録によれば、戦った後に休んでいた一人の隊員が「家族は我々には関係ない。我々はナチス党員であって、我々の忠誠は党にのみある」と声をあげたが、リーダーによって叱責された。そのリーダーは、家族がナチズムによって正しい位置に戻され、国家の最も重要な細胞になったと考えていたからである。しかしながらナチス宣伝映画『コルベルク』（一九四五年）において、ドイツ解放戦争におけるある将校は父なる祖国のためばかりではなく、戦闘という男らしい世界を安定した家庭生活よりも好んだがゆえに、夢想家の少女への愛を断念したのであった。[*31]前記のＳＡにおける生活の回想録は、党が権力を持ち、その市民的価値観を宣伝しなくてはならない時に出版された。しかし、そのようなやりとりがナチスの初期のあり方を再構築する一部であったという事実は、ナチスによる権力掌握後ですらそうした問題が存在し、家族が守られなければならなかったことを示している。

　本章の冒頭で述べたように、ファシズムは近代的な男性性を最大級に表現したのであり、家庭生活と男性同盟との間に常に存在してきた緊張を浮上させた。この緊張は、それ以前からそうであったように、女性と子どもたちを男性の支配に従属させることによって解決することができた。女性と子どもたちは家庭生活にあらかじめ場所を定められ、行動者としての男性は、より高い大義への奉仕において、容易に家庭に閉じ込められないダイナミズムに満たされた。一九三六年のＳＳのカレンダーで表紙となっている絵が、このことを明確に物語っている。そこで父親は家族を支配して絵の頂点に屹立し、その下に妻と子が順に立っているのである。

　これまで述べてきたように、ファシズムは自らを第一次世界大戦を継承するものであると考えた。この第一次大戦の英雄はファシストの英雄として取り込まれた。イタリアでは

「我々の英雄は戦没者である」と人々が聞かされ、[32]ナチスドイツでは、大戦の中で示された英雄主義の記憶の上に多くの儀式やセレモニーが創り出された。ファシズムは英雄的なものを、真の男らしさを表現するものとしてとらえて、普通の生活において表現されうる徳を通じてよりも、むしろ戦闘力を発揮し、犠牲も厭わないことの頂点として男らしさを定義した。男らしさは普通の日常的な存在を超えた瞬間へと再び掬い取られた。英雄は常に男性だった。近代における女性は、犠牲者あるいは殉教者としてのみ英雄的であり、たいてい自らの純潔を防衛していた。[33]ウォルター・スコットのレベッカは、この文脈において英雄的であった。すなわち、すでに見たように、敵に対峙するのみならず、自らの無垢さを守っていたのだった。一世紀後のアグネス・ギュンターの、あらゆる受難の中での「ゼールヒェン」と同じであった。英雄的（heroic）という概念はファシストの語彙の定番であった。それは、男女に対して異なった意味、男に対しては行動的、女に対しては受動的という意味を持ち、一般的に受けいれられている性差に合わせたものとなっていた。

イタリアファシズムとナチズムは、男らしさの定義においてある種の英雄的で行動主義的な概念を、そして、そのような男らしさとブルジョワ社会の市民的価値観との間に必ず存在するはずの緊張を共有していた。しかし、両者は自らが創り出したいと考える新しい男性に許容する個人主義の程度において、そしてとりわけ、その新しい男性が過去や未来に対してどんな関係にあるかという点で、異なっていた。ナチズムは、最初の一六年間のイタリアファシズムとは異なって人種主義的体制であった。この事実が大局において、イタリアファシズムの男性とナチズムの男性との差異を決定づけた。人種主義は非決定的な未来というものを許容できなかった。それは、血と大地の独自のユートピア、国家的かつ人種的過去へのノスタルジアを持っていたのである。さらに人種主義の主要なシンボルは、人間の形態それ自体、決して変化しない過去のモデルに依拠して、きわめて細部にまで叙述され描写された「理想のアーリア人」であった。人種主義は正確さを要求した。しかしイタリアファシズムとイタリアからインスピレーションを得た他のファシズムは、一九三八年の人種法までは、あらゆる細部をナチズムのように描き出すことには無関心であった。総統《ドゥーチェ》崇拝を示しているムッソリーニの多くの写真は、そこでの例外である。あたかも彼自身が、その身体に、真の男らしさのあらゆる徳を象徴しているようであった。ムッソリーニは身体的訓練をし、刈り入れや機関車の運転のように生産的な仕事に従事している姿を撮影された——実際、彼は生産力のみならず、力強さや決断力を体現するものとして、国民の前に自らを示そうとしていた。ムッソリーニは若々しく精力的な男性のモデルとして描かれたのであった。実際、男盛り（virility）という言葉は、ファシストの書いたものの中にしばしば出てきており、書き手のファシストとしての信用証明に用いられているかのようであった。[*34] 新しい男性としてのムッソリーニの公的イメージは、慎重に維持されていた。総統の誕生日あるいは病気、孫が生まれて祖父になったという事実のニュースすら、印刷されなかった。[*35]体制の象徴たる総統は、ファシズムの男らしさという理想の勝利を表すものなのだ。それはムッソリーニの執務室において彼の不在時にも夜遅くまで煌々と輝く光を、人々がピアッツァヴェネツィアと呼ばれる大きな広場から見た時にも確認できた。これは義務への傾注のみならず、若々しい活力とスタミナを同様に意味していた。[*36]

ヒトラー崇拝においては、活動している最中のヒトラーを見せるのは稀であって、ごく限定された機会、ほとんどは公的なセレモニーに限られていた。彼はナチズム運動の象徴ではあったが、同時にそこから離れ、一般の男性と同じ活動に従事する人物であるよりもむしろ宗教的象徴のようであった。そうは言っても、戦争や嵐の中での飛行におけるヒトラーの勇敢さを描き出す際に、ある種の人格化を許容するものであったが、それらは概して総統《フューラー》崇拝の際に前面に押し出されるものではなかった。家庭を持つ男性として描かれることは、ムッソリーニは稀にしか、そしてヒトラーは決してなかった。もちろんムッソリーニは結婚しており、彼の子どもはしばしば被写体となり時として父親と一緒に写ったが、彼の妻は公的生活においてはほとんど存在していないも同然であった。ムッソリーニの模範的男らしさは前面に押し出されたが、家庭を持った男性の役割は出てこず、ヒトラー自身は通常の意味での家族に当たるものを持たなかった。指導者は、彼が象徴すべき徳と行動に満ちた世界を託され、完璧に男らしく知覚されなくてはならなかったのだ。

本書を通じてすでに見てきたように、理想的な男性の外見は、通常ギリシアモデルに由来するのであり、ドイツファシズムもまたこの点で例外ではなかった。ナチスの労働学習プログラムの学生は、「君たちは訓練と教育を通じてギリシアの理想的タイプになっていく途上にあるのだ」と教えられた。[*37] 男らしい美、そして男性の外見と振る舞いの細部に対するナチズムの深い関心は、すでに述べたように、ナチズムが何よりもナショナリズムかつ人種主義の運動であるという、彼ら自身も認めていた事実に拠っていた。人類学的な人種主義の起源、そして人間の美についての美学的な洞察は、男性の内的価値の象徴としての身体の外見や構造に対する高い意識を作り上げた。例えば人種主義についての最も広く読まれた本の一つは、ナチスの見方を示すものであったが、一般的な人種主義についての紹介の後に、北欧系人種の外見、および、本来のドイツ人の人種系統の外見を詳述する一一の章が設けられていた。例えば北欧系は背が高く引き締まっており、肩幅が広くて臀部が小さかった。そこには理想的な形状が見られた。北欧系の男性については、そのピンクの肌や歳とともに濃くなっていく明るい色の髪以外にも、そのあらゆる身体的特徴について多すぎるほどのページが割かれて列挙された。[*38] 人種の身体構造が徹底して検証されることを通じてのみ、読者は北欧系の魂の特質について知ることになるのである。対照的に、イタリアでは、イタリア人の外見についてのイラストや言及のある本は、一九三八年の人種法の導入まで、ほとんどなかった。その後は、そうした本はかなり増加したが、ドイツの事例をやや弱々しく真似ようとするものにすぎなかった。

ちょっとした細部を除けば、このような人種主義における男らしさの理想は周知のものであった。その構造は、標準的な男性のステレオタイプのそれであり、「端正なイギリス男性」からそう遠いものではなかった。人種主義は常に、美醜についての、あるいは男女がいかなる見かけであるべきかについての周知の理想と結びついており、そしてそれらをしかるべき場所に固定した。人種主義の魅力は、その確実性、明確性、あいまいさへの嫌悪にあったのである。それは不変性を主張し、その内容は、美と醜、健康と病気についての確立されたコンセンサスに依拠していた。つまり人種主義は男らしさのステレオタイプにおいていわゆる男らしい外見的特徴を強調して、男らしさを極端なものにした。

身体的鍛練は常に男らしさの構築において重要であり続けたが、当初からそれ自体が目的であるというよりも、理想的な男性の身体を作り出すことと人格の練磨が目的であった。すでに見てきたようにイタリアのファシズムは、適切な精神の表現たる人体への関心によって、身体的鍛練の強調へと向かった。しかしナチズムにおいては、このような人体への没入は絶対的で極端な言葉遣いで表現された。ナチズムの公式刊行物によれば、ドイツの男性はスポーツに、身体の鍛錬だけではなく世界観の実践を見出すのである。男性は自らの言葉が実行されることを証明せねばならない。「彼の身体は神の贈り物であり、それは彼が保護し守らねばならない民族に帰属している。自らの意志を鍛えることで、彼は同胞に奉仕するのだ」[*39]。このような男性身体への讃歌に続けて、十分に鍛えられた男性が備えているとされる一般的な一連の男らしさの徳――忠誠、誠実、友愛、従順、規律、勇気――が書かれていた。ここで、そうした流れは重要である。身体的鍛錬と身体改造は、人種主義についての本において見られたように、男らしい徳と倫理的要請へと進むのである。より高次な大義への犠牲は、すでにドイツ解放戦争期において真の男らしさの理想を奮いたたせていた。とはいえ、男性の身体は、彼自身にではなく彼の同胞に属するということがこれほど明白に述べられたことはかつてなかった。犠牲の必要性という戦時に機能していた信念を、ナチスはとりあげ、それを絶対的な原則へと作り直した。ここに男性の身体自体が、ナチスによってヴァイマール共和国の倫理的泥沼に対抗するものと見なされて、重要な役割を担うことになった。そして、ひとたび第三帝国が成立すると、ドイツの新生と強さの象徴となったのである。男性の身体がこれほど自覚的に、中心的な政治的象徴へと持ち上げられたことは歴史においてなかった。イタリアファシズムは、身体的鍛錬や集団競技の誇示に対するその信念にもかかわらず、同様のやり方で男性の身体を用いることはしなかった。ナチスは公的建造物の上に理想化された裸の男性身体像を頻繁に置いた。

例えば彫刻家アルノ・ブレーカーによる二つの男性裸像が、ヒトラーの新しい総統官邸への訪問者を歓迎する最初の光景となっていた【図8・3】。

ナチスの象徴としての男性の裸像は、もちろん、ギリシアからの感化であった。理想的なアーリア人はしばしば古代ギリシアの理想的タイプに比肩された。それは健全な身体に宿った健全な精神の例示とされるものであった。人種主義がここにも入りこんでいた。ナチズムの理論家たちによれば、アーリア人種は、インドから北ヨーロッパへという移動の過程でギリシアに立ち寄り、この過程においてギリシア文明の最良のものすべてを身につけたのであった。[*40] 世紀末ドイツにおける、いわゆる人間の身体の再発見というものも役割を果たした。ナチスが拒絶したような裸体主義《ヌーディズム》を通してではなく、人間の形態の自然さと美しさの両方に注意を向けさせることを通してである。ドイツの青年運動は、鍛えられ作り込まれた男性の身体に、ほとんど熱狂していた。[*41] ヴァルター・フレックスの大変人気のあった戦争小説『二つの世界の間の放浪者』（一九一七年）は、そうした青年運動のかつてのメンバーだった主人公を、ある時点で、青春の美し

図8・3　アルノ・ブレーカー「党」（1936年）。ヒトラーの新しい総統官邸のために制作された。

さであふれる裸体において描き出した。戦争のモニュメントにおける裸の戦士はドイツのみならずイタリアにおいても、よくあるものであった。[*42]

男性身体が秩序とダイナミズムの両方を必要とする社会をすでに反映していたので、賢明にも、理想化された男性の身体を国民的象徴として用いることが選ばれたのであった。それだけではなく本書の冒頭でも指摘したように、まさしく美の理想が、既成宗教への追加物として、そして、しばしば実質的な代替物として多くの男女に受け取られたのであった。古典的な美の残響を伴って形作られた男性の身体は美しいものと見なされた。その完全なる美は、ギリシアの事例に基づけば、ただ裸体においてのみ真に感得されるのであり、その再現的機能において、男性身体はヴィンケルマンのギリシアの若者とほぼ同様のイメージを発し続けた。

しかしながら、男性の裸像を用いることは、ナチズムにとって特別な問題を提出することになった。そのような裸体は、運動の政治的成功にとって非常に重要な市民的価値観といかに調和できるのか？　この緊張関係は、男性同盟《メンナーブント》と家族の間にある先に述べた緊張関係と同様のものであった。また、このように男性の身体の美を強調すると、男同士の絆の強調の場合と同様に、自らへ反転してホモエロティシズムへと進み、ホモエロティシズムによって、不屈の男が男らしくない男に、理想的タイプが対抗的タイプへと変えられてしまうのではないか？　こう問いかけることは、ナチスが自問していたことだからというだけではなく、政治的力としての男らしさと結びついたいくつかの問題に対する我々の理解を深めるものであるがゆえに重要である。

ヴィンケルマン自身は、裸の若者を抽象的次元にまで高め、若者を一つの様式上の原理にすることによって、彼のギリシア彫像を中産階級の感受性に受けいれられるものにしようと、すでに試みていた。これらの像の透き通るような白さ、エロティックな効果を最小限に抑えようとしたヴィンケルマンの試みの鍵である像の静謐さは、あらゆる性的な含みを、それらから剝ぎ取るように思われた。ヴィンケルマンと彼の継承者が見出したように、古典的な美は、裸のギリシアの若者像を普遍的な妥当性のある永遠の象徴へと転換したのである。ナチスはこの議論をとりあげ、表象作品と私的なものとの間の大変重要な差異に関してまで拡大したのであった。

ナチスは、非象徴的な表現での裸を公的な場に展示するのを妨害した。例えばミュンヘンで開かれたドイツ芸術年次展示会では、いわゆる典型的なドイツ人の個人としての男たち女たちの絵は、ごく一部の例外を除いて、上から下まで服を着ていた。ナチスによれば、公衆にさらされる私人の裸は死に値するほどの恥であった。[*43] そのような裸が避けられないと思われる場所では、しばしばヴィンケルマンが用いた事例に基づいて線引きがなされた。この問題は例えば、ナチスが大いに推奨した身体的鍛練やボディビルディングで生じた。例えば体操家ハンス・ズーレンは半ば公式のものとしてよく用いられた『ドイツ人の体操

――身体的美と訓練』（一九三八年）において、スポーツの訓練や田園におけるジョギングの際にはほとんど裸に近い状態を推奨した。しかしながら、公衆の面前に出せるようになる前に、男の身体は、丹念に準備されねばならなかった。肌は無毛で、滑らかで、陽に焼けてブロンズのようでなければならなかった。個人的な特徴を可能な限りそぎ落として、このように身体はほとんど透き通ったものとなって、いかなるセックスアピールも存在していなかった。そのような日焼けした身体が、アーリア人種の美の抽象的シンボルとなったのであり、それはレニ・リーフェンシュタールの一九三六年オリンピックの記録フィルムにおける競技者と似通っていた。[*44]

競技者の像は一般的に裸で表現され、ナチスのある芸術批評家が語るように、「北欧人種に合致し、古代の範例に従い……、美の理想を個人を超越した生命力に結びつけ、力強い民族を……象徴する」ものとして、彼らの身体は形作られた。[*45] そのような男性の像は、崇拝されるものではありえても、欲望されたり愛されたりするものではなかった。なるほど、ムッソリーニ広場を取り囲んでいた競技者の像も同様に裸であったが、それらの形体はナチスの競技者の像ほどは厳格なものではなく、ドイツでそのような男性像の両肩に積み上げられたようなイデオロギー的な重みを負わされたものでもなかった。

第三帝国の準御用彫刻家であったアルノ・ブレーカーは、帝国崩壊後も長い間、恥じて隠されていた身体からヴェールを剝ぎ取った全盛期の革命的な青年を賛美し、楽園における我々の原型を見せてくれた。ギリシア人は人間を神に成し、神を人間的にした。[*46] ブレーカーは、第三帝国の崩壊後四〇年近く経って、自分は決してナチスの統治を賞揚したかったわけではなく、ただ人間の身体を賛美したかったのだと主張した。しかし、時代のめまぐるしいおしゃべりや狂騒に脅かされていない（と彼が語る）像を彼が作り出して賛美した美は、ナチスのイデオロギーの力強い表現であった。[*47]

　裸体は、単に真の美の象徴というだけでなく、近代が始まる前の健康的な世界という範型を懐古的に指し示すものでもあった。ナチスの男性像は、しばしば剣を携えていたり、自然の背景の中に描かれたりした。ブレーカーは実際のモデルを使用したが、お気に入りは、運動選手であり十種競技のチャンピオンであったということは驚くに当たらない。彼のよく鍛えられた身体が、ブレーカーの彫像のほとんどにおいて再現されていた。そのモデル、グスタフ・ステュルクは新しい男性の生ける事例となった。そしてこのような彫刻のリアリズムは、単に男らしさの抽象的理想であるというだけではなく、実際に存在している理想的アーリア人のステレオタイプを指し示すものだった。〔ヨハン・ゴットフリート・〕ヘルダーの影響を受けつつ、あるブレーカーの称賛者が述べたように、彫像のみが男性の真の似姿となりうるのである。[*48] すでに述べたように、人種主義は人間のステレオタイプ化のプロセスで増幅され、今や目に見える形で正当化されていた。

　ブレーカーによる裸体男性の彫像とレリーフは、第三帝国の自己表現において傑出していた。彼の作った像は、英雄的な意志と、いつでも犠牲になる覚悟を象徴していると言われた。アドルフ・ヒトラーにとって、ブレーカーの二つの像――党と軍とを表した裸体像――は、あらゆるドイツの芸術的作品の中でも最高に美しいもののうちの一つであった[*49]（【図8・3】二八七頁参照）。これらの像は、静かなる強さの表現となっていた。腕は伸ばされ脚は開かれ、彼らは身構えているが、ブレーカーの作ったレリーフのいくつかとは対照的に、ほとんど脅かしているような、暴力的な動きをとってはいない。彼の彫像やレリーフの多くは、第二次世界大戦にもしも勝利していた場合の、その後のベルリン再建のために計画されていた記念碑的建造物のために作られていた。このことは、男性の裸体が新帝国における力と美の重要な象徴であったことのさらなる証明であった。

そのような作品のリアリズムは、それらの象徴としての価値を高めた。殊に防衛を確かなものにするという任務に結びつき、あるいは戦闘態勢にあることを示すポーズがしばしば見られたので、それらは容易に理解できたのだ。すでに見たように、ドイツ人はギリシアの古典的な彫像を見ることやギリシア的人体の姿形への称賛を聞くことに慣れていた。加えて、新帝国の象徴としてそのような彫像は儀礼的に用いられたので、なお残っていたかもしれないいかなる個人的要素も、そのためにそれらが表現していたかもしれないいかなるエロティックな誘惑もさらに減退していた。ここにおいて、そのような裸体と市民的価値観との間の相克は、表立ったものではなく、潜在したものとなった。その相克は、大義のための戦士として見られた男たち（その男らしい美しさのために讃美される男たち）の手中に自らの運命を置いている政治運動と、運動が成功するためにはその支持を得ることが決定的である既存のブルジョワ社会との間の緊張関係を指し示すものであったのだが。

そのような男性美は、ドイツ国内にとどめられてはいなかった。一九四二年五月一四日にパリで行なわれたブレーカーの彫像展のオープニングは、ドイツ占領下のフランスにおける重要なイベントであり、大々的に宣伝された。[*50]約八〇〇〇人のフランス人来場者が軍服を着たドイツ人と交流した。フランスのヴィシー政権の教育大臣アベル・ボナールは彫像を称賛し、劇作家ジャン・コクトーも同様であった（彼は友人であり恋人であったジャン・マレーを、ブレーカーの典型的彫像に擬していた）。[*51]実際、ブレーカーは多くのパリの知識人の間に流行を巻き起こした。彼の裸の男性像のうち二つは、第二次大戦後からソヴィエト連邦の崩壊に至るまで、東ドイツ駐留のソヴィエト軍駐屯地への入場通路を守ってすらいたのである。[*52]

男性の裸体は抽象化することができたが、しかし他方で、ナチスのシンボリズムと市民的価値観との間のいっそうの軋轢《あつれき》が、後景に潜んでいた。人種主義は常に抽象的なものを具象的にしようとしていた。そのことが人種主義の大きな強みの一つであった。国旗や国民的記念碑、さらに言えば彫像のような動くことのない抽象的な象徴よりも、人種主義は、生ける人間という象徴を、自己表象の手段として用いることを好んだ。第三帝国期の出版物やポスターは、いわゆる典型的なユダヤ人の対極とされた典型的なアーリア人の写真で満ちていた。このすでに第4章で述べたコントラストは、ブレーカーの展覧会よりも一年前に、占領下パリを魅了するためにすでに用いられていたのであった。「ユダヤ人とフランス」（一九四一年）という展覧会は、「完璧な運動選手」と呼ばれた彫像が、そのまわりを取り囲む道徳的に劣ったユダヤ人の肖像とコントラストをなす、という内容であった。[*53]人種主義はあいまいさを許さず、その結果、こういったステレオタイプは固定され、代えがたいものとなった。想定されたアーリア人の外見をしているドイツ人がほとんどいないという事実に直面した人種主義者は、理想への全員の合致よりも、アーリア人的容貌の優越性ということが重要だと主張した。そうは言うものの、金髪碧眼のいわゆるアーリア人的外見があればそれだけで、しばしばエリート学校や党幹部に加わることができた。

　最も輝かしいナチスのエリートである親衛隊ＳＳ――黒服部隊――は、標準的な男らしさに対して根拠ある挑戦を最も行ないかねないものであった。それは、注意深く選ばれたいわゆる純粋なアーリア人の組織であり、彼らのリーダーであったハインリヒ・ヒムラーが述べたような、第三帝国は男たちの同志愛に基盤を置いた国家であるという命題に忠実な組織であった。「何世紀も、いや、何千年紀も、ドイツ人は〈男性同盟国家〉として治められてきたのであった」[*54]とヒムラーは語った。しかしそのような男同士の絆は、同性愛的感情への恐れ、さらには同性愛的行動への恐れすら浮上させた。ヒムラーはＳＳ内部で奨励された男同士の絆と、性的に意味づけられた友情との間の違いを強調した。きちんと服を着ていても互いに触り合ったSSの男性は厳罰を与えられ、ホモセクシュアリティにより有罪となったSSの男性は処刑されることになっていた。が、実際には処刑はなく、嫌疑をかけられた同性愛者はSSから追放されるか退職させられたのであった。それでもヒムラーは、古代のドイツ人が同性愛者を沼に沈めて、自然が自らのまちがいを償っていた想像上の時代に、思いを馳せていたのである。[*55]

ナチズムは、市民的価値観の守り手として見られるようにあらゆる努力をしていた。ポルノグラフィとともに裸体主義は、ナチスが権力を握ったすぐ後に禁じられた。実際、裸体の挿絵、タイトル、内容を通じてエロティックな効果を持ちうるすべての刊行物も禁じられた。ドイツの純潔協会は第三帝国の出現を熱狂的に迎えた。このようにナチズムは、中産階級の市民的価値観のためにあらゆる努力をしていたのだから、男らしさの象徴によって、あるいは戦闘組織やエリート組織を支配する男同士の絆によって提示される危険に自覚的であったということは、驚くに値しない。

党の主張したジェンダーの厳しい分離によって、男性の仲間意識が男らしくない男性をつくるのに寄与してしまうのではないかという恐れは強まったにちがいない。「ドイツ人男性」の肖像画についての一冊のナチズムの本が我々に語るには、男性向けの装飾は単に装飾という目的のためにあるわけでは決してなく、顔が当人に属するように着用者本人に属するものだった。それらは勲章や、職務の鎖など、あるいは男性を国家に結びつける他の名誉の品々であった。[*56]——このことは、女性が身に着けていると考えられた虚飾と対照的であった。しかし、ナチスが女性の本質を無視したということではない。北欧系の女性は女らしく、胸が大きく、幅の広い腰と小さな肩（男たちの身体の完全な対極物）を持っていると言われた。[*57]おそらく一九四四年にイタリア社会共和国（イタリア敗退後に、ドイツ人によりムッソリーニに与えられたファシスト残党の国家）が、武装した女性の補助部隊を作り、さらには女性参政権すら与えようとした時期を除けば、イタリアのファシズムもナチスも、新しい男性と並ぶ「新しい女性」を作ろうとはしなかった。[*58]しかしながらこの時期よりも以前から、女性は、女性にふさわしいスポーツ競技を行なうように奨励されていた（この点は後述する）。女性はそれほど簡単には再創造できず、結局、妻として、母として、女性は変えることのできない機能を充たすのであった。ナチズムは、人口学的な考え方に夢中になっていた。ゲルマン人種をより強力にし、巨大な軍隊を持ち、征服せんとしている新たな土地を埋め尽くすためには、ドイツの人口はもっと増加されなければならない。しかも、いくつかの国における女性たちは、ゲルマニアにせよ、マリアンヌにせよ、ブリタニアにせよ、すでに一世紀半もの間、国民の連続性の象徴であった。この点のみからしても、いかなるナショナリズム運動も、国民を産み母親をするという歴史的使命を担う女性と並んで、新しい別の女性を据えることは困難だったのであろう。

しかし第三帝国においては、時として、落ちついていて貞節というステレオタイプとはかなり異なる裸体の女性たちが現れた。例えばドイツの映画においては、普通の女性が裸体で現れた時には、ロシアの居酒屋の踊り子、さまざまなアフリカ人、あるいはポーランドの放浪者など、外国人であることが多かった。[*59] 映画『ユダヤ人ズュース』では、ズュースに捕まえられそうになって逃れる半裸の少女の短い情景が見られはするが、裸のドイツ女性が出てくるのは珍しいものであった。しかしながら、真のドイツ女性の裸体美は、それが象徴的であり特定の人物のものとしてではないならば、展示することができた。特に彫刻においては、そのような裸体は非エロティックな啓発と考えられ、清浄な事柄とされた。裸体の女性競技者の彫像は稀というわけではなかった。そして彼女たちの体は男性競技者のそれのように、滑らかで、ほとんど透き通っているように整えられており、女性的形態はアーリア人女性にふさわしく、露骨に表現されるのではなく、仄《ほの》めかされるだけだった。それに、特に人種的な文脈においては、適切な身体構造を表す裸体女性は、たいていは現在ではなく過去と関連づけられていた。しかしながら私的使用に関するならば、許容範囲はさほど狭くはなかった。と言うのも、そうでなければ、ヒトラーが画家アドルフ・ツィーグラーのパトロンとなったことを、我々は解釈しえないであろう。ツィーグラーの女性ヌードはイマジネーションの余地を残さないような露骨なものであるが、総統のミュンヘンの住居に掛けられてさえいたのである。

女性は自らの女性としての優雅さや美を増すために、身体的鍛練をするように推奨されていた。ここにおいて再び女性は裸体で描かれえたが、しかし自然を背景にし、太陽を浴びながらであった。自然が女性の自然な優美さを強調することで、そのような裸体から毒針を取り去ると考えられた。そのような美は、子どもを産み家族内を切り盛りする技術とともに、アーリア人女性の天性と考えられた。アーリア人種の女性美の象徴としての裸体女性は、いずれの場合にも、市民的価値観に対するいかなる直接的な脅威ももたらさなかった。なぜなら、男性と異なり、女性は党に対しても第三帝国に対しても、いかなる重要な公的機能も遂行していなかったからである。女性はその純潔と貞節を通して、女らしさの標準的な理想の象徴であり続けたのであった。

対抗的タイプは征服されなければならない身近な敵として、すべてのファシズムに存在していた。それは確かなのだが、ファシズムにおいて対抗的タイプの危険は誇張されていた。と言うのも、イタリアファシズムやナチズムは男らしさのより鋭い角のすべてを再強化していたからである。闘争という観念が、基本だった。どれほど合法性をまといながらも初めは内戦状態を作り出し、続いて権力を手にすると、国内外の想像上および現実の敵に対して戦争を継続し、その挙げ句に、法的にこの体制は権力を得た。イタリアファシズムとそれをモデルにした後続の運動は、ひとたび共産主義や社会主義を片づけてしまったら、敵の設定に多少の困難を抱えた。そこでは、明確に定義され区別された人々のグループに対すると言うよりも、主に、対立的な信念を依然抱き続けていたすべての人々に対するレトリックとしての攻撃が続いたのであった。このことは一九三五年から翌年までのエチオピア戦争において、ある程度変化した。その時期、黒人はしばしば嘲《あざけ》りの対象として選び出され、人種混交はいわゆる白いイタリア人種の威厳を保持するために厳しく禁じられた。実際、一九三八年一〇月、ファシズム大評議会は、イタリアの生活からのユダヤ人排除を裁可する一方、黒人成員を有するイタリア帝国は人種意識の獲得を優先課題とするという宣言により始まったのであった。[*60] しかしながら黒人という敵は、はるか遠くにおり比較的たやすく征服され、恐るべき脅威となりにくかった。

　対照的にユダヤ人は、国内にあって明瞭に定義されたコミュニティを成していたために、さもなかったら容易に見つけられなかったが、敵として明確に特定できたのであった。ここでも、人種主義が敵の認知を簡単にした。イタリアファシズムは一九三八年の独自の人種法の後に、ナチスと同じく、ユダヤ人を共産主義者と等置した。そしてナチス自体もまた、ユダヤ人とヴァイマール共和国を（ユダヤ共和国として）同一視した。人種的な敵は、ドイツのあらゆる困苦の原因であり、ユートピアの障害物であった。

　ユダヤ人とアーリア人は、完全に縁を切ることができなかった。と言うのも両者は、アーリア人が自らの固有の存在を正当化するために遂行せねばならなかった戦いによって、相互に結びつけられていたからである。もしヒトラーが第二次世界大戦に勝っていたら、確かにヨーロッパからユダヤ人はいなくなっていただろうが、しかし別の敵や対抗的タイプがまちがいなくその後に取って代わったであろう。人種的調査に関するナチスのある本を読むと、北欧系の人々はすべて、黄禍への対抗のために団結せねばならないだろう、とある。[*61] ナチスは、近代社会はどうやら敵を必要としているらしいという事実をもう一度研ぎ澄まし、より明確にしたのであった。

ユダヤ人、黒人、ロマはすべて、アーリア人種の健康と福祉に対する不倶戴天の敵として選び出された。誰がアーリア人であるかないかを定義したニュルンベルク人種法（一九三五年）の一節に従って、この法についての準公式の通達が出され、ユダヤ人と黒人に並びロマが「外国人の血を持つ者」として分類された。[*62] ここにおいてすら、ユダヤ人を諸悪の根源にしようという明快なヒエラルキーが存在した。しかしながら、必ずしもいわゆる劣等人種に属していない他の人々もまた、アーリア民族社会の基盤を危うくするのに手を貸しているとされ、彼らも対抗的タイプとして確立された。同性愛者、浮浪者、犯罪常習者、物乞い、障害者、そして意志薄弱者——いわゆる生産的な仕事のできない者、あるいは居住する定まった場所を持たない者、すべてである。これらをナチスは「非社会的存在」と呼び、〈民族〉のコミュニティの中へと統合しえない者、そして家族や国家といった既存のコミュニティ内での、いわゆる生産的な仕事を保証する一般的に受容された規範を欠く者、として広く定義づけた。[*63]

一九三四年に、人種政策局は、秘密警察と一緒に、非社会的存在のカタログの集計を始めた。非社会的存在の一部は、やはりアーリア人だからと、カタログから外されることもあった。ロマと黒人とユダヤ人が、非社会的存在という条件を継承し、絶滅させられねばならなかった。いわゆる非社会的存在はまさに、近代ブルジョワ社会をよりスムーズにする機能の遂行に立ちふさがっていると常に想定された人々であった。彼らはユートピアへの不倶戴天の敵であった。[64] 第4章でも、これらの対抗的タイプのことは取り扱ったが、ナチスは自前の厳格な分類システムとそれに続く殲滅《せんめつ》行為を通じて、そういったアウトサイダーたちをその論理的帰結へと導いたのであった。「論理的」という言葉はここにおいて重要である。なぜなら、実際のところ、ほとんどの人々は、そのような大量殺戮が二〇世紀のヨーロッパにおいて起こりうるとは予想できなかったし、ユダヤ人がヨーロッパから消え去るとヒトラーが予言した時にも、真剣に受け止めはしなかったからである。[65] すでに述べたように、ユダヤ人を含め、あらゆる対抗的タイプが似た者同士とされ、見た目も振る舞いも男らしさとは完全に対極なものと見なされた。ここにおいて再びナチスは明瞭であり、イマジネーションの余地を残さなかった【図8・4】。ナチズムは、人種主義における友と敵の間の明確な区別を継承した。[66]

したがって、ファシズムあるいはナチズムの新しい男性は、結局はそれほど新しくはなかったのだ。彼の基本的な特徴のほとんどは、標準的な男らしさと同じだった。ただ彼は

図8・4　エヴァ・バウエルによるイラスト『大人と子どものための絵本』(Nürnberg: Stürmer Verlag, 1936)。文中にはこうある。「ドイツ人は、いかにして働き、戦うかを知っている誇り高き男です。彼がかくも美しく勇敢なゆえに、ユダヤ人は彼を憎みます。これぞ誰もが一目で分かるユダヤ人というもの、ドイツ帝国最大の極悪人です。彼は実際にはひどく醜いにもかかわらず、自らを美しいと思っています！」作者のバウエルは18歳で、「簡潔な詩文と楽しげな色でドイツの青年たちに重大な知識を」伝えたいと願っていた。(Fred Hahn, *Lieber Stürmer!: Leserbriefe an das NS-Kampfblatt, 1924-1945*［Stuttgart: Seewald Verlag, 1978］, 158-59 より)

それらを拡大し、支配のための闘争に欠かせない道具として、攻撃的で非妥協的という特性を加えたのである。端正なイギリス男性、生粋のアメリカンボーイ、そしてＳＳの理想のメンバーの間には、大きな違いがあった。だが、それらは、諸々の徳と強さと美学的なアピールを備えた同一の男らしさのステレオタイプを本質的に共有していた——ただ、そのステレオタイプは、ある場合には控えめで非暴力的で共感的、別の場合には妥協を排し、可能な限りの手段を用いる好戦的なものだった。ファシズム、そして殊にナチズムは、近代的な男性性が、好戦的機能にまで純化された時に内包している恐ろしい可能性を明らかにしたのである。

これらの可能性は、現実化しなくてもよかった。それらは近代的な男性性の構成の中にただ潜伏している可能性だった。すでに述べたように、男らしさによってフェアプレーや騎士道が強調されることもあり、イタリアファシズムですら大量殺戮に進まなかった。ナチズムに一線を踏み越えさせたのは人種主義であり、ヒトラーからドイツ民族の主要な敵として常に見なされていた者たちの殲滅へと先導したものは、人種戦争であった。ファシズムが男らしさにおける戦士の諸特質を高め、人種主義がそれらを凶暴にし、理論とレトリックを現実へと変えたのであった。

第9章　新しい男らしさに向けて？

第二次世界大戦は、標準的な男らしさのステレオタイプに、直接的な変化をもたらさなかった。たとえ、ファシズムの新しい男性が目指すべき理想であって、全ヨーロッパで注目されていたとしても、そうした男性像が、実際に戦後の世界で生き残ることはなかった。にもかかわらず、そうした究極の男らしさの理想に対するある種のノスタルジーは、戦後社会の周縁部において見出すことができた。そこでは、ナチス親衛隊（ＳＳ）が想像力を掻き立て、例えば、ドイツ人によって書かれた回想録や戦後の大衆小説において、冷静で至高の男らしい人物像を生み出した。[*1]

しかし、輝ける未来に国民を導く「新しい男性」の創造について多くを語るということはなくなった。その代わりに、西ヨーロッパでは、できるだけ早く社会の組織が修復されなければならないというコンセンサスが生まれ、大戦後、まずは、その新しい伝統主義の一部分として平凡で標準的な男らしさが再確認された。

男らしさのステレオタイプの構築が、本書のテーマであるが、このステレオタイプが再び、広告や映画や文学においてあらゆる方面から、鮮明にそして魅力的に、我々の前に立ち現れている。この伝統的な男らしさの理想は、たとえそれがこれまでになく巧みな挑戦を受けることになったとしても、消えることはないだろう。一九八九年にもなって、最も有名な西ドイツの雑誌の一つが、広告には絶えずしなやかで、たくましく長身で、彫りの深い顔立ちの男たちが登場していると記した。[*2] 確かに、男性のステレオタイプに関する限り、大戦がまったく関わらなかったわけではない。だが、大戦は、標準的な男らしさを変えたのではなく、そのいくつかの側面を、短い期間で再強化することとなった。この点で、第二次世界大戦は第一次大戦とそれほど違っていたわけではないが、ただ、例外として、あれほど重要性を持っていた政治的な次元が一九四五年には存在しなかった。

戦後は、タフな男らしさが流行した。それは、アメリカ合衆国だけでなく西欧でも人気があったハンフリー・ボガートやジョン・ウェインといった映画スターによって示されていた。それどころか、ある種の残酷さが前面に現れた。ステレオタイプそれ自体においてではないが、例えば、広く普及したコミックブックのなかに、暴力的な行為が多く見られた。それらはしばしば、男たちから女たちに向けられたものであった。[*3] おそらく、戦争の暴力と、大衆文学と、形成途上にあるかつてないほど暴力的な欧米社会の間にはある種の連続性があった。ただ、状況は国によって異なったし、この種の男性の残虐性はヨーロッパよりもアメリカ合衆国でいっそう表現されたようであった。しかしながら、ヨーロッパであれアメリカであれ、戦後に広く受けいれられていたのは、抗争の記憶を消し去るような平和で、伝統的で、標準的な社会の再興であった。

ヨーロッパのソヴィエト支配下の地域では、概してかつてボルシェヴィキが宣伝したような男性イメージと同じものが引き継がれていた。そして、第6章で見たように、それは、スターリンの下で、ほとんど西欧のステレオタイプに近いものになった。そこでは、市民的価値観からのあらゆる逸脱は、社会的犯罪と見なされ、しかるべく罰せられた。少なくとも、セクシュアリティに対する態度が変化したソヴィエト時代の最後の数年以前までは、性的ないし社会的逸脱は西側社会の退化を象徴するものであると言われていた。最後の数年には、売春がいっそう可視化し、同性愛者組織が作られ、明白なセックスシーンが映画のなかで見られるようになった。[*4] にもかかわらず、ソヴィエト陣営の東欧諸国が存在していた間のほとんどの期間は、時が静止していた。冷戦にもかかわらず、西側と東側とは市民的価値観やジェンダーの差異についての考え方を共有していた。もっとも、少なくとも理論的には、一時的にソヴィエト陣営諸国においての方が、より大きい権利が女性に与えられていたのではあるが。

皮肉なことに、革命的起源を高らかに豪語していたソヴィエト陣営諸国は、ソヴィエト帝国の崩壊の数年前まで、戦後の最も伝統的で保守的な国々となっていた。西側では、復古的な諸潮流にもかかわらず、変化はゆっくりと起こって、その結果、標準的な男らしさのステレオタイプが侵食され、ジェンダーの伝統的分離への挑戦がなされていった。

伝統的な男らしさの理想がその力を示し続ける一方で、礼儀作法や道徳の変化を望む人々が歩みを進めていった。ヨーロッパにおいて女性の権利のための運動は、戦後の世界で最もめざましく進展した。例えば、一九六五年には、西ドイツの男女の大半が女性の場所は家庭であると考えていたのだが、一九八三年までには、女性の大部分と男性の過半数がこういった伝統的な態度を認めなくなっていた。ドイツのみならず、西ヨーロッパ全体で、かつて嘲笑された「新しい女」は勝利していくように思えた。[*5] 女性は、かつては排除されていた公的空間に参入し、家族の内部でさえも、男性と女性の権利のいっそうの平等が確立されようとしていた。おそらくより広い視点に立つならば、女性の平等のための運動は、一九六〇年代と七〇年代に急速に進んだ解放運動、例えば、アメリカ合衆国で黒人の解放を求めた公民権運動や、過去数世紀にわたる植民地支配を一掃しようとする独立運動などの解放運動の一つであっただろう。いずれにしても、一九世紀末に男たちを脅えさせた女性運動は、今や「二〇世紀末に」その目的の大部分を達成しようとしていた。

今回の男たちの反応は、以前ほど暴力的なものではなかった。実際、西ドイツの統計数値が示すように、女性の独立と新しい地位は男たちの間でも受けいれられてきた。確かに、「新しい女」に直面した一部の男たちには、不安や恐れが残っていた。一九九〇年代までに登場した、いわゆる男らしさ称賛本は、男たちだけが自分のものと主張できるような雄々しい男性的な本質のありかを見出そうとすることで、男たちを安心させようとしていた。[*6] 男らしさのステレオタイプは、一九世紀末からの世紀転換期よりも現在の方がより大きな圧力を受けているのに、その変化に対する反応が穏やかであったことは、再活性化した女性運動の挑戦によってだけではなく、男たち自身によっても、すでに侵食されてきたことを示すものであった。変化は、対立によってではなく、自らの腐食によるものであって、それは、二〇世紀末の男らしさのステレオタイプの運命にとって、解放された女性の増加と同じくらいの象徴的な重要性を持っていると思われる。変化は男性の理想の外側からではなくその内側から生じたのであり、かつて明らかに男性的ではないライフスタイルと考えられていたものが支持されるようになったのだ。

一九世紀末と同じように、第二次大戦後に礼儀作法と道徳の変革の先頭に立ったのは若者たちであった。しかし、今回は、アヴァンギャルドではない若者文化が出現し、すべての階級の人々を抱きこみ、大衆メディアの多くにも浸透した。これは、以前の青年の反乱という脅威とは異なる脅威であった。ヨーロッパにおいては、しばらくはイギリスがその先導役であった。例えば、いわゆるテディ・ボーイズ[†1]やそれに続くビートルズが新しい若者文化に影響を与えたが、一九五〇年代や六〇年代初頭のロックンロールの熱狂[*7]もそうであった。彼らは神経に作用する刺激を放出し、それが将来の傾向を定めるものであった。もっとも、すぐに、大西洋の向こう側のより大きな市場・資源・才能あふれる人材が、ヨーロッパのライフスタイルに支配的な影響力を行使することになるのではあったが。

本書のここまでの叙述では、分析対象を西ヨーロッパおよび中央ヨーロッパに限定することが可能であった。しかし、第二次大戦後については我々の視野を広げなくてはならない。と言うのも、この時期に初めて、アメリカ合衆国が、ヨーロッパの若者が好む音楽、衣服、流行といったものの手本を示すようになったからである。これらのものすべてには国境がなかった。そして、この若者文化こそが、戦後の礼儀作法や道徳の変化を推し進めた。映画などのメディアもまた、アメリカ合衆国によって支配され、変化しようとする動きに新しい次元をもたらし、それが描き出す多様な男らしさによって戦前には存在しなかった競合する男のイメージを普及させた。以前において大衆文化は標準的な男らしさの形成にも挑戦にもほとんど関与せず、保守的な力として作用し、男らしさへの挑戦は教養ある人々や知識人からもたらされた。しかし今や、例えば、アメリカ合衆国によって伝えられるポピュラーミュージックは、そのリズムによって、控えめで自制した男らしさの規範を変化させる効果的な動力となった。

アメリカ合衆国における一九五〇年代の「ビートジェネレーション」は、遅くとも一九六〇年代にはヨーロッパの若者すべてに影響を与えることとなる変化の前触れだった。ビートジェネレーションは「標準的なアメリカ人のステレオタイプにまったく縛られない」[*8]と言われた。彼らは、自分たちの男らしさを考慮することもなく、男性あるいは女性との性的な実験を行なった。ある一時期においては、ドラッグの使用が明らかにセックス以上に彼らにとって重要であったのであるが。ビートジェネレーションはジャズに熱中した。ジャズが彼ら自身の生活の熱狂したリズムに一致するように思われたからである。ポピュラーミュージックは、戦後のあらゆる多様な若者文化においてこの機能を果たすものであった。それは、大西洋の両側で、現代的生活と市民的価値観から逃れ、自分自身のアイデンティティの確証を求めていた若者に、リズムと激しい運動を提供した。

ポピュラーミュージックは身体的表現における快感を奨励した。それは逆に言えば、長いこと市民的価値観によって拘束されていた人間の身体の再発見を促すものであった。この再発見は、調和して変わらざる自然が男性とその身体を媒介した、一九世紀末の若者の反乱でも一つの特徴になっていた。例えばドイツの青年運動のように、コントロール不能な情熱の刺《とげ》を抜いてくれていた。しかし今や、ポピュラーミュージックはロックンロールであれ、いわゆるニューサウンドであれ、その作られ方にかかわらず、ワイルドで情熱的で調和のとれない身体の動きを奨励し、若者に自分のやりたいようにすることを促した。個人的なアイデンティティの探求は重要な動機となっていて、「ビートジェネレーション」であれ、一九五〇年代イギリスの「怒れる若者」であれ、あるいは、ずっと後の「ヒッピー」や「パンク」といった若者であれ、みな伝統にとらわれずに、自分自身であろうとした。

第二次大戦後の若者文化の歴史を描くことはここではできないが、その歴史には一九六〇年代の学生運動の中の若者を含め、単に個人的ではない、社会的・政治的な政策課題を抱えていたほとんどの若者が含まれていたことに注目しなければならない。さらに戦前とは対照的に、若者は、若者文化のいっそうの民主化に寄与するような巨大市場として発見されつつあった。こういった若者文化と近代の男らしさとの関係は明白で、身体の運動と表現、あるいは、リズムと規制されない感情の放出における快楽は、我々がくり返し論じてきた男らしい性質にまったく対立するものであった。もし、ウォルター・ペーターやクラフト＝エビングやシャルコーといった人々が、現代のディスコを訪れたなら、彼らは、そこの客たちを神経衰弱として、または本書の文脈では（不幸なことに）ヒステリックな男として処遇するべくサルペトリエールに監禁しようとしただろう。

身体運動における快楽は、より自然な外見を伴うものとして、それは、一九七〇年代までに確立されたように思われる。一部の若い女性は、すべてのファッションや装飾を拒否して人工的でない自分を表現した。当時のやや軍隊的な髪型に対して抵抗した男たちが髪を長く伸ばし始め、短いポニーテイル（ピッグテイル）を見せびらかした。ジェンダーの区分がここで問題となり、服装や外見はその区分を曖昧にしたが、それらはいまだ基本的なヘテロセクシュアリティを問いなおすものではなかった。しかしながら、このジェンダーの捻じ曲げ《ベンディング》（そう言われたのであるが）は、男を男らしくなくさせて、しばしば、彼らに両性具有的外見を与えた。

両性具有〔アンドロギュノス〕は、女性器をもった男性および男性器をもった女性のどちらも含むが、一九世紀末までには、男女双方にとって危険なモンスターだと見なされていた。ホモセクシュアルとレズビアンたちは、先に見てきたように、両性具有をジェンダーを捻じ曲げる理想として賞揚し、彼らを社会が周縁化するのを終わらせるのに寄与するものと見なしていた。しかし、第二次大戦後四〇年経った今、いわゆる両性具有的外見は、それ自体がファッションであり、標準的な男らしさや女らしさに反対する申し立てとなり、伝統への対抗を新たな極限にまで推し進めた。一九八〇年代や九〇年代のイギリスやアメリカの人気のあるエンターテイナーたち、例えば、デヴィッド・ボウイやボーイ・ジョージ、マイケル・ジャクソンは、国境を越えてそうした両性具有的外見を広めた。彼らは、公的な人物として以前なら不可能であったようなやり方で、男らしさについて当然視されている理解に疑問を呈した。そして、一九八四年には、男性の歌手であるディー・スナイダーが、その年の女性ベストドレッサーに選ばれさえした。[*9]

広告もまた、主要新聞や雑誌においてこのテーマをとりあげ、新しいファッションを売ろうとした。彼らが採用したモデルは、トランスジェンダーではなかったし、性別適合手術もしていなかったが、男らしさのステレオタイプの残骸をほとんど放棄しているようにも見え、そういったことが広く公的な称賛を得ていた。だが、彼ら特有の両性具有性は、暴力的なリズムや耳をつんざくような音に満ちたダンスや音楽での流行と関連させて見る必要がある。この現象は、疑いもなく男らしさのステレオタイプの崩壊を示すものである。それはビートジェネレーションが、彼らの抵抗のなかで、ある種の男らしさを元のまま保っていた時でさえ、そうであった。例えば、一九五〇年代から六〇年代初頭に大衆のアイコンであった映画俳優ジェームズ・ディーンのような、壊れやすく一見男らしくない、公衆の面前で泣くことを恐れない孤独の人でも、男らしさを強調していた。彼の主演した『理由なき反抗』（一九五五年）で、彼の父親が、毛皮のコートを着た女性化した男性として描かれていた場面で、ディーンは「俺は、あいつのようになりたくない」[*10]と叫んだ。二〇世紀後半における両性具有イメージの重要性は誇張されてはならない。広く共有されていたのは、時代の気配であって、ジェンダーアイデンティティではなかった。言い換えれば、かつて第三の性と呼ばれたものが採用されたというより、服装や外見での両性具有性の流行を示すものだった。

一九六八年頃イギリスに現れたいわゆるスキンヘッズは、この若者文化の複雑さを表している。スキンヘッズは、自己証明の手段として、ポピュラーミュージックの中心的な重要性ならびに文化的正統派から外れた生活スタイルを若者文化と共有していた。しかし彼らはまた、「形式化された、ハードな男らしさ」[*11]のイメージを表現してもいた。スキンヘッズは労働者階級の出自を示して、イキがって歩き、概して、こぎれいな服を着ており、こういった点では当時の若者文化とは異なっていた。スキンヘッズは固有の政治的主張を持たなかったが、タフで好戦的で、すぐにカッとなった。若者文化における多数派とは対照的に、彼らは、平和を好まず、けんかが好きで、仮想敵を暴力的に攻撃した。彼らは、黒人、ユダヤ人、アジア人に「邪魔だぞ！」と言い放った。[*12] これは、戦士としての男性を模倣した集団であり、男らしさと市民的価値観の結びつきを、実際の行動において表すことはなくても、姿勢としては表していた。両性具有、長髪、そして、ジェンダーの捻じ曲げは、スキンヘッズにとって、真の男らしさと対立するものとして嫌悪感を起こさせるものであった。このように、若者文化に一方の根を下ろしつつも、高められた男らしさを崇拝する集団があるのである。

いずれにせよ、原則の表明としての両性具有は女性の権利獲得運動のある部分にとって、非常に重要なものであった。例えば、近年のラディカル・フェミニズムは、両性具有の人間を、多様な性役割、それゆえ多様な社会的な役割を自由に選び、男性的ジェンダーと女性的ジェンダーの間を行ったり来たり自由に動く人間として見なした。[*13] 両性具有というイメージがラディカル・フェミニズムに提供したのは、女たちが標準的な社会において彼女らにいまだに割り当てられている場所から逃れることができ、彼女らの才能と能力を十分に発揮できるようにする社会変革のためのユートピア的理想であった。同時に、両性具有は、男性にとっても、そのモンスターとしての悪評を払拭し、若者文化の一部として近代的な男性性に対する挑戦を行なった。にもかかわらず、ズボンやシャツといったいわゆる男性的な服を着た女性たちは広く受けいれられたが、女性の服を着た男性は、かつても、そして今もなお、嫌悪感を起こさせるものと見なされている。男らしさはここでも守られており、深く根ざした伝統として変革に対して勝利している。結局、服装は、常にジェンダーの主要な記号の一つとして存在してきたのである。

第二次大戦以降ずっと、若者文化は多岐にわたるものだったが、そのいずれもアウトサイダーであることを称賛してきた。多くのヨーロッパ、アメリカの若者たちが、対抗的タイプとしての自らの役割を大事にし、社会規範に対する自分たちの優越性を主張してきた。対抗的タイプは常に存在していたが、かつてそれは社会によって周縁化されていた。だが、先に見たように、一九世紀末には、男らしくない男性と女らしくない女性がかつてよりも可視化されるようになったので、変化が生じたように思われた。対抗的タイプは、常に標準的な男らしさに対する根本的挑戦を行なってきたが、戦間期においてその挑戦は、かつてないほどに達した。ヴァイマール共和国では、ゲイやレズビアンであることをオープンにしている多数の男たちと女たちの文化的な活動が見られ、右翼政党にとって、ベルリンの活発なゲイのナイトライフは、共和国体制の退廃の象徴であった。

ナチスドイツとさらに他のファシストたちのヨーロッパは、同性愛者を迫害し、相対的に寛容であった数年間を終わらせた。しかし、例えばドイツにおいて、一八七〇年から同性愛行為を禁止した法律は、ナチスの終焉後二〇年も経た一九六九年になるまで破棄されることはなかった。アウトサイダーのステレオタイプはファシズムとナチズムの敗北の影響を直ちに受けることはなかった。同様に、標準的な男らしさのステレオタイプも、新しい社会秩序によってすぐに変化することはなかった。例えば、ロマは再び周縁化され、迫害を受けたことへの補償を何も受けなかったし(二五万人が殲滅収容所で殺された)、同性愛の存在は、いわゆる標準的な男たちの自信を補強し続け、彼らが拠り所とした男らしさのステレオタイプを強化した。

しかし、第二次大戦後かなり経ってから、同性愛者が社会の周縁から脱して、以前よりもずっと効果的に標準的なステレオタイプに挑戦するようになった。若者文化の異性愛のメンバーによってじわじわとなされたジェンダーの攪乱は、この挑戦のためによりよい環境を提供するのに役立ち、アメリカにおける黒人や女性による公民権獲得の戦いは、同性愛者の権利運動を再び活気づけた。その運動は、二〇世紀初頭からすでに存在していたが、広い基盤を持っていたわけでもなかったし、大いに有効だったわけでもなかった。今や、男性的でない男たち、女性的でない女たちが可視化されるようになり、真の男らしさへの挑戦は、そうした挑戦があることだけでも過去の世代は挑発されたと感じて怒ったのだが、そこよりもはるかに先に進んだ。多くの法的差別が終わりを告げるまでには、すでに述べたように、戦後なお数十年かかった。そして少なくともいくつかの国々では、同性愛者の権利が公的に認められるまでさらにその後一〇年近くかかった。

一九七〇年代と八〇年代に、ゲイのサブカルチャーが定着し、支配的で標準的な文化に影響を与え、我々が議論してきたような若者文化と相互に作用し強化しあった。それはまた、若者文化を社会全体に広める手助けをした。ゲイたちはファッションデザイナーやクリエイターとしても抜きん出ていて、そのファッションはカラフルで、大部分は型破りなものだった。その上、一九八〇年代までにゲイ文学の正典が作られてきていた。その多くは、自分がゲイであることを公にするいわゆる「カミングアウト」の物語で、ヨーロッパ中で容易に入手できるようになっていた。これは、もはや、あえてその名を語らないような愛ではなく、新聞はゲイライフのほとんどすべての側面をカバーし、広告は、男性ファッションを売り込むために、明らかにゲイと分かる人々を使うようになった。ホモセクシュアルは、いまだにステレオタイプ化されるが、今や、より肯定的なやり方で、正確には男らしくはないが、美しいものとしてステレオタイプ化されることも増えた。こういったゲイのサブカルチャーの正確な影響を測ることは不可能だが、それは全体的な雰囲気に影響を与えており、若者文化と「新しい女」の勝利――それは、もはや嘲笑されるのではなくロールモデルとなったのだが――によってもたらされた性的態度や振る舞いの全般的な変化の、目につく標識や兆候であった。

二〇世紀末のこのような文化的変化は、男らしさのステレオタイプに対する今までにない脅威となり、それが侵食される危機をしばらくの間もたらしそうに思われた。我々が議論してきたような男らしさのステレオタイプへの挑戦は、多くの人にとって道徳の衰退と思われるようなものを含んでいた。それは、男らしさならびに社会全体が求めていた、明確に定義された伝統的な諸徳を放棄し、個人の選択として曖昧に定義されるような諸価値に置き換えるものであった。[*14] しかし、たとえかつての対抗的タイプが、そう簡単に伝統的な役回りを引き受けなくなったとしても、また、新しい若者文化が広く普及したとしても、ずっと以前から社会に染み込んでいた古い男らしさのステレオタイプは、断固として変わらないように思われた。

若者文化のいくつかはいわゆる非男性性にもかかわらず、いわゆる真の男《リアルマン》に対する一定のノスタルジーを示していた。ジェームズ・ディーンも、女々しい男たちを拒否することにおいて例外ではなかったし、結局、きわめて男性的なマーロン・ブランドが、一九五〇年代に若者の偶像であった。のちには、両性具有的な歌手たちでさえ、ホモセクシュアリティとのいかなる関連も頑強に否定した。実際、新たに見出された自信にもかかわらず、多くのゲイたち自身が自らの男らしさを強調しようとした。

男らしさの美という標準的な理想は、単に一般社会の想像力のみならず、男性同性愛者たちの想像力もとらえていたのである。それは、自分たちの好ましからざるステレオタイプを脱ぎ捨てるためにのみ目指された理想ではなかった。変化の時代を通して同性愛者たちが標準的な理想を持ち続けていたことは、第7章ですでに引いた例、すなわち一九二四年と七九年の間に書かれたドイツのゲイのラヴストーリーからの引用においてよく表れている。そこでは、「美しい青年たち」が、しなやかで、筋肉質で、ブロンドで、大理石に刻まれたような顔（エルンスト・ユンガーの戦士たちを彷彿させるような描写）として変わることなく描かれている。色彩を別にすれば、こうした青年たちの描写や絵は、ヴィンケルマンが論じたギリシア彫刻に合致するものであっただろう。[*15] それらは、体毛が少なくなめらかで、標準的な男らしさの理想が常に自己表現してきたものと同様であった。ここでは、標準的な男らしさとその対抗者との間に違いはない。対抗的タイプとして拒否された者たちに見られる、男性のステレオタイプとの連続性は、同性愛者に限定されるものではなく、例えば、ヨーロッパのマイノリティとしてのユダヤ人もまた、マックス・ノルダウの「筋肉的ユダヤ教」の主張が示しているように、男らしさの理想を内面化した。

　ノルダウは、一八九二年にいわゆる標準的な社会と男らしさのステレオタイプへの信念の結びつきを再確認する、退廃を批判する有名な論評を書いた。この結びつきは、本書を通じて我々が論じてきた強力な連合だったが、再び、男らしさの侵食の可能性に直面していた。ノルダウはその時代の典型的な反応を示した。近代の不安定さは、「確固とした秩序の終焉」の兆しであり、近代の不安定さに常に対抗するものとされてきた男性のステレオタイプこそ、退廃に対する治療となるのであった。すなわち、男というものは、丈夫な胃と固い筋肉と意志の力を持つ者であると、彼は論じた。[16] 第一次大戦後の西ヨーロッパ諸国は、長い間確立してきた道徳を守るためのしきたりを維持するか、あるいは、強固にしようとさえしてきたが、現代では、イギリスにおけるように保守政権が、一九八八年に公立学校におけるいわゆるホモセクシュアルの「奨励」を禁じることによって、礼儀作法や道徳における変化の潮流をくいとめようとした。

一九世紀末には純潔協会が、彼らが退廃の脅威と見なしたものに対抗しようと試みていたが、今では、より保守的なカトリック教会やプロテスタント原理主義者たちが、多くの保守勢力と同盟を結んで、それに取って代わるようになった。とはいえ、悪徳との戦いにおいて、純潔協会も、彼らにお墨付きを与えてくれるキリスト教会といたるところで関係を維持した。[17] 礼儀作法や道徳を緩めることへの反対論は、一世紀以上にわたり変化することはなかった。言うまでもなく、かつても今も、純潔化運動は伝統的社会に傾倒して、ジェンダーの分離と男らしさのステレオタイプの維持を重要政策としていた。

しかしながら、二〇世紀末と一九世紀末の間に類似性を見ることは、いかに伝統的社会に新しい社会が浸透しているのかを比較するにはあまり役に立たない。と言うのも、今日の若者の多くは独自の、また根本的に異なる文化にとらえられているからである。しかし、社会の伝統的な構造が根強いことも今一度明らかになった。例えば、西ヨーロッパの政治体制は、変化の原動力となっていた若者文化から何の影響も受けていない。ゲイやレズビアンたちが以前より表面に出て自己主張するようになり、女性の権利獲得運動がその戦いにおいて、疑いもなく勝利していたにしても、ステレオタイプにおける何らかの変化の基礎である、受容されていた道徳や礼儀作法における全般的な変化は、一九九〇年代までは、まだ大いに疑わしいものであった。

ここでは、別の要素の方が決定的であったかもしれない。それは、ここまでに述べてきたものの一つ、すなわち、標準的な社会が敵対者を取り込む能力に長けているという点である。実際、標準的な社会は、愛国心を用いながら、あるいは、非政治的で面白いアヴァンギャルドとして鼓舞しながら、若者のそれまでの反乱を統合していった。しかしながら、現在の若者文化の曖昧な男らしさを、固定した男らしさのステレオタイプへ統合するのはいっそう困難かもしれない。おそらく、戦争が標準的な男らしさのある種の特徴を強めたのと同じように、男性的なイメージへの現在の挑戦は、最終的には、そのイメージの角張ったところを和らげ、ステレオタイプにより大きな柔軟性を与えて終わるのかもしれない。

男らしさのイメージ、つまり男たちが自らの男らしさとして信じていると主張しているものであるのだが、それは、いまだ我々の文化のなかに行き渡っている。一九九三年末にまだ、一人の著述家が、男らしさに対する男たちの不安を「男らしさの呪い」として描くことができた。結局、男らしさへの具体的な道標は失われ、合格しなくてはならないような男らしさの単純な試験はもはや存在しないということなのだ[*18]。一つの確かな規準が過去においては存在し、いくつかの信頼できる試験でその人が真の男かどうかを比較的簡単に確認していたのだ。それは、例えば、決闘や戦争における勇気や、より一般的には、意志の力を持っていること、そしてまた、「静かなる強さ」や、望ましい道徳的態度といった男らしい諸徳であった。

適切な外見や振る舞いが、真の男らしさの証拠であった。身体の外観と魂の質の一致が、いかなるステレオタイプでもその本質を成すものである。たとえ理想それ自体が、なお存在していたとしても、今や男性のステレオタイプの輪郭は次第に曖昧なものとなってきた。二〇世紀末のボディビルディングの新しい流行も、もはや、適切に作り上げられた身体を獲得することによって男らしさの試験に合格しようという願望によって動機づけられるものではなくなった。そういった動機づけが、一世紀以上も前の体操運動のなかでは重要な役割を演じていたのであるが。

我々が関心を払ってきた男らしさの理想は、公的に語られてきたものだが、私的にはさまざまな男らしさの解釈が存在していた。そして、男らしさの標準的なステレオタイプは、疑いなく、ほとんどの個人の生活のなかでその役割を演じてきた。それは、社会にあまりに深く浸透し、あまりに多くの必要性と希望を映してきたのだ。標準的な男らしさは、社会の礼儀作法と道徳の中心となっていた。またそれは、人間の身体やセクシュアリティに関する態度、衣服、外見、個人的な人間関係の中での振る舞いなど、生活のあらゆる面に浸透している市民的行動パターンの中心にもなっていた。

　市民的価値観というブルジョワ的パターンは、近代的な男性性が構築されるのと同時に、形成されてきた。それらは両方とも、中産階級文化に欠くことのできないものだった。男がいかにあるべきかという議論は、常にこの中産階級文化を参照してきた。例えば、男性のステレオタイプを考える際には、その背景にあるブルジョワジーによる美の崇拝が参照された。あるいは男性の名誉という古い理想を吸収した中産階級の感受性が参照されることもあった。男らしさの理想は、市民的価値観の維持に不可欠であったが、男性のステレオタイプは、国民形成においても同じように重要であった。近代的な男性性と近代国民意識は、同時に成長してきた。一方で戦士のイメージが必要とされたが、国民それ自体は、戦争を超えて理想のタイプを、他の国民的な象徴と同様に抽象的な概念に息を吹き込むような生き生きとした象徴を求めた。言葉や絵画で「ドイツ男性」や「イギリス男性」が語られ、それらは、ほとんど常に国民性を代表するような明確な型を含意していた。この役割を満たすべきであると言われた男性は、国民による違いは多少あったとしても、おおよそ男らしさのステレオタイプであった。我々が見てきたように、社会主義者やボルシェヴィキでさえ、市民的価値観に沿おうとする際に、ステレオタイプの魅力を拒否することはできなかった。

　近代的な男性性の運命は、それが属する社会に、またとりわけ、市民的価値観に対する社会の態度に結びついていたし、今も結びついている。そして、市民的価値観は社会に決定的な結束を提供しているものだから、その崩壊も急激な変化も想像しにくい。ナショナリズムは、いまだ健在である——多くの人によって、それは死んだと第二次大戦後に言われていたにもかかわらず。同じく、国民的なステレオタイプの探求がナチズムの人種政策と結びついていたために、一時的に評判を落としていたとしても、国民的な象徴の崇拝もいまだ健在である。したがって問うべきは、男性のステレオタイプが消えるかどうかではなく、それが衰退していくかどうかということである。二〇世紀を通して、戦争やファシズムによる標準的な男らしさの高揚や、社会主義やブルジョワ的感受性によるその輪郭の緩和など、我々はすでに多くの変化を見てきた。

男らしさが近代社会の希望や欲望を反映してきたとすれば、もしも社会の希望や欲望が根本的に変化したり、もはや秩序と進歩の折り合いをつける必要性がなくなったり、そして、社会の機能に不可欠なダイナミックな思考がもはや調和への切望を脅かすものとして認識されなくなったとしたら、何が生じるのだろうか？ こういった変化は、男らしさのステレオタイプから伝統的な機能の多くを奪うことになるだろう。しかし、この変化は近い未来に起こるとは思われない。

とはいえ、男性の外見やそれが表現しようとしているものにあまり関心が持たれなくなっているとすれば、別な象徴が男らしさという象徴やその機能に取って代わることはあるだろう。さらにまた、より多くの人々が人間のステレオタイプに以前より疑いを向けるようになりつつあり、今日、「ステレオタイプ」はしばしば否定的な意味を含むものとなっている。だからこそ、本書の冒頭で、肯定的なステレオタイプもまた存在するということ、そしてその心的表象の中でも最も強力なものの一つを扱うということをわざわざ説明しなければならなかったのである。

近年の若者文化は標準的な男らしさと並んで栄え続けているが、それが伝統的社会の必要性に勝利する兆しは、今のところほとんど見られない。しかしながら、戦いはいまだに続いている。答えられないとしても問うべきは、真の男らしさが覆されるかどうかではなく、それがどの程度まで捻じ曲げうるのか、ということである。

ここで、女性運動が最も重要である。なぜならそれが家父長制の崩壊後にも男らしさのステレオタイプが生き永らえるかどうかという問題を提起しているからである。今日の男性と女性がより対等になっているとはいえ、特に家庭においては、男らしさの理想がいまだ保持されている。その理想は、単に権力関係に依存しているだけではなく、我々がしばしば言及してきた礼儀作法や道徳や社会的理想などというもののネットワーク全体に依拠しているのである。近代的な男性性は、近代社会をつなぎ合わせるものとして重要性を持っているために、男らしさの理想を廃棄するのは困難になっている。歴史はそれほど簡単になかったことにはできないのである。

現在の見通しがどうであれ、大切なことは、歴史的事象を理解して把握することである。この事象は、昔も今も、かつて男らしさが定義された「読まれるべく掲げられたプラカード」のように、抽象的な理想であると同時に具体的なのである。[*19] 加えて、このプラカードは、その内容が時を経ても相対的にほとんど変化しないまま現在に至っている。かつてなかったほど危機に瀕しているように思われる今日でさえ、男らしさは、おそらくは西洋社会の大半の人々の自己理解や世界観に影響を与えている。

近代的な男性性の未来は憶測の域を出ないが、男らしさは社会のすべての局面に影響を与えていたのだから過去におけるその重要性は疑いない。男性のステレオタイプに焦点を合わせることは、それについての公的なイメージを通じて男らしさの歴史を論じることを意味していた。それが、男らしさの完全な歴史であるとは言えないし、そのイメージが及ぶものすべて、また男らしさのイメージが刺激した活動のすべてを探ることもできない。と言うのも、それをやろうとすれば近代社会総体の歴史を描くことになるからだ。しかし、男らしさの歴史は、近代的生活に関する最も重要で永続的な象徴の一つの社会的・政治的重要性についての洞察を与えてくれるだろう。

社会の変革を望むすべての人々は、周縁化されることを避けたいと思う人々と同様に、近代的な男性性のステレオタイプを考慮に入れなくてはならない。それを扱うことなしには、例えば、女たちやゲイの解放運動のいかなる歴史も不完全なものにとどまろう。男たちという測定手段を採用することが、我々の生きている社会を理解するために求められた貢献をするのであり、そうすることによって、変革の可能性のいくつかの道標を提供しうるのである。

著者謝辞

本書は、男らしさのステレオタイプと、その政治的効果と結果の歴史に焦点を合わせている。なおかつ本書は、標準的で広く普及した男らしさの理想に照準している。

この探究にあたって、感謝すべきことがらを各方面に負っている。大英博物館、ロンドンのウィナー図書館、ヘブライ国立図書館と大学図書館、ウィスコンシン大学図書館は、何年間にもわたって他郷における私の家になった。西ベルリンのドイツ国立図書館、ケンブリッジ大学図書館、コーネル大学オーリン図書館にもお世話になった。ハワード・フェルティヒはその比類無き能力で、私の考えや文体をより良く、かつ明確にしてくれた。ポール・ブラインスとアンソン・ラビンバッハは、文章を読み、大変良く推敲してくれた。ドーン・バークリフトに対しては、本書の多くの部分を豊かなものにしてくれた根気強い調査に対して、感謝せねばならない。サンダー・ギルマンのサポートに対しても感謝している。彼は諸々のステレオタイプについての膨大な知識を提供してくれた。ロイス・コーコランは、大変忍耐強く、何度も手書き原稿をタイプし、校正刷りのチェックを手伝ってくれた。ジョン・トートリスが創り出してくれた環境、彼のサポートや援助には、非常に多くの特別なものを負っている。それは本書の執筆を、よりやりがいのあるものにしてくれた。

第5章は部分的に、ロイ・ポーターとミキュラス・タイヒ編『性知識、性科学（*Sexual Knowledge, Sexual Science*）』（Cambridge: Cambridge University Press, 1994）所収の「男らしさとデカダンス（Masculinity and the Decadence）」に含まれている。また、第6章の一部はチャールズ・ストローツァーとマイケル・フリン編『暴力と人類のサヴァイヴァル（*Violence and Human Survival*）』（Lanham, Md.: Bowman and Littlefield, 1996）所収の「男らしさと戦争（Manliness and War）」が初出である。

訳者あとがき

本書は、George Lachmann Mosse, *The Image of Man: The Creation of Modern Masculinity* (New York, 1996) の全訳である。表題を直訳すると、「男のイメージ——近代的な男性性の創造」である。邦訳タイトルは、原本との対応がすぐに分かるように主表題は直訳したが、副題には「社会」という語を入れ込んだ。その理由は、次のようなものである。

表題の直訳から受ける印象は、近年流行している、多数の図版を用いた軽やかな表象研究というものだろう。もちろん、モッセによる表象分析の軽やかで華麗な叙述も本書の魅力の一つである。しかし、それ以上に、本書は、近代以降の欧米諸国（主に独英、そして伊仏露米）の社会的／政治的編成についての重厚な歴史研究である。つまり、表象の内部にとどまる分析ではなく、男らしさの表象の社会的／政治的作動を分析することが本書の独創性であり眼目なのである。

そうした本書の性格付けは、実はモッセの他の著作にも共通した性格である。社会史研究であるが数量データに語らせる社会経済史ではなく、また、政治史研究であるが権力装置の指示書や指標である公文書を中心とする政治史ではなく、人々の意識や欲望が、社会のいかなる目標と作動の必要性から、どのような表象・象徴・言説・イデオロギーに拠って編成され、どのように人々の行動を駆動して社会的／政治的体制を維持あるいは変動させていったかの研究である。

このような方法論は、特に大衆が社会変動の表舞台に登場したフランス革命以来の歴史研究において不可欠だというのがモッセの考えである。佐藤卓己氏の評価によると、政治史研究においてモッセのこうした「シンボル政治史」の影響は、E・ホブズボウム、T・レンジャー編『創られた伝統』（邦訳名）やD・ブラックボーン『イギリス社会史派のドイツ史論』（邦訳名）など広く及んでいる。

さて、本書固有の特色についてであるが、本書は、モッセが一貫して研究してきたシンボル政治史の研究のうちで、特に男らしさ（masculinity）や男らしさの表象・象徴に注目している。男らしさのステレオタイプが、ダイナミックさと秩序を同時に必要とする近代ブルジョワ社会にとっていかに不可欠なものとして、どのようにして形成されてきたか（第1章〜第3章）、また、それが反理想像として対抗的タイプを必要とし措定してきたこと（第4章）、特に一九世紀末から、男らしさのステレオタイプが、それが対抗的タイプとして周縁化したものによっていかに脅かされていたか（第5章）、そしてほとんどの国民が動員された第一次大戦で男らしさとナショナリズムが兵士イメージに結晶化し、それに対抗する新しい男性像を提起した社会主義者は兵士の男らしさを継承したファシズムの前に敗退したこと（第6章）、男らしさは男子学校や男性組織によって広汎に育成され、同性愛者やユダヤ人たちも同じ男らしさに惹きつけられたこと（第7章）、ファシズムはブルジョワ社会の基盤である市民的価値観（respectability）との間に緊張をかもしながらも、結局は市民的価値観の支持を調達しつつ男らしさの再強化を行なうことで社会統合を果たしたこと（第8章）、第二次大戦後の半世紀における男らしさの変化（第9章）、以上を論じたものである。

　実は、訳者たち三名の興味関心は、ジェンダー研究、とりわけ男性性史研究にある。そうした興味関心から見た場合も、本書は、まさにエポックメーキングな著作である。近代ブルジョワ社会が、自らの中心的象徴に男らしさの一定のステレオタイプを確定し、それが、対抗的タイプとしての同性愛男性やユダヤ人男性や「新しい女」を不可欠なものとして配置した、という本書のテーゼは卓抜であり、論証も説得的である。

　これまで、日本においても、ジェンダー／セクシュアリティ研究の領域において、女性や、同性愛者や、オルタナティヴな男性イメージについては一定の研究蓄積がなされてきた。しかし、モッセによると、それらの研究は、社会において覇権的な男らしさのステレオタイプとの関係の研究なしには不十分なものにとどまる。訳者たちもそれに同意する。

モッセも指摘するように、我々はとかく新奇なものに目を奪われがちになるが、社会の底流を規定するのは、多数派の人々の「凡庸な」必要と欲望と希望である。そしてそれらが種々の問題や危害を引き起こすことも多い。

モッセのドラマティックな伝記については、佐藤卓己氏による紹介をぜひお読みいただきたい（『ナショナリズムとセクシュアリティ』訳者解題）。

モッセの他の著作リストについては、やはり佐藤氏作成によるものを見ていただきたい（『大衆の国民化』訳者解説。なお、そのリスト以後の著作は、先に掲げた本の訳者解題で触れられている。その中に本書のことが、最近作『男性のイメージ』として挙げられている）。

モッセの邦訳は、単行本としては以下のものがある（丸カッコ内は邦訳刊行年、〔〕内はその後文庫化されたものを示す）。

『大衆の国民化――ナチズムに至る政治シンボルと大衆文化』佐藤卓己・佐藤八寿子訳、柏書房（一九九四年）〔ちくま学芸文庫、二〇二一年〕

『ユダヤ人の〈ドイツ〉』三宅昭良訳、講談社選書メチエ（一九九六年）

『ナショナリズムとセクシュアリティ――市民道徳とナチズム』佐藤卓己・佐藤八寿子訳、柏書房（一九九六年）〔ちくま学芸文庫、二〇二三年〕

『フェルキッシュ革命――ドイツ民族主義から反ユダヤ主義へ』植村和秀・大川清丈・城

達也・野村耕一訳、柏書房（一九九八年）

『英霊――創られた世界大戦の記憶』宮武実知子訳、柏書房（二〇〇二年）〔ちくま学芸文庫、二〇二二年〕

訳語について一点。モッセの重要な基本用語に respectability というものがある。直訳だと「世間に通用すること、世間体、世間的に立派なこと」であるが、佐藤氏による「市民的価値観」という訳語がモッセの用語には適訳なので本書でも踏襲させていただいた。

文体についても一点。モッセの文章には逆接が多い。逆接を表示する語によって続けて三度も四度も文章が反転・屈折していくことも稀ではない。それは、歴史的事象の複雑さ、歴史的出来事の矛盾に満ちた意味の多重性を反映するものでもあるが、モッセの文体の癖でもあろう。逆接が連続すると議論が見通しにくくなるし、どう考えても逆接が適当と思われない箇所にも逆接を用いていたりする。要注意と思われる。

訳出は、謝辞と第1章〜第5章と原注および訳注作成を海妻、第6章と第8章を細谷、第7章と第9章を小玉が分担し、すべてに細谷が目を通して流れを整えた。作業の大幅な遅れがあり、最初は三人で集まって検討しつつ訳出していたが、途中から主にメールでのやり取りでの作業になった。この大幅な遅れで、作品社の太田和徳さんに多大なご迷惑をかけてしまった。かつ、同氏からは、翻訳作業においてさまざまな適切なアドヴァイスも受け、ありがたかった。また、英文解釈について、海老沢邦江氏と松本芳江氏からご教示を賜った。訳について、なおまちがいや不適切な箇所があるかもしれない。その（訂正の）責任は細谷にある。ぜひとも皆様からのご指摘・ご教示を乞いたい。

細谷　実

二〇〇五年二月二〇日

文庫版への訳者あとがき

本書の翻訳が作品社から単行本として刊行されたのは一九年前だった。購読してくださった方にはたいへん申し訳ないことながら、初訳版は日本語としてこなれていない個所があることに加え、少なからぬ誤訳にも後で気づいた。その「訳者あとがき」に、訳の訂正の責任は細谷にあるとも記したので、長年気に掛かっていた。この度、文庫化の話があり、わがままを言って、訳の全面的な見直しと多くの書き改めを行なった。また、文庫本なので多様な読者がさほど悩まずに読める文章を目指した。

本書は、一八世紀末から特に二〇世紀前半の両大戦を含む時代のシンボル政治史の開拓者ジョージ・L・モッセが、近代になって作られ機能し続けてきた男性の肯定的ステレオタイプと男らしさ（男性性）に焦点を当て、その形成と作動について、主に独英、そして伊、さらに仏露米の歴史において論じた本である。シンボル政治史の書でありながら、文化論、美術論、ジェンダー論（特に男性学）としても、大変面白い内容である。

そのうちで、訳者が関心を持つ男性学から、二一世紀の現在における本書の意義について少し述べたい。モッセは、最終章（第9章）で、男性の肯定的ステレオタイプ・男らしさが、世界的な若者文化と消費社会の広がりによって、一九五〇年代の終わりから腐食してきている、と指摘していた。ただし、モッセの歴史叙述に付いて回る一筋縄での捉えきれなさも含んでいる。つまり、その腐食は、激しい音楽やダンスでの感情表出、若い男たちによる古いドレスコードの拒絶、あるいは規律や自制や体面の放棄など、主に流行と外面に関わるものであり、モッセ自身が共感を寄せている内面のアイデンティティでの両性具有性には繋がらないとも述べられている。

　とは言え、東欧を除いたヨーロッパ諸国での女性運動は今日まで前進を続け、家族における男性稼ぎ手モデルが立ち行かなくなり、男性社会の権威主義が衰退に向かうにつれて、広汎な若い男女の間で性的なアイデンティティの交差・混交も少しずつ進行している。まったく停滞しているかに見える日本でさえ、かろうじてその方向に向いているようだ。古い男らしさの腐食は、就職氷河期（一九九三〜二〇〇六年頃）以後の世代では広汎な変化となっているし、敢えて言挙げすることなく女性的なアイデンティティを部分的に有している男たちも少なくない。しかし、東欧、ロシア、中国では権威主義的男性性が健在である。しかもアメリカでもトランプ現象に見られる、市民的価値観さえ壊すような男らしさが現れている。さらに、イスラエルは、本書に出てきたシオニストのマックス・ノルダウの筋肉的ユダヤ人像を継承するかのように筋肉的男性主義国家として振る舞い、目下国際的な批判を引き起こしている。

以上のごとくやはり逆接を重ねなくては描けないように、二一世紀になっても男らしさのあり方は一筋縄では捉えられない、かなり錯綜した変動状態にある。このような現代世界の状況を解読するためにも、本書でのモッセの議論は、大変有効なものである。

改訳について。最初に初訳と同じ共訳者三人でビデオ会議を行ない、その後は、メールの交換によって作業を進めた。改訳において、二〇世紀英国文学研究者の片山亜紀氏に多くの相談に乗ってもらった。また、本書の文庫化を提案された編集部の橋爪史芳氏は、図版についての配慮をする他、訳稿をご自身の書き物のように細かく検討し多数のアドヴァイスをしてくださった。さらに、編集部の太田和徳氏には、奇縁なことに、一九年前に続いてお世話になったが、今回、読み易く入手しやすい文庫本として世に出ることを、訳者一同と共に喜んでもらえると思う。

なお、masculinity の訳語として、男性学とその周辺では「男性性」が定着しているが、一般書としての読み易さを考慮し、この文庫版では副題も含めて、他の manliness や manhood と共に、「男らしさ」を主に用いた。

二〇二四年一月二六日（国際司法裁判所がジェノサイド防止措置を命じた日に）

細谷　実

があり、箴言家として知られる。象徴派の詩人でもあり、レズビアンであったサロン主宰者ナタリー・バーネイにインスピレーションを得て「アマゾンへの手紙」を書いている。

†8　ドイツの画家。志願兵として第一次世界大戦に従軍し、その悲惨な現実を生々しく描いた「塹壕」「戦争」の連作で知られる。ナチスに「退廃芸術」の代表的画家と見なされ、作品没収、逮捕などの弾圧を受けた。

†9　フランスの作家。コレット、モローらが出入りするサロンの主宰者であったジャーナリストの母のもとで育つ。ユニセックス概念の提唱者として、あるいは画家ビアズリーのパトロンとして知られる。後年、ワイルドの小説『ドリアン・グレイの肖像』のモデルと言われた象徴派詩人ジョン・グレイとパートナーとなり、カトリックの司祭となったグレイとともにエディンバラに移住した。

第8章

†1　イタリアの詩人。1909年パリの『フィガロ』紙上に「未来派宣言」を発表し、機械やスピードの美学を、伝統美に代わるものとして賞揚する未来派を提唱した。同年に「戦闘ファッショ」が組織され、フューメ返還要求などを掲げた宣言が採択されると、突撃隊などとともにこれに賛同した。

第9章

†1　「テッズ（族）」とも呼ばれた、1950年代の白人労働者階級の青年サブカルチャー。ロック音楽を愛好し、襟と袖にヴェルヴェットがあしらわれた丈の長いエドワード調ジャケットを着て、髪型はリーゼント、というのが典型的なスタイル。イギリスにおいて体制に反抗する「怒れる若者」はその後、モッズ、スキンヘッズ、パンクなどさまざまなスタイルを生み出していった。

の中心人物として、ナショナリズムに焦点を合わせた階級闘争分析を行ない、農本主義的なカウツキーを批判した。ハプスブルク帝政崩壊直後には、一時、国務大臣もつとめた。

†5　詩人、作家。詩集『滅亡と勝利』(1914年)はドイツ表現主義の代表作と言われる。スパルタクス団、ドイツ共産党などに参加。1928年にドイツプロレタリア革命作家同盟を設立するが、のち亡命し、真のドイツ伝統の継承と反ファシズムを国外で訴えた。戦後ドイツ民主共和国(いわゆる東ドイツ)に帰国して政権に加わり、国歌作詞者ともなった。

第7章

†1　ドイツの評論家、社会学者。探偵小説や広告、映画など、モダン都市の大衆娯楽の社会的・政治的意味を考察。ヴァイマール期の映画にナチズムへと至る心性を読み取った『カリガリからヒトラーまで』(1947年)などの著書がある。『サラリーマン』(1930年)は1979年の邦訳版(神崎巌訳、法政大学出版局)がある。

†2　ドイツの作家。「若い作家たちへ」などの評論を通じ、表現主義の理論を展開した。編集したアンソロジー『人類の薄明』(1919年)は、ドイツ表現主義の集大成と言われる。

†3　ハンガリーの作家。クローズアップ、モンタージュなどの技法を映画理論として展開した『視覚的人間』(1924年)によって知られる。自ら戦災孤児の映画『ヨーロッパのどこかで』などの制作にも携わった。

†4　『シーク』(1921年)『熱砂の舞』(1926年)などで中東のエキゾティックな男性を演じて1920年代を代表する映画スターとなった。他の主な主演作に『黙示録の四騎士』(1921年)『血と砂』(1922年)がある。

†5　代表的な出演作は『ベン・ハー』(1926年版)、グレタ・ガルボと共演した『マタ・ハリ』(1931年)など。

†6　本名マルグリット・エムリ。雑誌『メルキュール・ド・フランス』の創刊者であった夫アルフレッド・ヴァレットとともに同誌の編集に携わる。紫の服装を好み、トランスヴェスタイト、トランスジェンダーを題材にした小説『ヴィーナス氏』を書いて、ベル・エポックの象徴と言われた。友人ジャリの評伝『超男性ジャリ』の作者としても知られる。

†7　フランスの評論家。『仮面の書』『愛の生理学』など多くの著書

†11　アメリカ生まれでパリに移り住み、コレットやプルーストが出入りした「金曜日のサロン」を主宰。高級娼婦リアーヌ・ド・プジーや詩人ルネ・ヴィヴァンと恋愛関係を持ったレズビアンとしても有名。グールモンの詩「アマゾンへの手紙」が捧げられた相手だと言われる。

†12　ドイツの医学者。ヘルンファルト性科学研究所を設立し、服装倒錯、同性愛、性転換に対して科学的研究を行なった嚆矢と言われる。同性愛とは区別されるものとしての「服装倒錯」概念を初めて用いた。「科学的人道委員会」を設立し同性愛者の権利獲得にも努めた。

†13　ビスマルクを退け親政を行なっていたドイツ皇帝ヴィルヘルム2世の寵臣オイレンブルク侯爵が、同性愛スキャンダルによって失脚した事件。皇帝親政への不信感を増大させ、後の退位への遠因にもなった。

†14　クリーブランド19番地にあった同性愛者向けの売春宿摘発において、その常連客の中に王族がいた可能性が浮上した事件。

†15　シュルレアリスムの詩人。小説『超男性』、戯曲『ユビュ王』などで、幻想性と不条理に満ちた独特の世界を展開した。

第6章

†1　第一次世界大戦における従軍体験を記した『鋼鉄の嵐の中で』（1920年）で表現主義の戦争作家としての地位を確立。カール・シュミットなどと交わり、ヴァイマール期には『軍旗』『前進』などの民族主義的雑誌に精力的に執筆した。ナチスとは一定の距離を置いたものの、その評価は今日でも議論が分かれるところであり、第二次大戦後には著作発表の禁止処分を受けている。

†2　オーストロ・マルクス主義の指導者の一人。マルクス理論を特に新カント派の立場から社会学的に精緻化すべく、1904年にヒルファーディングらと『マルクス研究（Marx-Studien）』の刊行を開始。オットー・バウアーらとともに、オーストリア社会民主党の指導者としても活躍した。

†3　「ウィーン赤化団」とも呼ばれた、オーストリア社会民主党の武装行動隊。1927年のウィーン騒擾事件で右翼民兵組織と激しく対立したが多数の死傷者を出して敗れた。1933年にクーデターで政権を獲得したキリスト教社会党のドルフスにより非合法化され、翌年ウィーン蜂起の失敗により解体した。

†4　オーストリア社会民主党の指導者。オーストロ・マルクス主義

つくったドイツのクレペリンに先立って、統合失調症を「早発性痴呆」ととらえたことで知られる。いわゆる変質者は、主に遺伝によって〈退化／変質 degeneration〉したのだという変質論を主張した。

†3　医学用語としての訳語は「変性」などがあるが、文脈上日本語としてより自然な「退化」を訳語とした。

†4　ドイツの作家。『グリーシャ軍曹をめぐる争い』など、自らも従軍経験のある第一次世界大戦を舞台にした小説で知られる。当初シオニズム運動に参加していたが、次第に共産主義に重心を移し、第二次大戦後は東ドイツの代表的な知識人として平和運動に尽力した。

†5　ドイツの精神科医。「精神病」に代わって「神経症」概念を用いることを提唱。1930年代のナチスの断種政策に対しては、その無効性を主張した。

†6　フランスの医師。膨大な病歴の収集と病理解剖にもとづき、癲癇やヒステリーを神経学的に分析した。若く美しい女性患者に催眠をかけて神経症発作をおこさせる、という一般公開講座を行なって評判を呼んだ。「神経症のナポレオン」と呼ばれるほどの学界の権威となり、政界にも影響を及ぼした。

†7　ドイツの同性愛者解放運動家、弁護士。ハノーファー王国などに仕官する一方で、自ら同性愛者であることを公言。男性同性愛に対する肯定的呼称として、ギリシア神ウラヌスを語源にした「ウラニズム」を提唱した。

†8　イギリスの音楽評論家、作家。1894年にオスカー・ワイルドと恋人アルフレッド・ダグラス卿の関係を描いたモデル小説『緑のカーネーション』を発表し、ダグラス卿の父親がワイルドをわいせつ罪で訴える契機をつくった。「魅入られたギルディア教授」に代表される幻想小説のほか、砂漠などを舞台にした恋愛小説を書き、『沙漠の花園』『パラダイン夫人の恋』など数多く映画化された。

†9　フランスの作家、評論家。リアーヌ・ド・プージィをはじめとした世紀末社交界の人々と深く関わり、その風俗を描写した『フィリベールの館』『リヴィエラの毒』などの小説を著した。

†10　画家のモローや詩人のヴェルレーヌ、舞踏家のサラ・ベルナール、工芸家のラリックなど、ベル・エポック芸術のパトロンとして知られるフランスの貴族、詩人。その豪奢な邸宅や服装によって、世紀末ダンディの代表者と目された。プルーストの小説『失われた時を求めて』の登場人物シャルリュス男爵の他にも、ユイスマンスの小説『さかしま』の登場人物デゼッサント公爵のモデルとされる。

第4章

†1　哲学者、パリ大学医学教授。フランス革命期にはミラボーの友人としてジロンド派と近く、革命裁判所の陪審員をつとめ、後年ナポレオンにも厚遇された。主著『生理学と人間の精神』(1799〜1802年)。

†2　政治家、カトリック司祭。フランス革命期に三部会僧侶議員となり、以後、憲法制定議会議長など要職を歴任するとともに、僧侶市民憲法を起草した。フランス国内における最初の言語調査(1790年)を行なったことでも知られる。

†3　スイスの歴史家で、プロイセンおよびウェストファリア王国に任官。ナポレオンに傾倒していたことで知られる。主著『スイス誓約同盟史』。

†4　1922年、賠償の相互放棄と軍事協力の密約をふくむラッパロ条約をベルサイユ体制から排除されていたソヴィエトと締結したが、同年右翼テロリストによって暗殺された。

†5　文芸評論家から、ドレフュス事件を契機に社会党に入党。反ファシズム統一戦線である人民戦線内閣の首相となり、週40時間労働制や団体交渉権の承認などを実現したが、経済危機により退陣する。

†6　自ら発刊する新聞『リーブル・パロール』において、愛国主義・陰謀史観的反ユダヤ主義を展開。同紙の発行部数は20万部に達していたといわれる。1898年には下院議員に選出された。

†7　ロマン主義文学の先駆者として知られる作家。小説『デルフィーヌ』(1802年)、批評『ドイツ論』(1810年)などの著書がある。フランス革命期にはジロンド派に近く、後にナポレオンと鋭く対立、ヨーロッパを転々としてサロンを主宰しつつ、政界の反ナポレオン工作にも加担した。

第5章

†1　オーストリアの精神科医。〝逸脱した性行動〟の体系化をはかり、サディズム、マゾヒズムなどの用語を考案した彼の著書はヨーロッパの性科学に大きな影響を持ち、大正期の日本でも『変態性欲心理』(原著1881年)を筆頭に数多くの翻訳が出されて注目を集めた。同性愛に対しても、先天的あるいは後天的な精神病理現象と位置づけた。

†2　フランスの精神科医。統合失調症(精神分裂病)研究の基礎を

訳　注

第1章

†1　他者から尊敬される適切な振る舞いやライフスタイルの実践を通じ、自らが市民に値する存在たることを示そうとする、ヴィクトリア朝イギリスの中産階級を中心に発達した価値体系。モッセは著書『ナショナリズムとセクシュアリティ』（1985年、邦訳は佐藤卓己・佐藤八寿子訳、柏書房）の中で、市民的価値観（リスペクタビリティ）とは「近代社会の出現から現在に至るまでヨーロッパにおいて規範とされている作法、道徳、性的態度」（9頁）である、と述べている。

†2　軍帽に取りつける所属国家のマーク。

†3　『ジャングル・ブック』の著者として知られるイギリスの作家、詩人。キプリングは、帝国主義を「白人男性の責務（The White Man's Burden）」と呼んで擁護していた。

第2章

†1　シオニズム運動家、ジャーナリスト。ハンガリーに生まれ、ウィーン大学で学ぶ。ドレフュス事件の報道を手がけた後、1896年にシオニズムを提唱するパンフレット『ユダヤ人国家』を著し、翌97年にはバーゼルでの第1回シオニスト世界会議を実現した。世界シオニスト機構初代総裁。

†2　古代ギリシア・アテネの将軍・政治家。ソクラテスの弟子。美貌の持ち主ながら傍若無人な性格であったと伝えられる。

†3　大英博物館の著名なコレクションの一つである、パルテノン神殿の装飾を中心とする大理石彫刻群。1806年にオスマン帝国の支配下にあったアテネから、イギリスの駐トルコ大使エルギンが破壊を避けるためと称して持ち出したものであり、現在ギリシアが返還を要求している。

第3章

†1　ヤーンが最初に公共体育施設をつくった場所で、民族主義・愛国主義的教育としてのドイツ体操発祥の地とされる。現在は公園となっている。

＊7　Christopher Booker, *The Neophiliacs: The Revolution in English Life in the Fifties and Sixties* (London, 1969), 45.

＊8　Barry Gifford and Lawrence Lee, *Jack's Book: An Oral Biography of Jack Kerouac*〔『ケルアック』〕(New York, 1978), 41.

＊9　Marjorie Garber, *Vested Interests, Cross-Dressing and Cultural Anxiety* (New York, 1992), 384.

＊10　Todd Gitlin, *The Sixties: Years of Hope, Days of Rage*〔『60年代アメリカ』〕(Toronto and New York, 1989), 32.

＊11　Jack B. Moose, *Skinheads Shaved for Battle* (Bowling Green, Ohio, 1993), 34.

＊12　Ibid., 38.

＊13　Marlyn R. Farwell, "Virginia Woolf and Androgyny", *Contemporary Literature* 16, no. 4 (1975): 442.

＊14　Gertrude Himmelfarb, *The De-moralization of Society* (New York, 1995), 11以降。

＊15　Joachim S. Hohmann, *Männerfreundschaften: Die schönsten homosexuellen Liebesgeschichten der vergangenen siebzig Jahre* (Frankfurt a. Main, 1979), 106, 109.

＊16　Max Nordau, *Degeneration* (New York, 1968), 541; George L. Mosse, *Confronting the Nation: Jewish and Western Nationalism* (Hanover, N. H., 1993), chap. 11.

＊17　John C. Fout, "Sexual Politics in Wilhelmine Germany: The Male Gender Crisis, Moral Purity and Homophobia," *Journal of the History of Sexuality* 2, no. 3 (January 1992): 390-91.

＊18　Carol Lee, *Talking Tough: The Fight for Masculinity* (London, 1993), 152.

＊19　本書15頁参照。

lic (1943-1954)," *Journal of Contemporary History* (January 1996).

＊59　Julian Petley, *Capital and Culture: German Cinema, 1933-45* (London: British Film Institute, 1979), 136.

＊60　Albert Cavaglion and Gian Paolo Romagnani, *Le interdizioni del Duce, a cinquant'anni dalle leggi razziali in Italia* (Turin, 1988), 37.

＊61　Jost Hermand, *Old Dreams of a New Reich: Volkish Utopias and National Socialism* (Bloomington, Ind., 1992), 253.

＊62　Sybil Milton, "Antechamber to Birkenau: The Zigeunerlager after 1933," in *Die Normalität des Verbrechens*, eds. Helge Grabitz, Klaus Bastlein, and Johannes Tuchel, with Peter Klein and Martina Voigt (Berlin, 1994), 243.

＊63　Karola Fings and Franz Sparing, "'Tunlichst als erziehungsunfähig hinzustellen' Zigeunerkinder und Jugendliche: Aus der Fürsorge in die Vernichtung," *Dachauer Hefte* 9, Heft 9 (November 1993): 165.

＊64　*Neues Volk* (February 1939), 8-9 を参照。

＊65　Aschheim, *The Nietzsche Legacy in Germany, 1890-1990*, 329, n. 42 を参照。

＊66　非アーリア人が命令によって優越人種のメンバーへと変えられるという「アーリア化」のいくつかの例があったということは、この陳述に大した影響をもたなかった。この現象は調査されたことはないが、私は少なくともひとつの事例を直接知っている。それは新聞出版人だったハンス・ラハマン・モッセ〔ジョージ・モッセの父〕の例であり、ヘルマン・ゲーリングが1934年にそのような提案を彼に対し行なった。提案は拒絶された。

第9章

＊1　George L. Mosse, *Fallen Soldiers* (New York, 1990), 210-11 を参照。

＊2　*Der Spiegel* (May 29, 1989) 244.

＊3　Fredric Wertham, *Seduction of the Innocent* (New York, 1954), esp. chap. 4.

＊4　Igor Kon, *Sex and Russian Society* (Bloomington, Ind., 1993), esp. chap. 7.

＊5　Ute Frevert, *Women in German History* (New York and Oxford, 1989), 287.

＊6　Jack Zipes, "A Critical Commentary on Robert Bly's Iron John," *New German Critique*, no. 56 (winter 1992): 8 以降を参照。

＊43　この箇所および以下の頁については George L. Mosse, "National Socialism, Nudity and the Male Body," *Culturefront* 3, no. 1 (winter-spring 1994): 89-92; また、George L. Mosse, "Beauty without Sensuality/The Exhibition Entartete Kunst," in *Degenerate Art: The Fate of the Avant-Garde in Nazi Germany*, ed. Stephanie Baron (Los Angeles, 1991), 25-31 も参照のこと。

＊44　George L. Mosse, *Nationalism and Sexuality* (New York, 1985), 171-72.

＊45　Klaus Wolbert, *Die Nackten und die Toten des Dritten Reiches* (Giessen, 1982), 20 より引用。

＊46　Arno Breker, *Im Strahlungsfeld der Ereignisse* (Preussisch-Oldendorf, 1972), 134; Johannes Sommer, *Arno Breker* (Bonn, 1942), 5; Arno Breker, *Schriften*, ed. Volker G. Probst (Bonn, Paris, and New York, 1983), 170.

＊47　Breker, *Schriften*, 98, 153.

＊48　Gustav Stührk についてはドキュメンタリーフィルム *Zeit der Götter, der Bildhauer Arno Breker*, von Lutz Dammbeck (Berlin: Filmcollage, 1993) を参照。

＊49　Werner Rittich, "Symbol Grosser Zeit, Zu dem Reliefswerk von Arno Breker," *Die Kunst im Deutschen Reich* 6, Folge 1 (January 1942): 4; W. Lotz, "Ein Gang durch die Neue Reichskanzelei," ibid. 3, Folge 9, 305.

＊50　Michèle C. Cone, *Artists under Vichy* (Princeton, 1992), 162.

＊51　Ursula Böhmer, "Jean Cocteau" und die "Breker Affaire," *Forum Homosexualität und Literatur* 16 (1992): 12.

＊52　Reichel, *Der schöne Schein des Dritten Reiches*, 369.

＊53　Cone, *Artists under Vichy*, 155.

＊54　*Rede des Reichsführer-SS anlässlich der Gruppenführer Besprechung in Tölz*, am 18. 11. 1937, Institut für Zeitgeschichte, Munich, Archive MA 311 BL 818, 45.

＊55　Ibid., 53.

＊56　*Bildnisse Deutscher Männer* (Stuttgart, 1936), 19.

＊57　Günther, *Ressenkunde des deutschen Volkes*, 40.

＊58　Bianda, Leone, Rossi, and Urso, *Atleti in Camicia Nera*, 56; De Grazia, *How Fascism Ruled Women*, 181; Maria Fraddosio, "The Fallen Hero: The Myth of Mussolini and Fascist Women in the Italian Social Repub-

対外政策を理由にして始まったと主張している。彼の著書 *Mussolini il duce: Gli anni del consenso, 1929-1936* (Turin, 1974), 615 を参照。

＊25 Renzo de Felice, *Mussolini il duce: Lo Stato totalitario, 1936-1940* (Turin, 1981), 538.

＊26 Emilio Gentile, *Il Mito Dello Stato Nuovo Dall'Antigiolittismo al Fascismo* (Rome and Bari, 1982), 243.

＊27 De Felice, *Mussolini il duce*, 578.

＊28 Gioacchino Volpe, *Scritti sul fascismo, 1919-1938* (Rome, 1976), 1: 60.

＊29 Pasquale Falco, *Letteratura popolare fascista* (Cosenza, 1984), 50.

＊30 Bianda, Leone, Rossi, and Urso, *Atleti in Camicia Nera*, 35; De Grazia, *How Fascism Ruled Women*, 227.

＊31 George L. Mosse, *Nazi Culture* (New York, 1966), 31; Peter Paret, "'Kolberg' (1945) as Historical Film and Historical Document," *Journal of Film, Radio and Television* 14, no. 4 (1994): 437.

＊32 Ferretti, *Esempi e Idee per L'Italiano Nuovo*, 189.

＊33 Sigrid Weigel, "Die geopferte Heldin und das Opfer als Heldin," in *Die Verborgene Frau*, eds. Inge Stephan and Siegrid Weigel, Argument Sonderband (1983), 139-43.

＊34 Barbara Spackman, "The Fascist Rhetoric of Virility," *Stanford Italian Review* 8, nos. 1-2 (1990) に散見。

＊35 Ibid., 85.

＊36 Ibid.

＊37 "Weg zum althellenischen Idealtypus des Menschen," *Neues Wiener Tageblatt*, no. 86 (27.3. 1941) (Wiener Library Clipping Collection).

＊38 Hans F. -K. Günther, *Rassenkunde des deutschen Volkes* (Munich, 1935; first published, 1922), 56, 62-63.

＊39 Friedrich Joachim Klähn, "Von Sinn des SA-Wehrabzeichens," *Nationalsozialistische Monatshefte* 10, Heft 108 (March 1939): 189, 199.

＊40 George L. Mosse, *Toward the Final Solution* (New York, 1978), chap. 3.

＊41 Justus H. Ulbricht, "Der Mythos vom Heldentod," *Jahrbuch des Archivs der deutschen Jugendbewegung*, vol. 16, 1986-1987, 141 を参照。

＊42 Renato Monteleone and Pino Sarasini, "I monumenti italiani ai caduti della Grande Guerra," in *La Grande Guerra*, eds. Diego Leoni and Camilo Zadra (Milan, 1986), 640.

＊6　Papini, *Maschilità*, 41.

＊7　John A. Thayer, *Italy and the Great War* (Madison, Wis., 1964), 69.

＊8　Papini, *Maschilità*, 7, 93.

＊9　Steven E. Aschheim, *The Nietzsche Legacy in Germany, 1890-1900* (Berkeley, 1992), 225.

＊10　Renzo De Felice, *Mussolini il Rivoluzionario* (Turin, 1965), 271を参照。

＊11　Roberta Suzzi Valli, "Squadrismo e Mito dello Squadrismo Nella Culture Fascista"(Tesi di Laurea, Università degli Studi di Roma, "La Sapienza" 1991), 34, 39.

＊12　ムッソリーニが、婦人参政権運動の国際会議（ローマ、1923年）に参加している写真 (in Renzo de Felice and Luigi Goglia, *Mussolini, Il Mito* [Rome and Bari, 1983], picture 129) を参照。

＊13　Sandro Setta, *Renato Ricci* (Bologna, 1986), 114.

＊14　Ferretti, *Esempi e Idee per L'Italiano Nuovo*, 181.

＊15　Renato Bianda, Giuseppe Leone, Gianni Rossi, and Adolfo Urso, *Atleti in Camicia Nera* (Rome, 1983), 257.

＊16　Victoria De Grazia, *How Fascism Ruled Women* (Berkeley, 1992), 212, 220.

＊17　Louise Diehl, "Disciplin der Persönlichkeit im neuen Italien," *Neues Volk* (Rassenpolitisches Amt der NSDAP), February 1939, 34-35.

＊18　Antonio Spinosa, *Starace* (Milan, 1983), 50.

＊19　Peter Reichel, *Der schöne Schein des Dritten Reiches* (Munich, 1991), 257.

＊20　Bianda, Lconc, Rossi, and Urso, *Atleti in Camicia Nera*, 34; Winfried Joch, *Politische Leibeserziehung und ihre Theorie im Nationalsozialistischen Deutschland* (Bern and Frankfurt a. Main, 1976), 91.

＊21　Ferretti, *Esempi e Idee per L'Italiano Nuovo*, 179.

＊22　Michael Arthur Ledeen, *Universal Fascism* (New York, 1972), 62.

＊23　Kurt Liebermann, "Nietzsche und Mussolini," *Italien in Vergangenheit und Gegenwart*, Heft 8 (Leipzig, 出版年記載なし), in Hans Ulrich Gumbrecht, "I Redentori Della Victoria, Über Fiumes Ort in der Genealogie des Faschismus" (forthcoming as "On Fiume's Place in the Genealogy of Fascism," *Journal of Contemporary History* [April 1996]) より引用。

＊24　Renzo de Feliceは、エチオピア戦争は国内的な利害よりもむしろ

Souvenirs sur Madame Rachilde (Paris, 1989), 91.

＊40 Mary Louise Roberts, *Civilization without Sexes: Reconstructing Gender in Postwar France, 1917-1927* (Chicago, 1994), 53.

＊41 *Berliner Illustrierte* 20 (1911): 143.

＊42 Sergiusz Michalski, *Neue Sachlichkeit* (Cologne, 1994), 53.

＊43 Harry Oosterhuis and Hubert Kennedy, *Homosexuality and Male Bonding in pre-Nazi Germany* (original transcripts from *Der Eigene*) (New York, 1991), 186 他に散見。

＊44 Joachim S. Hohmann, *Männerfreundschaften: Die schönsten homosexuellen Liebesgeschichten der vergangenen siebzig Jahre* (Frankfurt a. Main, 1979) を参照。

＊45 André Raffalovich, *Uranisme et Unisexualité* (Lyons and Paris, 1896), 354.

＊46 Vincent Brome, *Havelock Ellis, Philosopher of Sex* (London, 1979), 198.

＊47 Randy Shilts, *Conduct Unbecoming: Gays and Lesbians in the U. S. Military* (New York, 1993), 32.

＊48 Hubert Kennedy, *Ulrichs: The Life and Works of Karl Heinrich Ulrichs, Pioneer of the Modern Gay Movement* (Boston, 1988), 50.

＊49 Manfred Herzer, *Magnus Hirschfeld* (Frankfurt a. Main, 1992), 60.

＊50 Erich Burin, "Das Kaffeehaus Judentum," *Jüdische Turnerzeitung* 9, no. 5/6 (May-June 1910), 75.

＊51 Ulrich Dunker, *Der Reichsbund Jüdischer Frontsoldaten, 1919-1938* (Düsseldorf, 1977), 99.

＊52 Max Nordau, *Degeneration* (New York, 1968), 541.

＊53 Arnold Zweig, *Bilanz der deutschen Judenheit 1933* (Amsterdam, 1934), 189.

第8章

＊1 Lando Ferretti, *Esempi e Idee per L'Italiano Nuovo* (Rome, 1930), 178-79.

＊2 Emilio Gentile, *Il Culto del Littorio* (Rome and Bari, 1993), 119.

＊3 George L. Mosse, *Confronting the Nation: Jewish and Western Nationalism* (Hanover, N. H., 1993), chap. 6.

＊4 Giovanni Papini, *Maschilità* (Florence, 1915), 95.

＊5 Walter L. Adamson, *Avant-Garde Florence: From Modernism to Fascism* (Cambridge, Mass., 1993), 178.

＊21　Friedrich Torberg, *Der Schüler Gerber* (Vienna, 1954), 20.

＊22　*Stuttgarter N. S. Kurier* (22.4. 1941), Wiener Library Clipping Collection.

＊23　*Mühlhauser Tageblatt* (3.5. 1941), Wiener Library, Clipping Collection.

＊24　"Etonboy und Hitlerjunge," *Der gute Kamerad. Illustriertes Jahrbuch für Jungen* (Stuttgart, 1940), 54: 189; *The Spectator* (July 30, 1937), 196. 両者の制度およびそれぞれの結果の十分な比較については W. R. Hicks, *The School in English and German Fiction* (London, 1932).

＊25　Oswald Bumke, *Die gegenwärtigen Strömungen in der Psychiatrie, Fünf Vorträge* (Berlin, 1928), 24.

＊26　Thomas Nipperdey, "Verein als soziale Struktur in Deutschland im späten 18. und frühen 19. Jahrhundert," *Gesellschaft, Kultur, Theorie* (Göttingen, 1976), 180.

＊27　男性同盟については Gisela Völger and Karen V. Welck, eds., *Männerbande, Männerbünde: Zur Rolle des Mannes im Kulturvergleich*, 2 vols. (Cologne: Rautenstrauch-Joest-Museum für Völkerkunde, 1990) に散見。

＊28　"Männliche Literatur," reprinted in *Kritik in der Zeit* (Leipzig, 1985), 249.

＊29　Belá Balázs, "Männlich oder Kriegsblind?" Ibid., 254-55.

＊30　Ibid., 255.

＊31　Jürgen Reulecke, "Das Jahr 1902 und die Ursprünge der Männer-Bund Ideologie in Deutschland," in *Männerbande, Männerbünde*, Völger and Welck eds., 1: 7.

＊32　本書 248 頁参照。

＊33　Gabriele Strecker, *Frauenträume, Frauentränen: über den unterhaltenden deutschen Frauenroman* (Weilheim/Oberbayern, 1969), 114.

＊34　Billie Melman, *Women and the Popular Imagination in the Twenties: Flappers and Nymphs* (London, 1988), chap. 6 を参照。

＊35　Steven Cohan and Ina Rae Hark, eds., *Screening the Male: Exploring Masculinities in Hollywood Cinema* (London and New York, 1993), 25.

＊36　Ibid., 28-36.

＊37　Ibid., 91.

＊38　Melman, *Women and the Popular Imagination in the Twenties* に散見。

＊39　Rachilde, *Quand j'etais jeune* (Paris, 1947) に散見。M. Auriant,

第7章

＊1　Bruce Haley, *The Healthy Body and Victorian Culture* (Cambridge, Mass., 1978), 206.

＊2　Michael Rosenthal, *The Character Factory: Baden-Powell and the Origins of the Boy Scout Movement* (London, 1986), 181.

＊3　Robert Stevenson Smythe Baden-Powell, *Rovering for Success: A Book of Life-Sport for Young Men* (London, 1930), 139.

＊4　Ibid., 108-9, 175.

＊5　E. E. Reynolds, *Boy Scouts* (London, 1944), 140 より引用。

＊6　John Springhall, "Building Character in the British Boy: The Attempt to Extend Christian Manliness to Working Class Adolescents, 1880-1914," in *Manliness and Morality: Middle Class Masculinity in England and America, 1800-1940*, eds. J. A. Mangan and James Walvin (New York, 1987), 55.

＊7　Samuel Smiles, *Self-Help*〔『自助論』〕(London, 1953), 14.

＊8　Ibid., 333.

＊9　Joanna Bourke, *Working Class Culture in Britain, 1890-1960* (London, 1994), 42.

＊10　Ibid., 42.

＊11　*Health and Strength Annual* (London, 1908), 4.

＊12　Bourke, *Working Class Culture in Britain*, 44.

＊13　Siegfried Kracauer, *Die Angestellten*〔『サラリーマン』〕(Allenbach and Bonn, 1959), 18.

＊14　Haley, *The Healthy Body and Victorian Culture*, 186-87.

＊15　George L. Mosse, "What Germans Really Read," *Masses and Man* (New York, 1980), 62-65 を参照。

＊16　G. A. Henty, "Black Pirates," *Beeton's Boys Own Magazine* (London), n.s., 3 (1889): 185.

＊17　Richard Usborne, *Clubland Heroes: A Nostalgic Study of Some Recurrent Characters in the Romantic Fiction of Dornford Yates, John Buchan and Sapper* (London, 1953), 6.

＊18　Leslie Susser, "Fascist and Anti-Fascist Attitudes in Britain between the Wars" (Ph.D. thesis, Oxford University, 1988), 89, 93-95.

＊19　Thomas Rohkrämer, *Der Militarismus der "kleinen Leute": Die Kriegervereine im Deutschen Kaiserreich, 1871-1914* (Munich, 1990), 271.

＊20　Ibid., 35, 59 n., 169, 216.

＊64　Wendy Z. Goldman, *Women, the State and Revolution: Soviet Family Policy and Social Life, 1917-1936* (Cambridge, 1993), 1-2.

＊65　Richard Stites, *Revolutionary Dreams: Utopian Vision and Experimental Life in the Russian Revolution* (New York, 1989), 133.

＊66　Laura Engelstein, *The Keys to Happiness: Sex and the Search for Modernity in Fin-de-Siècle Russia* (Ithaca, N. Y., 1992), 396-97.

＊67　Nikkolai Bukharin, *Historical Materialism: A System of Sociology*〔『史的唯物論』〕(New York, 1965; first published 1925), 156.

＊68　Elizabeth A. Wood, "Prostitution Unbound," in *Sexuality and the Body in Russian Culture*, eds. Jane T. Costlow, Stephanie Sandler, and Judith Vowles (Stanford, 1993), 128.

＊69　Winter, *Red Virtue*, 115 以降。

＊70　Stites, *Revolutionary Dreams*, 153.

＊71　Sidney and Beatrice Webb, *Soviet Communism: a New Civilization*〔『ソヴェト・コミュニズム』〕(London, 1935), 74.

＊72　Jerome M. Gillison, *The Soviet Image of Utopia* (Baltimore and London, 1975), 168; Atina Grossmann, *Reforming Sex: The German Movement for Birth Control and Abortion Reform* (New York, 1995), 183.

＊73　Michael Rohrwasser, *Saubere Mädel, Starke Genossen* (Frankfurt a. Main, 1975), 68-69; James M. Diehl, *Paramilitary Politics in Weimar Germany* (Bloomington, Ind., 1977), 186.

＊74　Karl Grünberg, *Brennende Ruhr* (Berlin, 1952), 254.

＊75　Frank Trommler, *Sozialistische Literatur in Deutschland* (Stuttgart, 1976), 489.

＊76　Christel Lane, *The Rites of Rulers: Ritual in Industrial Society-The Soviet Case* (Cambridge, 1981), 249.

＊77　Igor Golomstock, *Totalitarian Art*〔『全体主義芸術』〕(London, 1990), 214 を参照。

＊78　Peter Reichel, *Der schöne Schein des Dritten Reiches* (Munich, 1991), 369.

＊79　Franz Schonauer, "Der Rote Eine-Mark Roman," *Kürbiskern: Literatur und Kritik* 3 (1966): 13.

＊80　Rohrwasser, *Saubere Mädel, Starke Genossen*, 97.

＊81　Ibid., 100.

＊44 Ibid., 145.

＊45 Anson Rabinbach, *The Crisis of Austrian Socialism: From Red Vienna to Civil War, 1927-1934* (Chicago, 1983), 210.

＊46 Duczynska, *Workers in Arms*, 126.

＊47 Pfoser, *Literatur und Austromarxismus*, 32.

＊48 Gerhard Hauk, "Armeekorps auf dem Weg zur Sonne–Einige Bemerkungen zur kulturellen Selbstdarstellung der Arbeiterbewegung," in *Fahnen, Fäuste, Körper*, ed. Dietmar Petzina (Essen, 1988), 79.

＊49 Volker Schmidtchen, "Arbeitersport-Erziehung zum sozialistischen Menschen," *Flugblatt an die Arbeiterjugend!* (1906) (Archive of the Internationaal Instituut voor Sociale Geschiedenis, Amsterdam).

＊50 W. L. Guttsman, *Workers' Culture in Weimar Germany* (New York, Oxford, and Munich, 1990), 152.

＊51 Hauk, "Armeekorps auf dem Weg zur Sonne–Einige Bemerkungen zur kulturellen Selbstdarstellung der Arbeiterbewegung," 82.

＊52 *Arbeiter-Jugend* 17 (1925): 196.

＊53 Rabinbach, *The Crisis of Austrian Socialism*, 71.

＊54 *Unser 3, Kreisfest!* (Flugblatt, Dresden, 1928?).

＊55 Helmut Gruber, *Red Vienna: Experiment in Working Class Culture, 1919-1934* (New York, 1991), 156 を参照。

＊56 J. Robert Wegs, "Working Class Respectability: The Viennese Experience," *Journal of Social History* 15, no. 4 (summer 1982): 624; Joanna Bourke, *Working Class Culture in Britain, 1890-1960* (London, 1994), 630.

＊57 Gruber, *Red Vienna*, 178.

＊58 Béla Balázs, "Männlich oder Kriegsblind?" (1929), in *Kritik in der Zeit, Fortschrittliche deutsche Literaturkritik, 1918-1933* (Leipzig, 1985), 235.

＊59 Mosse, "La sinistra Europea e l'esperienza della Guerra," 162.

＊60 François Delpla, "Les communistes français et la sexualité (1932-1938)," *Mouvement Sociale*, no. 91 (April/June 1975), 129.

＊61 Alfred Klein, *Im Auftrag ihrer Klasse: Weg und Leistung der deutschen Arbeiterschriftsteller, 1918-1933* (Berlin and Weimar, 1972), 208 以降。

＊62 Leon Trotsky, *Literatur und Revolution*〔『文学と革命』〕(New York, 1957), 254.

＊63 Ella Winter, *Red Virtue: Human Relationships in the New Russia* (London, 1933), 27.

＊24　Siegfried Kracauer, *Ginster: Von ihm selbst geschrieben*〔『ギンスター』〕(Berlin, 1928), 23, 139.
＊25　Adolf Hitler, *Mein Kampf* (Munich, 1934), 181.
＊26　Ernst Jünger, *Der Kampf als inneres Erlebnis* (Berlin, 1922), 32.
＊27　Fritz V. Ostini, *Fritz Erler* (Bielefeld and Leipzig, 1921), 132; Mosse, *Fallen Soldiers*, 134.
＊28　Werner Picht, *Der soldatische Mensch* (Berlin, 1940), 16, 29.
＊29　George L. Mosse, "The Knights of the Sky," in *War: A Cruel Necessity? The Bases of Institutional Violence*, eds. R. A. Hinde and Helen E. Watson (London, 1995), 132-42 を参照。
＊30　Peter Supf, *Das Buch der deutschen Fluggeschichte* (Stuttgart, 1958), 336, 338.
＊31　Johannes Werner, *Boelcke: Der Mensch, der Flieger, der Führer der deutschen Jagdfliegerei* (Leipzig, 1932), 10, 209; Werner V. Langsdorff, *Flieger am Feind* (Gütersloh, 1934), 40-41.
＊32　Hermann Grote, *Habe Ich Veranlagung zum Fliegen?* (Bochum-Langendeer, 1936), 2.
＊33　Emilio Gentile, *Il Culto del Littorio* (Rome, 1993), 127.
＊34　Christopher Hussey, *Tait McKenzie, a Sculptor of Youth* (London, 1929), 35-36.
＊35　Ibid., 67.
＊36　Ernst Toller, *I was a German* (New York, 1934), 87, 99.
＊37　Alfred Pfabigan, *Max Adler: Eine politische Biographie* (Frankfurt a. Main, 1982), 210.
＊38　Max Adler, *Neue Menschen: Gedanken über sozialistische Erziehung* (Vienna and Munich, 1923), 69 他に散見。
＊39　Josef Weidenholzer, *Auf dem Weg zum neuen Menschen: Bildungs-und Kulturarbeit der österreichischen Sozialdemokratie in der Ersten Republik* (Vienna, 1981), 263.
＊40　Alfred Pfoser, *Literatur und Austromarxismus* (Vienna, 1986), 42-43.
＊41　この問題については George L. Mosse, "La sinistra europea e l'esperienza della Guerra," in *Revoluzione e Reazione in Europa, 1917-1924*, ed. G. Spini (Florence, 1978), 151-67 において紙数を割いて議論した。
＊42　Ibid., 156.
＊43　Ilona Duczynska, *Workers in Arms: The Austrian Schutzbund and the Civil War of 1934* (New York and London, 1978), 100, 145.

flections on Nineteenth-Century Britain," *History Workshop*, issue 38 (1994): 183.

*5　本書129頁を参照。

*6　Ernst Jünger, *The Storm of Steel*〔『鋼鉄のあらし』〕(New York, 1975), 235.

*7　Robert Brasillach, *Notre avant-guerre*〔『われらの戦前』〕(Paris, 1942), 282.

*8　本書90頁を参照。

*9　Caesar, *Taking It like a Man*, 67.

*10　Ibid., 83, 84他に散見。

*11　Ibid., 229.

*12　Richard Aldington, *Death of a Hero* (1929)〔『英雄の死』〕, in *The Lost Voices of World War I*, ed. Tim Cross (London, 1988), 381.

*13　*Lieutnant Sender: Blätter der Erinnerung für Seine Freunde*, ed. M. Spanier (Hamburg, 1915), 23.

*14　George L. Mosse, *Fallen Soldiers*〔『英霊』〕(New York, 1990), 74以降。

*15　Jünger, *Storm of Steel*, 254.

*16　Paul Weindling, *Health, Race and German Politics between National Unification and Nazism, 1870-1945* (Cambridge, 1989), 283.

*17　Heinz-Peter Schmiedebach, "Sozialdarwinismus, Biologismus, Pazifismus: Ärztestimmen zum Ersten Weltkrieg," in *Medizin und Krieg*, eds. Johanna Bleker and Heinz-Peter Schmiedebach (Frankfurt a. Main, 1987), 102, 117.

*18　Henry de Montherlant, *Les Olympiques* (Paris, 1914), 73-74を参照。

*19　Robert Soucy, *Fascist Intellectual: Drieu La Rochelle* (Berkeley, 1979), 265.

*20　Martin Green, *The Adventurous Male: Chapters in the History of the White Male Mind* (University Park, Pa., 1993), 56.

*21　書き手とはHans Zöberleinのことであり、Michael Golbach, *Die Wiederkehr des Weltkrieges in der Literatur* (Kronberg i. T., 1978), 227に収録されている。

*22　A. J. Langguth, *Saki: A Life of Hector Hugh Munro* (New York, 1981), chap. 15.

*23　Karl Hugo Sclutius, "Pazifistische Kriegspropaganda," *Die Weltbühne* 23 (erstes halbjahr 1929), 517.

1992), 150.

＊72 Erich Grassl, *Die Willensschwäche* (Leipzig, 1937), 216.

＊73 F. W. Foerster, "Sexualethik und Sexualpädagogik," *Volkswart* 1 (1908): 14.

＊74 Gaetano Bonetta, *Corpo e nazione: L'educazione ginnastica, igienica e sessuale nell'Italia liberale* (Milan, 1990), 130, 131; Anson Rabinbach, *The Human Motor, Energy, Fatigue and the Origins of Modernity* (New York, 1990), esp. 133-36 も参照。

＊75 Konrad Koch, *Die Erziehung zum Mute durch Turnen, Spiel und Sport* (Berlin, 1900), 7 より引用。

＊76 G. Weitbrecht, *Die Sittlichkeit des Mannes Ehre* (Stuttgart, 1889), 7.

＊77 Krafft-Ebing, *Psychopathia Sexualis*, 317.

＊78 Shearer West, *Fin De Siècle* (Woodstock, N. Y., 1993), 81.

＊79 Richard Evans, *The Feminists* (New York, 1979), 107.

＊80 Alberto Cavaglion, *Otto Weininger in Italia* (Rome, 1982), 114.

＊81 Jean Pierrot, *The Decadent Imagination*〔『デカダンスの想像力』〕(Chicago, 1981), 142-43.

＊82 Elaine Showalter, *Sexual Anarchy*〔『性のアナーキー』〕(London, 1991), 149.

＊83 Ibid., 149.

＊84 Patrick Kay Bidelman, *Pariahs Stand Up! The Founding of the Liberal Feminist Movement in France, 1858-1889* (Westport, Conn., 1982), 195.

＊85 Annelise Maugue, *L'Identité Masculine en Crise au Tournante du Siècle* (Marseilles, 1987), 37, 103.

＊86 Ibid., 123.

＊87 Hall, *Hidden Anxieties*, esp. 114-69 を参照。

＊88 *Hirts Deutsches Lesebuch*, eds. Johannes Eilemann et al. (Breslau, 1940), 243.

第6章

＊1 Mario Isnenghi, *Giornali di Trincea* (Turin, 1977), 110.

＊2 Adrian Caesar, *Taking It like a Man: Suffering, Sexuality and the War Poets* (Manchester, 1993), 155.

＊3 Modris Eksteins, *Rites of Spring: The Great War and the Birth of the Modern Age*〔『春の祭典』〕(Boston, 1989), 281 を参照。

＊4 John Tosch, "What Should Historians Do with Masculinity? Re-

＊55　Charles Kains-Jackson, “The New Chivalry,” in *Sexual Heretics: Male Homosexuality in English Literature from 1850-1900*, ed. Herbert Read (London, 1970), 316.

＊56　William Ernest Henley, “Rhymes and Rhythms” (1889-1893?), in *William Ernest Henley*, ed. Jerome Hamilton Buckley (Princeton, 1945), 148.

＊57　Colette, *The Pure and the Impure*〔「純粋なものと不純なもの」〕(New York, 1966), 76.

＊58　Wolfdietrich Rasch, *Die literarische Decadence um 1900* (Munich, 1986), 6.

＊59　Frank Wedekind, “Spring's Awakening,”〔「春の目ざめ」〕in *The Modern Theater*, ed. Eric Bentley (New York, 1960), 6: 158.

＊60　George L. Mosse, *The Crisis of German Ideology*〔『フェルキッシュ革命』〕(New York, 1964), 104.

＊61　Ibid., 105.

＊62　Kurt Hans, “Jugend von heute,” *Der Anfang* 1, Heft 3 (July 1913): 111.

＊63　Hans-Georg Stümke, *Homosexuelle in Deutschland* (Munich, 1989), 144.

＊64　Lesley A. Hall, *Hidden Anxieties: Male Sexuality, 1900-1950* (Cambridge, 1991), 21; Klaus Müller, *Aber in meinem Herzen sprach eine Stimme so laut: Homosexuelle Autobiographien und medizinische Pathographien im neunzehnten Jahrhundert* (Berlin, 1991), 174 以降。

＊65　*Volkswart: Organ der Männervereine zur Bekämpfung der öffentlichen Unsittlichkeit*, November 1915, 145 より引用。

＊66　Ibid., 147.

＊67　*Streitfragen, Wissenschaftliches Fachorgan der deutschen Sittlichkeits Vereine*, ed. P. Philips, 1. Heft (Berlin, 1892), 1.

＊68　A. Römer, “Das Sittengesetz vor dem Richterstuhl einer ärztlichen Autorität,” ibid., 5 以降。John F. Fout の近刊書に、これらの組織について詳細な分析がある。

＊69　Krafft-Ebing, *Psychopathia Sexualis*, 228.

＊70　Friedrich Nietzsche, “The Anti-Christ,”〔「アンチクリスト」〕in *The Nietzsche Reader*, selected by R. J. Hollingdale (Harmondsworth, 1977), 231.

＊71　Steven E. Aschheim, *The Nietzsche Legacy in Germany* (Berkeley,

N. Y., 1994), 3.

＊37　Ibid., 998.

＊38　Nataly Barney, *Traits et Portraits, suivi de l'amour défendu* (Paris, 1963), 177.

＊39　George Wickes, *The Amazon of Letters: The Life and Loves of Natalie Barney* (London, 1977), 40.

＊40　Magnus Hirschfeld, *Berlins drittes Geschlecht* (Berlin and Leipzig, 1904), 37, 55, 43; P. Näcke, "Ein Besuch bei den Homosexuellen in Berlin: Mit Bemerkungen über die Homosexualität," *Archiv für Kriminal-Anthropologie und Kriminalistik* 15 (1904): 246 以降。

＊41　Oscar Méténier, *Les Berlinois chez eux, Vertus et Vices Allemand* (Paris, 1904), 89, 126.

＊42　Henri de Weindel and F. P. Fischer, *L'Homosexualité en Allemagne* (Paris, 1908), 7.

＊43　Hubert Kennedy, *Ulrichs: The Life and Works of Karl Heinrich Ulrichs* (Boston, 1988), 116.

＊44　James D. Steakley, *The Homosexual Emancipation Movement in Germany* (New York, 1975), 24.

＊45　Hichens, *The Green Carnation*, 92.

＊46　Manfred Herzer, *Magnus Hirschfeld* (Frankfurt a. Main, 1992), 19, 20 他に散見。ユダヤ人と同性愛者が手をとりあって活動しているというドイツの右翼による告発の焦点となった。

＊47　Ibid., 67.

＊48　Oscar Wilde, "Portrait of Mr. W. H.,"〔『W・H氏の肖像』〕in *Sexual Heretics: Male Homosexuality in English Literature from 1850-1900*, ed. Herbert Read (London, 1970), 392.

＊49　A. J. L. Busst, "The Image of the Androgyne in the Nineteenth Century," *Romantic Mythologies* (London, 1967), 38-39.

＊50　L. S. A. M. von Römer, "Über die androginische Idee des Lebens," *Jahrbuch für sexuelle Zwischenstufen*, vol. 5 (Leipzig, 1903), pt. 2, 921.

＊51　Gert Mattenklott, *Bilderdienst: Ästhetische Opposition bei Beardsley und George* (Munich, 1970), 103.

＊52　Magnus Hirschfeld, *Sexualwissenschaftlicher Bilderatlas zur Geschlechtskunde* (Berlin, 1930), 490-91.

＊53　Mario Praz, *The Romantic Agony* (New York, 1956), 332.

＊54　Nataly Barney, *Nouvelle Pensée de l'Amazone* (Paris, 1934), 197.

Shattered Nerves (New York, 1991), 143.

＊14　Andreas Steiner, *Das Nervöse Zeitalter: Der Begriff der Nervosität bei Laien und Ärzten in Deutschland und Österreich um 1990* (Zürich, 1964), 20.

＊15　Shorter, *From Paralysis to Fatigue*, 212.

＊16　Micale, "Charcot and the Idea of Hysteria in the Male," 380.

＊17　Ibid., 380.

＊18　J. -M. Charcot, *Leçons sur les Maladies du Système Nerveux faites à la Salpêtrière* (Paris, 1872-1878), 8. Lesson, 116.

＊19　Micale, "Charcot and the Idea of Hysteria in the Male," 406.

＊20　Ibid., 407.

＊21　Ruth Harris, *Murder and Madness*〔『殺人と狂気』〕(Oxford, 1989), 325.

＊22　*The Standard Edition of the Complete Psychological Works of Sigmund Freud*, vol. 1, *1886-1895* (London, 1966), 24-25.

＊23　Richard von Krafft-Ebing, *Lehrbuch der Gerichtlichen Psychopathologie*, vol. 3, Umgearbeitete Auflage (Stuttgart, 1892), 72.

＊24　Günter Mann, "Dekandenz-Degeneration-Untergangsangst im Licht der Biologie des 19. Jahrhunderts," *Medizinhistorisches Journal* 20 (1985): 9.

＊25　Oswald Bumke, *Kultur und Entartung* (Berlin, 1922), 81.

＊26　Richard von Krafft-Ebing, *Psychopathia Sexualis*〔『クラフト＝エビング變態性慾ノ心理』〕(Munich, 1984), 60.

＊27　Ibid., 157.

＊28　*Der Unterdrückte Sexus*, ed. Joachim S. Hohmann (Lollar/Lahn, 1977), 25 より引用。

＊29　Richard Ellmann, *Oscar Wilde* (New York, 1988), 300.

＊30　Robert Hichens, *The Green Carnation* (London, 1949), 15.

＊31　Neil Bartlett, *Who Was That Man? A Present to Mr. Oscar Wilde* (London, 1988), 50 より引用。

＊32　雑誌のホモセクシュアルな側面についての言及はないものの、Jerrold Seigel, *Bohemian Paris* (New York, 1986), 223-24 を参照のこと。

＊33　Jean Lorrain, *Correspondence* (Paris, 1929), 250.

＊34　Philippe Jullian, *Jean Lorrain ou le Satiricon 1900* (Paris, 1974), 60.

＊35　Philippe Jullian, *Robert de Montesquiou*〔『1900年のプリンス』〕(Paris, 1987), 288.

＊36　Linda Dowling, *Hellenism and Homosexuality in Victorian Oxford* (Ithaca,

第5章

＊1　このような過熱した理論の代表的提案者はマールブルクの心理学者 Erich R. Jaensch であった。*Apologische Forschungsmethode* (Leipzig, 1927) に散見。イェーンシュが（ちょっとした留保をつけつつも）人種主義者となり、そしてナチス信奉者になったのはまさに論理的帰結だった。*Die Lage und die Aufgaben der Psychologie: ihre Sendung in der Deutschen Bewegung und an der Kulturwende* (Leipzig, 1933) にも散見。

＊2　Charles Morazé, *The Triumph of the Middle Classes* (London, 1966), xiii, xiv.

＊3　この点が Michel Foucault, *The History of Sexuality*〔『性の歴史』〕, vol. 1, *An Introduction* (New York, 1980), esp. 1-13 において指摘されていることである。しかしながら古いタブーを犯すことは、当初はより大きな自由にではなく、より大きな抑圧につながる。というのもいわゆる性的逸脱者を同定することがよりたやすくより正確になるからである。

＊4　Albert Boime, *Thomas Couture and the Eclectic Vision* (New Haven and London, 1980), 131.

＊5　Daniel Pick, *Faces of Degeneration* (Cambridge, 1989), 54 より引用。

＊6　Arnold Zweig, *Aufzeichnungen über eine Familie Klopfer und das Kind* (Munich, 1911) に散見。

＊7　Oswald Bumke, *Die Grenzen der geistigen Gesundheit* (Munich, 1929), 5.

＊8　Janet E. Hogarth, “Literary Degenerates,” *Fortnightly Review* (April 1895): 586.

＊9　Max Nordau, *Degeneration*〔『現代の堕落』〕(New York, 1968), 41.

＊10　Mark S. Micale, “Charcot and the Idea of Hysteria in the Male: Gender, Medical Science, and Medical Diagnostics in Late Nineteenth Century France,” *Medical History* 34, no. 4 (October 1990): 387.

＊11　Oswald Bumke, *Gedanken über die Seele*, 4. Auflage (Berlin and Heidelberg, 1948; first published 1941), 29.

＊12　Ulrich Linse, “Über den Prozess der Syphilisation, Körper und Sexualität um 1900 in ärztlicher Sicht,” in *Vermessene Sexualität*, eds. Alexander Schuller and Nikolaus Heim (Berlin and Heidelberg, 1987), 167 より引用した広告。

＊13　Edward Shorter, *From Paralysis to Fatigue: A History of Psychosomatic Illness in the Modern Era* (New York, 1991), 117, 118: Janet Oppenheimer,

1904), 24-25.

＊38　Jacques Le Rider, *Der Fall Otto Weininger* (Munich, 1985), 144.

＊39　Eduard Drumont, *La France Juive* (reprint; Paris: La Librairie Française, 1986), 2: 466.

＊40　Joachim S. Hohmann, *Geschichte der Zigeunerverfolgung in Deutschland* (Frankfurt a. Main, 1981), 48.

＊41　Karola Fings and Franz Sparing, "'Tunlichst als erziehungsunfähig hinzustellen' Zigeunerkinder und Jugendliche: Aus der Fürsorge in die Vernichtung," *Dauchauer Hefte* 9, Heft 9 (November 1993): 164. この出典については Sybil Milton に教示を得た。

＊42　Sander L. Gilman, *Seeing the Insane* (New York, 1982) に散見。

＊43　Havelock Ellis, *The Criminal* (London and New York, 1913), 74.

＊44　Matt K. Matsuda, "Doctor, Judge, Vagabond: Identity Identification and other Memories of the State," *History and Memory* 6, no. 1 (spring/summer 1994): 78.

＊45　Camille Spiess, *Ainsi Parlait L'Homme* (Paris, 1924), 87 に散見。

＊46　Günter Grau, ed., *Homosexualität in der NS Zeit* (Frankfurt a. Main, 1993), 309.

＊47　Madame de Staël, *De L'Allemagne*〔『ドイツ論』〕(Paris, 1845), 499.

＊48　Ibid., 501.

＊49　Isabel V. Hull, *Sexuality, State and Civil Society in Germany* (Ithaca, N. Y., 1995), chapter 9.

＊50　Mario Praz, *The Romantic Agony* (New York, 1956), 204.

＊51　Friedrich Schlegel, *Lucinde*〔『ルツィンデ』〕(Stuttgart, 1859), 84.

＊52　Johann Gottlieb Fichte, *Grundlage des Naturrechts nach Principien der Wissenschaftslehre Sämtliche Werke*, ed. I. H. Fichte (Berlin, 1845), 3: 313, 319.

＊53　Von Goethe, *Winckelmann*, 131.

＊54　Wilhelm von Humboldt, *Schriften zur Anthropologie und Geschichte* (Stuttgart, 1960), 307.

＊55　Schlegel, *Lucinde*, 103.

＊56　Carl Friedrich Pockels, *Versuch einer Charakteristik des weiblichen Geschlechts* (Hanover, 1797), 1: 17.

＊57　Mosse, *Nationalism and Sexuality*, 100.

1940), 170 を参照。

＊19　Sander L. Gilman, *The Jew's Body*〔『ユダヤ人の身体』〕(London, 1991) に散見。

＊20　Johann Winckelmann, *Geschichte der Kunst des Altertums*〔『古代美術史』〕, *in sämtliche Werke*, ed. Joseph Eiselein (Donaueschingen, 1825), 3: 131-32.

＊21　Mosse, *Toward the Final Solution*, 29.

＊22　Robert Badinter, *Libre et Égaux, L'Émancipation des Juifs (1789-1791)* (Paris, 1989), 82.

＊23　Adolf Hitler, *Mein Kampf* (Munich, 1934), 704-5.

＊24　Michael H. Kater, *Different Drummers: Jazz in the Culture of Nazi Germany* (NewYork, 1992), 11; Sander L. Gilman, *Freud, Race and Gender*〔『フロイト・人種・ジェンダー』〕(Princeton, 1993), 19-21.

＊25　Michèle C. Cone, *Artists under Vichy* (Princeton, 1992), 155.

＊26　Randolph Trumbach, "Sodomitical Subcultures, Sodomital Rules and the Gender Revolution of the Eighteenth Century: Recent Historiography," in *Unauthorized Sexual Behavior during the Enlightenment*, ed, Robert P. Macubbin, *Eighteenth Century Life* 9, no. 3 (May 1985): 118; Arthur N. Gilbert, "Buggery and the British Navy, 1700-1861," *Journal of Social History* 10, no. 1 (Fall 1976): 72-98.

＊27　Paul Derks, *Die Schande der heiligen Päderastie, Homosexualität und Öffentlichkeit in der deutschen Literatur, 1750-1850* (Berlin, 1990), 11.

＊28　Von Goethe, *Winckelmann* (Zürich, 1943), 91-92.

＊29　Ibid., 209.

＊30　Derks, *Die Schande der heiligen Päderastie*, 255.

＊31　Ibid., 346.

＊32　Frenzel, *Judengestalten auf der deutschen Bühne*, 82.

＊33　*Getroffene Bilder aus dem Leben vornehmer Knabenschänder und andere Scenen aus unserer Zeit und Herlichkeit* (Merseburg, 1833) に散見。この出典については James D. Steackley に教示を得た。

＊34　Ibid., 48.

＊35　Gilman, *Freud, Race and Gender*, 162-65.

＊36　Otto Weininger, *Geschlecht und Charakter*〔『性と性格』〕(Wien and Leipzig, 1920), 408-9.

＊37　Ferdinand Probst, *Der Fall Otto Weininger, Grenzfragen des Nerven- und Seelenlebens*, eds. L. Loewenfeld and H. Kurella, Heft 31 (Wiesbaden,

＊62 Ibid., 212, 317.

＊63 Pockels, *Versuch einer Charakteristik des weiblichen Geschlechts*, 35.

＊64 C. Wilmanns, *Die "Goldene Internationale" und die Notwendigkeit einer socialen Reformpartei* (Berlin, 1876), 195.

第4章

＊1 Galit Hasam-Rokem and Alan Dundes, eds., *The Wandering Jew* (Bloomington, Ind., 1986), 238.

＊2 George L. Mosse, *Toward the Final Solution: A History of European Racism* (New York, 1978), 22.

＊3 Friedrich Schiller, *Über die ästhetische Erziehung des Menschen* (Stuttgart, 1965), 60を参照。

＊4 Ibid., 61.

＊5 本書48頁を参照。

＊6 Ibid., 193.

＊7 Klaus Doerner, *Madmen and the Bourgeoisie* (Oxford, 1981).

＊8 Erwin H. Ackerknecht, *Kurze Geschichte der Psychiatrie*〔『精神医学小史』〕(Stuttgart, 1957), 34.

＊9 Martin S. Staum, *Cabanis: Enlightenment and Medical Philosophy in the French Revolution* (Princeton, 1980), 162-63.

＊10 Ibid., 163.

＊11 Christian Gotthilf Salzmann, *Carl von Carlsberg oder über das Menschliche Elend* (Carlsruhe, 1787), 5: 94.

＊12 *Männerbibliothek, oder Handbuch aller Kenntnisse welche der Mann in jedem Alter ......zu wissen nöthig hat* (Berlin, 1838), 1: 356.

＊13 Ibid., 354.

＊14 George L. Mosse, *Nationalism and Sexuality* (New York, 1985), 29を参照。

＊15 Ute Frevert, *Krankheit als politisches Problem, 1770-1880* (Göttingen, 1984), 31.

＊16 Michael Geyer, "The Stigma of Violence, Nationalism, and War in Twentieth Century Germany," *German Studies Review*, Winter 1992, 94を参照。

＊17 Ute Frevert, *Ehrenmänner: Das Duell in der bürgerlichen Gesellschaft* (Munich, 1991), 158.

＊18 Elisabeth Frenzel, *Judengestalten auf der deutschen Bühne* (Munich,

(Wiesbaden, 1961), 23.

＊41　Philip Greven, *The Protestant Temperament* (New York, 1977), 126.

＊42　Leonore Davidoff and Catherine Hall, *Family Fortunes: Men and Women of the English Middle Class, 1780-1859* (Chicago, 1987), 113.

＊43　Charles Kingsley, *Westward Ho!* (London, 1899), 16, 160.

＊44　David Newsome, *Godliness and Good Learning* (London, 1961), 213より引用。

＊45　Ibid., 197.

＊46　Carl Friedrich Pockels, *Über Gesellschaft und Geselligkeit und Umgang* (Hannover, 1813), 67, 75.

＊47　Honoré Riouffe, *Mémoires d'un détenu: pour servir à L'Histoire de la Tyrannie de Robespierre* (Paris, 1795), 16.

＊48　Alex Potts, "Beautiful Bodies and Dying Heroes: Images of Ideal Manhood in the French Revolution," *History Workshop*, Autumn 1990, 11.

＊49　Elmar Stolpe, *Klassizismus und Krieg: Über den Historienmaler Jacques-Louis David* (Frankfurt a. Main, 1985), 84.

＊50　Thomas Carlyle, "Heroes and Hero Worship,"〔『英雄と英雄崇拝』〕*The Complete Works of Thomas Carlyle* (New York, 出版年記載なし), 2: 406.

＊51　Ibid., 333-34.

＊52　John Buchan, *Men and Deeds* (London, 1935), 98.

＊53　Ibid., 273.

＊54　Peter Beer, "Die Macht der Religion", in P. Moritz, ed., *Aus der Zeit*, vol. 3, *Aufrufe, Dichtungen, Reden* (Berlin, 1935) .

＊55　Pascal Hintermeyer, *Politique de la Mort* (Paris, 1981), 72より引用。

＊56　Wilhelm von Humboldt, "Die Amazonen," *Wilhelm von Humboldts Werke*, ed. Albert Lietzmann (Berlin, 1912), 216.

＊57　Wilhelm von Humboldt, *Schriften zur Anthropologie und Geschichte* (Stuttgart, 1960), 307.

＊58　Von Humboldt, "Die Amazonen," 216.

＊59　Carl Friedrich Pockels, *Versuch einer Charakteristik des weiblichen Geschlechts* (Hanover, 1797), 1: 16.

＊60　Mona Ozouf, *La fête révolutionaire*〔『革命祭典』〕(Paris, 1976), 120.

＊61　Johann Gottlieb Fichte, *Grundlage des Naturrechts nach Prinzipien der Wissenschaftslehre*, ed. Fritz Medicus (Leipzig, 1908), 309.

＊15　Steins, "Wo das Turnen erfunden wurde," 22.

＊16　J. C. F. Guts Muths, *Spiele zur Übung und Erholung des Körpers und Geistes* (Hof, 1893), 314-15.

＊17　フランクフルトの体操家たちへの手紙 (1843), *Die Briefe Friedrich Ludwig Jahns*, ed. Wolfgang Meyer (Leipzig, 1913), 489.

＊18　Ibid., 495 を参照。

＊19　Jahn and Eiselen, *Deutsche Turnkunst* を Carl Euler, *Friedrich Ludwig Jahn* (Stuttgart, 1881), 164 より引用。

＊20　Ibid.

＊21　Jahn and Eiselen, *Deutsche Turnkunst*, 233.

＊22　Ibid., vii.

＊23　*Die Briefe Friedrich Ludwig Jahns*, 57.

＊24　Ulmann, *De la Gymnastique aux Sports moderne*, 287.

＊25　Franz Passow, *Turnziel: Turnfreunden und Turnfeinden* (Breslau, 1818), 180.

＊26　*Die Briefe Friedrich Ludwig Jahns*, 57.

＊27　Ronald Hubscher, Jean Durry, and Bernard Jeu, *L'Histoire en Mouvements: Le sport dans la société française (XIXe-XXe siècle)* (Paris, 1992), 19.

＊28　Patrizia Ferrara, *L'Italia in Palestra* (Rome, 1992), 29.

＊29　Gaetano Bonetta, *Corpo e nazione: L'educazione ginnastica, igienica e sessuale nell'Italia liberale* (Milan, 1990), 61.

＊30　Ibid., 63.

＊31　Ibid., 117.

＊32　Walter Pater, "The Age of Athletics," in *Greek Studies*, ed. Charles L. Shadwell (London, 1885), 296-97.

＊33　Jonathan Gathorne-Hardy, *The Old School Tie* (New York, 1977), 147.

＊34　Ibid., 147.

＊35　Ibid., 145.

＊36　Konrad Koch, *Die Erziehung zum Mut durch Turnen, Spiel und Sport* (Berlin, 1900), 6.

＊37　Ludwig Gurlitt, *Erziehung zur Mannhaftigkeit* (Berlin, 1906) に散見。

＊38　*The George Eliot Letters*, vol. 4, *1874-1877*, ed. Gordon S. Haight (New Haven, 1955), 312.

＊39　Gurlitt, *Erziehung zur Mannhaftigkeit*, 233.

＊40　Gerhard Kaiser, *Pietismus und Patriotismus im literarischen Deutschland*

＊79　Elmar Stolpe, *Klassizismus und Krieg: Über den Historienmaler Jacques-Louis David* (Frankfurt a. Main, 1985), 149.
＊80　Pater, *Winckelmann*, 46.
＊81　Robert Knox, *The Races of Man* (London, 1862), 400.
＊82　Sir Charles Bell, *The Anatomy and Philosophy of Expression, as Connected with the Fine Arts* (London, 1844; first published, 1806), 21 他。
＊83　Walter Pater, "The Age of Athletics," in *Greek Studies*, ed. Charles L. Shadwell (London, 1885), 302.
＊84　Pater, *Winckelmann*, 40.
＊85　Pater, "The Age of Athletics," 303.
＊86　George L. Mosse, *Toward the Final Solution*, 68.
＊87　Julius Langbehn, *Rembrandt als Erzieher* (Leipzig, 1900), 64.
＊88　本書 237 頁参照。

第3章

＊1　Johann Joachim Winckelmann, "Gedanken über die Nachahmung der griechischen Werke in der Malerei und Bildhauerkunst," *Ausgewählte Schriften*, Insel Bücherei 130 (Leipzig, 出版年記載なし), 24.
＊2　Jacques Ulmann, *De la Gymnastique aux Sports moderne* (Paris, 1965), 133.
＊3　Ibid., 212.
＊4　Gerd Steins, "Wo das Turnen erfunden wurde," *Berliner Forum* 6 (1986): 17.
＊5　H. De Genst, *Histoire de L'Éducation Physique* (Brussels, 1949), 2: 46.
＊6　J. C. F. Guts Muths, *Gymnastik für die Jugend ......* 〔『青少年の体育』〕(Schnepfenthal, 1804), 24, 28.
＊7　Ibid., x.
＊8　Ibid., 3, 5.
＊9　Ibid., 6: "Wer schätzt wohl nicht den überall so vorlaut sprechenden Empfehlungsbrief der Schönheit?"
＊10　Ibid., 271.
＊11　Ibid., 129.
＊12　Ibid., 9.
＊13　Ibid., 12, 133.
＊14　Friedrich Ludwig Jahn and Ernst Eiselen, *Deutsche Turnkunst* (Berlin, 1816), xiii, xiv.

＊60　しかしながらポッツは、これらの彫刻に対するヴィンケルマンの視点の中にあるエロティシズム、そしてそれらの裸体という形態と彼自身の抑圧されたセクシュアリティとの間の葛藤を強調している。*Flesh and the Ideal*, esp. chap. 4.

＊61　*The Literary Works of Sir Joshua Reynolds*, ed. Henry William Beechy (London, 1870), 1: 343.

＊62　Martin Jay, *Downcast Eyes: The Denigration of Vision in Twentieth-Century French Thought*〔『うつむく眼』〕(Berkeley and Los Angeles, 1993), 22.

＊63　Thomas Nipperdey, *Deutsche Geschichte, 1800-1866: Bürgerwelt und starker Staat*〔『ドイツ史 1800-1866』〕(Munich, 1983), 540.

＊64　Otto Jahn, *Winckelmann: Eine Rede gehalten am 9. Dezember 1843, in der akademischen Aula in Greifswald* (Greifswald, 1844), 3, 28.

＊65　Winckelmann, *Gedanken über die Nachahmung*, 38 を参照。そのフレーズとは、"Edle einfalt und stille grösse." である。

＊66　Ibid., 21.

＊67　Walter Pater, *Winckelmann* (London, 1911), 18 を参照。

＊68　Potts, *Flesh and the Ideal*, 131.

＊69　Paul Derks, *Die Schande der heiligen Päderastie: Homosexualität und Öffentlichkeit in der deutschen Literatur, 1750-1850* (Berlin, 1990), 193 より引用。

＊70　Hatfield, *Winckelmann and His German Critics*, 145.

＊71　Namowicz, *Die aufklärische Utopie*, 140.

＊72　Derks, *Die Schande der heiligen Päderastie*, 204, 207.

＊73　Friedrich Schiller, *Über die ästhetische Erziehung des Menschen*〔『人間の美的教育について』〕(Stuttgart, 1981), 32-33.

＊74　Derks, *Die Schande der heiligen Päderastie*, 200.

＊75　Eduard Pommier, *Winckelmann und die Betrachtung der Antike im Frankreich der Aufklärung und der Revolution* (Tübingen, 1992), 6-7.

＊76　Ibid., 22 以降。

＊77　Max L. Bäumer, "Winckelmanns Auffassung republikanischer Freiheit und sein Einfluss auf die Kunst der Französischen Revolution," *Beiträge zur internationalen Wirkung Winckelmanns* 4/5 (Stendal, 1986), 23-25.

＊78　Thomas W. Gaethgens, "Jacques-Louis David: Léonidas bei den Thermopylen," *Ideal und Wirklichkeit der bildenden Kunst in späten 18. Jahrhundert*, ed. Herbert Beck et al. (Berlin, 1984), 230.

Knowledge and the Love of Mankind (London, 1804), 3: 205-6, 210-11.

＊40　Wilhelm von Humboldt, *Schriften zur Anthropologie und Geschichte* (Stuttgart, 1960), 296.

＊41　Isabel V. Hull, *Sexuality, State and Civil Society in Germany, 1700-1815* (Ithaca, N. Y., 1995) を参照。

＊42　Jean-Jacques Rousseau, *Émile*, 218.

＊43　Von Humboldt, *Schriften*, 298.

＊44　Bernhard Ruprecht, "Plastisches Ideal und Symbol im Bilderstreit der Goethezeit," *Probleme der Kunstwissenschaft* (Berlin, 1963), 1: 204.

＊45　Johann Joachim Winckelmann, "Gedanken über die Nachahmung der griechischen Werke in der Malerei und Bildhauerkunst,"〔『ギリシア芸術模倣論』〕*Ausgewählte Schriften,* Insel Bücherei, No. 130 (Leipzig, 出版年記載なし), 22.

＊46　Goethe an Herder (1771), in *Genius der Jugend*, ed. Gerhard F. Hering (Stuttgart and Hamburg, 1931), 47.

＊47　Winckelmann, *Gedanken über die Nachahmung*, 39.

＊48　Simon Richter, *Laocoön's Body and the Aesthetics of Pain* (Detroit, 1992), 44.

＊49　Alex Potts, *Flesh and the Ideal: Winckelmann and the Origins of Art History* (New Haven, 1994), 138.

＊50　Winckelmann, *Gedanken über die Nachahmung*, 38.

＊51　Hatfield, *Winckelmann and His German Critics*, 42.

＊52　Tadeusz Namowicz, *Die aufklärische Utopie: Rezeption der Griechenauffassung J. J. Winckelmann's um 1800 in Deutschland und Polen* (Warsaw, 1978), 71.

＊53　Ibid., 71.

＊54　Adolf Hitler, *Mein Kampf*〔『わが闘争』〕(Munich, 1934), 453.

＊55　これは Potts, *Flesh and the Ideal* に散見されるテーゼのひとつである。

＊56　Ibid., 4.

＊57　Max Baeumer, "Winckelmanns formulierung der klassischen Schönheit," *Monatshefte*, 65, no. 1 (Spring 1973): 61-74.

＊58　Peter Gay, *The Enlightenment: An Interpretation*〔『自由の科学』〕(New York, 1969), 2: 297.

＊59　*Winckelmanns Werke*, ed. Heinrich Meyer and Johann Schulze (Dresden, 1811), 4: 37.

＊20　Brenda Keiser, *Deadly Dishonor: The Duel and the Honor Code in the Works of Arthur Schnitzler* (New York, 1990), 13.

＊21　Nye, "Fencing, the Duel and Republican Manhood in the Third Republic," 370 より引用。

＊22　Nye, *Masculinity and Male Codes of Honor in Modern France*, 162.

＊23　Theodor Fontane, *Effi Briest* (Harmondsworth, 1987), 221.

＊24　Alan Corkhill, "Abwandlungen des Duellrituals in der deutschsprachigen Literatur des 19. und frühen 20. Jahrhunderts," *Neophilologus* 72 (1988): 244.

＊25　Willy Ritter Liebermann von Wahlendorf, *Erinnerungen eines deutschen Juden, 1896-1936*, ed. Ernst Reinhard Piper (Munich, 1988), 64.

＊26　Ernst Moritz Arndt, "Die Leipziger Schlacht" (1913), *Sämtliche Werke* (Leipzig, 出版年記載なし), 4: 83.

＊27　Pierre Bayle, *Historical and Critical Dictionary*, trans. Richard H. Popkin (Indianapolis: Library of Liberal Arts, 1965), 236.

＊28　Ibid., 236.

＊29　George L. Mosse, *Toward the Final Solution: A History of European Racism* (New York, 1978), 19 より引用。

＊30　Johann Kaspar Lavater, *Ausgewählte Schriften*, ed. Johann Kaspar Orelli (Zürich, 1859), 1: 21.

＊31　Henry Caraway Hatfield, *Winckelmann and His German Critics* (New York, 1943), 111.

＊32　Heinrich Funck, ed., *Goethe und Lavater: Briefe und Tagebücher* (Weimar, 1901), 46 を参照。

＊33　Lavater, *Ausgewählte Schriften*, 73.

＊34　Ibid., 88.

＊35　Sander L. Gilman, *Disease and Representation*〔『病気と表象』〕(Ithaca, N. Y., 1988) に散見。

＊36　M. Tissot, *L'Onanisme: Dissertation sur les maladies produite par le masturbation ......*(Lausanne, 1716), 220.

＊37　Jean-Jacques Rousseau, *Émile, Julie and Other Writings*, ed. R. L. Archer (Barron's Educational Series, Woodbury, N. Y., 1964), 122.

＊38　Lynn Hunt, *Politics, Culture and Class in the French Revolution* (Berkeley and Los Angels, 1986), 90-92.

＊39　John Caspar Lavater, *Essays in Physiognomy: For the Promotion of the*

＊16　Lewis D. Wurgaft, *The Imperial Imagination* (Middletown, Conn., 1983), 10.

＊17　Ibid., 11.

第2章

＊1　Norman F. Cantor, *Inventing the Middle Ages*〔『中世の発見』〕(New York, 1991), 381; Léon Gautier, *Chivalry*〔『騎士道』〕(London, 1891), 485.

＊2　Ute Frevert, *Ehrenmänner: Das Duel in der bürgerlichen Gesellschaft* (Munich, 1991), 22.

＊3　Norman Vance, *The Sinews of the Spirit: The Ideal of Christian Manliness in Victorian Literature and Religious Thought* (Cambridge, 1985), 9.

＊4　Frevert, *Ehrenmänner*, 32.

＊5　Robert A. Nye, "Fencing, the Duel and Republican Manhood in the Third Republic," *Journal of Contemporary History* 25 (May-June 1990): 369.

＊6　Maurice J. Quinlan, *Victorian Prelude: A History of English Manners, 1700-1830* (London, 1965), 69.

＊7　A. Mangan and James Walvyn, eds., *Manliness and Morality: Middle-Class Masculinity in Britain and America, 1800-1940* (New York, 1987), 98.

＊8　Pierre Birnbaum, *Anti-Semitism in France* (Oxford, 1992), 165.

＊9　Robert A. Nye, *Masculinity and Male Codes of Honor in Modern France* (New York, 1993), 46 を参照。

＊10　Frevert, *Ehrenmänner*, 133 以降。

＊11　Kevin McAleer, *Dueling: The Cult of Honor in Fin de Siècle Germany* (Princeton, 1994), 35.

＊12　Nye, "Fencing, the Duel and Republican Manhood in the Third Republic," 371.

＊13　Frevert, *Ehrenmänner*, 197.

＊14　Nye, *Masculinity and Male Codes of Honor in Modern France*, 32.

＊15　McAleer, *Dueling*, 59.

＊16　Ibid., 43, 183-84.

＊17　Ibid., 141.

＊18　Ibid., 41.

＊19　i.e. Frevert, *Ehrenmänner*, 196.

原　注

邦訳の確認できた文献は初出に書名のみ補った。

第1章

＊1　Anne-Charlotte Trepp, "The Emotional Side of Men in Late Eighteenth-Century Germany (Theory and Example)," *Central European History* 27 (1994): 127-52.

＊2　Lynn Hunt, *Politics, Culture and Class in the French Revolution*〔『フランス革命の政治文化』〕(Berkeley, 1984), 92.

＊3　Friedrich Ehrenberg, *Der Charakter und die Bestimmung des Mannes* (Hildburghausen and New York, 1834), 14. エーレンベルクはベルリン大聖堂（プロテスタント）の説教師だった。

＊4　"Character Reading," *Phrenological Magazine* 3 (1882): 18.

＊5　Michael Rohrwasser, *Saubere Mädel, Starke Genossen* (Berlin, 1975), 93.

＊6　Ehrenberg, *Der Charakter*, 14-15.

＊7　Ibid., 21, 52.

＊8　Hans Weil, *Die Entstehung des Deutschen Bildungsprinzips* (Bonn, 1930) 47より引用。

＊9　George L. Mosse, *Nationalism and Sexuality*〔『ナショナリズムとセクシュアリティ』〕(New York, 1985), chap. 5.

＊10　Ute Frevert, *Women in German History*〔『ドイツ女性の社会史』〕(New York, 1989), 178.

＊11　Stefan Zweig, *The World of Yesterday*〔『昨日の世界』〕(Lincoln, Nebr., 1964), 90.

＊12　Frevert, *Women in German History*, 173.

＊13　Ronald Hyam, *Britain's Imperial Century, 1815-1914* (London, 1976) 134より引用。

＊14　Mosse, *Nationalism and Sexuality*, 84.

＊15　Martin Green, *The Adventurous Male: Chapters in the History of the White Male Mind* (University Park, Pa., 1953), 8.

『男のイメージ――男性性の創造と近代社会』二〇〇五年四月、作品社刊

中公文庫

男《おとこ》のイメージ
——男《おとこ》らしさの創造《そうぞう》と近代社会《きんだいしゃかい》

2024年3月25日　初版発行

著　者　ジョージ・L・モッセ
訳　者　細《ほそ》 谷《や》 実《まこと》
小《こ》玉《だま》 亮《りょう》子《こ》
海《かい》妻《づま》 径《けい》子《こ》

発行者　安部 順一
発行所　中央公論新社
〒100-8152　東京都千代田区大手町1-7-1
電話　販売 03-5299-1730　編集 03-5299-1890
URL https://www.chuko.co.jp/

DTP　平面惑星
印　刷　三晃印刷
製　本　小泉製本

Published by CHUOKORON-SHINSHA, INC.
Printed in Japan　ISBN978-4-12-207502-3 C1120

各書目の下段の数字はISBNコードです。978－4－12が省略してあります。

中公文庫既刊より

ウ-6-3
アウトサイダー（上）
コリン・ウィルソン
中村保男 訳
ヘミングウェイ、サルトル、ニーチェら「アウトサイダー」を通して、現代人特有の病とその脱出法を探求し、全世界で話題を呼んだ著者25歳の処女作。
205738-8

ウ-6-4
アウトサイダー（下）
コリン・ウィルソン
中村保男 訳
「アウトサイダー」たちを通して、現代人特有の病とその脱出法を探求した名著。下巻ではドストエフスキーの登場人物、アラビアのロレンスらを分析。
205739-5

マ-10-1
疫病と世界史（上）
W・H・マクニール
佐々木昭夫 訳
疫病は世界の文明の興亡にどのような影響を与えてきたのか。紀元前五〇〇年から紀元一二〇〇年まで、人類の歴史を大きく動かした感染症の流行を見る。
204954-3

マ-10-2
疫病と世界史（下）
W・H・マクニール
佐々木昭夫 訳
これまで歴史家が着目してこなかった「疫病」に焦点をあて、独自の史観で古代から現代までの歴史を見直す好著。紀元一二〇〇年以降の疫病と世界史。
204955-0

マ-10-3
世界史（上）
W・H・マクニール
増田義郎
佐々木昭夫 訳
世界の各地域を平等な目で眺め、相関関係を分析しながら歴史の歩みを独自の史観で描き出した、定評ある世界史。ユーラシアの文明誕生から紀元一五〇〇年までを彩る四大文明と周縁部。
204966-6

マ-10-4
世界史（下）
W・H・マクニール
増田義郎
佐々木昭夫 訳
俯瞰的な視座から世界の文明の流れをコンパクトにまとめ、歴史のダイナミズムを描き出した名著。西欧文明の興隆と変貌から、地球規模でのコスモポリタニズムまで。
204967-3

マ-10-5
戦争の世界史（上）技術と軍隊と社会
W・H・マクニール
高橋　均 訳
軍事技術は人間社会にどのような影響を及ぼしてきたのか。大家が長年あたためてきた野心作。上巻は古代文明から仏革命と英産業革命が及ぼした影響まで。
205897-2

マ-10-6

戦争の世界史（下）技術と軍隊と社会

W・H・マクニール
高橋　均訳

軍事技術の発展はやがて制御しきれない破壊力を生み、人類は怯えながら軍備を競う。下巻は戦争の産業化から冷戦時代、現代の難局と未来を予測する結論まで。

205898-9

ハ-12-1

改訂版 ヨーロッパ史における戦争

マイケル・ハワード
奥村房夫
奥村大作 訳

中世から現代にいたるまでのヨーロッパの戦争を、社会・経済・技術の発展との相関関係においても概観した名著の増補改訂版。〈解説〉石津朋之

205318-2

コ-7-3

若い読者のための世界史 改訂版

E・H・ゴンブリッチ
中山典夫訳

『美術の物語』の著者がやさしく語りかけるように、時代を、出来事を、そこに生きた人々を活写する。各国で読みつがれてきた〝物語としての世界史〟の古典。

207277-0

ホ-1-5

中世の秋（上）

ホイジンガ
堀越孝一訳

二十世紀最高の歴史家が、フランスとネーデルラントにおける実証的調査から、中世人の意識と中世文化の生活と思考の全像を精細に描いた不朽の名著。

206666-3

ホ-1-6

中世の秋（下）

ホイジンガ
堀越孝一訳

歴史家ホイジンガが十四、五世紀をルネサンスの告知とはみず、すでに過ぎ去ったものが死滅する時季と捉え取り組んだ、ヨーロッパ中世に関する画期的研究書。

206667-0

モ-5-5

ルネサンスの歴史（上）黄金世紀のイタリア

I・モンタネッリ
R・ジェルヴァーゾ
藤沢道郎訳

古典の復活はルネサンスの一側面にすぎない。天才たちが活躍する社会的要因に注目し、史上最も華やかな時代を彩った人間群像を活写。〈解説〉澤井繁男

206282-5

モ-5-6

ルネサンスの歴史（下）反宗教改革のイタリア

I・モンタネッリ
R・ジェルヴァーゾ
藤沢道郎訳

政治・経済・文化に撩乱と咲き誇ったイタリアは、宗教改革と反宗教改革を分水嶺としてヨーロッパ史の主役から舞台装置へと転落する。〈解説〉澤井繁男

206283-2

ミ-1-3

フランス革命史（上）

J・ミシュレ
桑原武夫／多田道太郎／樋口謹一 訳

近代なるものの源泉となった歴史的一大変革と流血を生き抜いた「人民」を主人公とするフランス革命史の決定版。上巻は一七九二年、ヴァルミの勝利まで。

204788-4

各書目の下段の数字はISBNコードです。978－4－12が省略してあります。

ミ-1-4
フランス革命史（下）
J・ミシュレ
桑原武夫／多田道太郎／樋口謹一 訳
下巻は一七九二年、国民公会の招集、王政廃止、共和国宣言から一七九四年のロベスピエール派の全員死刑までの激動の経緯を描く。〈解説〉小倉孝誠
204789-1

シ-12-1
ナチス軍需相の証言（上） シュペーア回想録
シュペーア
品田豊治 訳
一九三三年の政権掌握から対ソ開戦、山荘に集う取り巻きたち。ヒトラーの側近の一人が間近に見たその虚栄と没落。軍事裁判後、獄中で綴った手記。
206888-9

シ-12-2
ナチス軍需相の証言（下） シュペーア回想録
シュペーア
品田豊治 訳
戦況の悪化、側近たちの離反にヒトラーは孤立を深めていく。終戦、そしてニュルンベルク裁判まで。『第三帝国の神殿にて』を改題。〈解説〉田野大輔
206889-6

チ-2-1
第二次大戦回顧録 抄
チャーチル
毎日新聞社 編訳
ノーベル文学賞に輝くチャーチル畢生の大著のエッセンスをこの一冊に凝縮。連合国最高首脳が自ら綴った、第二次世界大戦の真実。〈解説〉田原総一朗
203864-6

S-22-1
世界の歴史1 人類の起原と古代オリエント
大貫良夫／前川和也／渡辺和子／屋形禎亮
人類という生物の起原はどこにあるのか。文明はいかに生まれ発展したのか。メソポタミアやアッシリア、エジプトなど各地の遺跡や発掘資料から人類史の謎に迫る。
205145-4

S-22-2
世界の歴史2 中華文明の誕生
尾形　勇
平勢隆郎
古代史書を繙き直す試みが中国史を根底から覆す。甲骨文から始皇帝、項羽と劉邦、三国志の英傑まで、沸騰する中華文明の創世記を史料にもとづき活写。
205185-0

S-22-3
世界の歴史3 古代インドの文明と社会
山崎元一
ヒンドゥー教とカースト制度を重要な要素とするインド亜大陸。多様性と一貫性を内包した、インド文化圏の成り立ちを詳説する。
205170-6

S-22-4
世界の歴史4 オリエント世界の発展
小川英雄
山本由美子
ユダヤ教が拡がるイスラエル、日本まで伝播したペルシア文明、芸術の華開くヘレニズム世界。各王朝の盛衰を、考古学の成果をもとに活写する。
205253-6

S-22-5
世界の歴史5 ギリシアとローマ
桜井万里子
本村凌二
オリエントの辺境から出発し、ポリス民主政を成立させたギリシア、地中海の覇者となったローマ。人類の偉大な古典となった文明の盛衰。
205312-0

S-22-6
世界の歴史6 隋唐帝国と古代朝鮮
礪波　護
武田幸男
古代日本に大きな影響を与えた隋唐時代の中国、そして古代朝鮮の動向と宗教・文化の流れを描き、密接にかかわりあう東アジア世界を新たに捉え直す。
205000-6

S-22-7
世界の歴史7 宋と中央ユーラシア
伊原　弘
梅村　坦
宋代社会では華麗な都市文化が花開き、中央アジアの大草原では、後にモンゴルに発展する巨大なエネルギーが育まれていた。異質な文明が交錯した世界を活写。
204997-0

S-22-8
世界の歴史8 イスラーム世界の興隆
佐藤次高
ムハンマドにはじまるイスラームは、瞬く間にアジア、地中海世界を席捲した。様々な民族を受容して繁栄する王朝、活発な商業活動、華麗な都市文化を描く。
205079-2

S-22-9
世界の歴史9 大モンゴルの時代
杉山正明
北川誠一
ユーラシアの東西を席捲した史上最大・最強の大帝国モンゴルの、たぐいまれな統治システム、柔軟な経済政策などの知られざる実像を生き生きと描き出す。
205044-0

S-22-10
世界の歴史10 西ヨーロッパ世界の形成
佐藤彰一
池上俊一
ヨーロッパ社会が形成された中世は暗黒時代ではなかった。民族大移動、権威をたかめるキリスト教、そして十字軍遠征、百年戦争と、千年の歴史を活写。
205098-3

S-22-11
世界の歴史11 ビザンツとスラヴ
井上浩一
栗生沢猛夫
ビザンツ帝国が千年の歴史を刻むことができたのはなぜか。東欧とロシアにおけるスラヴ民族の歩みと、紛争のもととなる複雑な地域性はどう形成されたのか。
205157-7

S-22-12
世界の歴史12 明清と李朝の時代
岸本美緒
宮嶋博史
大帝国明と、それにとってかわった清。そして、朝鮮半島は李朝の時代をむかえる。「家」を主体にした近世の社会は、西洋との軋轢の中きしみ始める。
205054-9

各書目の下段の数字はISBNコードです。978-4-12が省略してあります。

S-22-13
世界の歴史13 東南アジアの伝統と発展
石澤良昭
生田　滋
古来西洋と東洋の交易の中継地として、特色豊かな数々の文化を発展させた東南アジア諸国。先史時代から二十世紀までの歴史を豊富な図版とともに詳説。
205221-5

S-22-14
世界の歴史14 ムガル帝国から英領インドへ
佐藤正哲
中里成章
水島　司
ヒンドゥーとムスリムの相克と融和を課題とした諸王朝の盛衰や、イギリスの進出、植民地政策下での葛藤など、激動のインドを臨場感豊かに描き出す。
205126-3

S-22-15
世界の歴史15 成熟のイスラーム社会
永田雄三
羽田　正
十六、七世紀、世界の人々が行き交うイスタンブルとイスファハーンの繁栄。イスラーム世界に花咲いたオスマン帝国とイラン高原サファヴィー朝の全貌を示す。
205030-3

S-22-16
世界の歴史16 ルネサンスと地中海
樺山紘一
地中海から大西洋へ――二つの海をめぐって光と影が複雑に交錯する。ルネサンスと大航海、燦然と輝いた時代を彩る多様な人物と歴史を活写する。
204968-0

S-22-17
世界の歴史17 ヨーロッパ近世の開花
長谷川輝夫
大久保桂子
土肥恒之
宗教改革と三十年戦争の嵐が吹き荒れたヨーロッパ、そしてロシア。輝ける啓蒙文化を背景に、大国へと変貌してゆく各国の興隆を、鮮やかに描きだす。
205115-7

S-22-18
世界の歴史18 ラテンアメリカ文明の興亡
高橋　均
網野徹哉
インカの神話的社会がスペイン人と遭遇し、交錯する文化と血が、独立と自由を激しく求めて現代へと至る。蠱惑の大陸、ラテンアメリカ一万年の歴史。
205237-6

S-22-19
世界の歴史19 中華帝国の危機
並木頼寿
井上裕正
香港はいかにして植民地となったのか。十九世紀、アヘン戦争前後から列強の覇権競争と国内動乱に直面しながら「近代」を探った「中華帝国」の人々の苦闘の歩み。
205102-7

S-22-20
世界の歴史20 近代イスラームの挑戦
山内昌之
十九世紀、西欧の帝国主義により、イスラーム世界は危機に陥る。明治維新とも無縁ではない改革運動と近代化への挑戦の道を、現代の民族問題と繋げて捉える。
204982-6

S-22-21
世界の歴史21 アメリカとフランスの革命
五十嵐武士
福井憲彦

世界に衝撃をあたえ、近代市民社会のゆく手を切り拓いた二つの革命は、どのように完遂されたのか。思想の推移、社会の激変、ゆれ動く民衆の姿を、新たな視点から克明に描写。

205019-8

S-22-22
世界の歴史22 近代ヨーロッパの情熱と苦悩
谷川 稔／北原 敦
鈴木健夫／村岡健次

流血の政治革命、国家統一の歓喜、陶酔をもたらす帝国主義、そして急速な工業化。自由主義の惑いのなか、十九世紀西欧が辿った輝ける近代化の光と闇。

205129-4

S-22-23
世界の歴史23 アメリカ合衆国の膨張
紀平英作
亀井俊介

南北戦争終結後、世界第一の工業国へと変貌した合衆国。政党政治の成熟、ダイナミックな文化の発展を経て、第一次世界大戦に至るまでを活写する。

205067-9

S-22-24
世界の歴史24 アフリカの民族と社会
福井勝義
赤阪 賢
大塚和夫

三十六億年の歴史と、人類誕生の謎を秘めたアフリカ。人類学の成果を得て、躍動する大陸の先史時代から暗黒の時代を経た現在までを詳述する。

205289-5

S-22-25
世界の歴史25 アジアと欧米世界
加藤祐三
川北 稔

人間の限りない欲望を背景にして人、物、金が世界を巡り、アジアと欧米は一つの世界システムを構成していく。海洋を舞台に、近代世界の転換期を描く。

205305-2

S-22-26
世界の歴史26 世界大戦と現代文化の開幕
木村靖二
柴 宜弘
長沼秀世

世界恐慌の発信地アメリカ、ヒットラーが政権を握ったドイツ、スターリン率いるソ連を中心に、第二次世界大戦前の混迷する世界を描く。

205194-2

S-22-27
世界の歴史27 自立へ向かうアジア
狭間直樹
長崎暢子

反乱、革命、独立への叫び。帝国主義列強の軛から逃れ、二度の世界大戦を経て新しい国づくりに向かうアジアの夜明けを、中国、インドを中心に綴る。

205205-5

S-22-28
世界の歴史28 第二次世界大戦から米ソ対立へ
油井大三郎
古田元夫

第二次世界大戦の勃発、原爆投下、植民地独立、冷戦時代の幕開け、ベトナム戦争に介入したアメリカの敗北——激しく揺れ動く現代史の意味を問う。

205276-5

各書目の下段の数字はISBNコードです。978－4－12が省略してあります。

S-22-29
世界の歴史29　冷戦と経済繁栄　猪木武徳／高橋　進

二十世紀後半、経済的繁栄の一方、資本主義と共産主義の対立、人口増加や環境破壊など、かつてない問題が生まれていた。冷戦の始まりからドイツ統一まで。

205324-3

S-22-30
世界の歴史30　新世紀の世界と日本　下斗米伸夫／北岡伸一

グローバリズムの潮流と紛争の続く地域問題の間で、新世紀はどこへ向かうのか？　核削減や軍縮・環境問題・情報化などの課題も踏まえ、現代の新たな指標を探る。

205334-2

し-9-10
エロティシズム　澁澤龍彦

動物のそれと違い「快楽の欲求」に動かされる「人間の性的活動」。芸術や宗教の根柢に横たわる狂気の世界を渉猟し冒険した軌跡。〈解説〉巖谷國士

206454-6

し-9-11
エロス的人間　澁澤龍彦

「太古の闇のなかの恐怖をそのまま現代に持ってきたかのような、社会生活をおびやかす暗い力」即ちエロティシズムへの考察。〈解説〉諏訪哲史

206455-3

し-9-12
サド侯爵の生涯　新版　澁澤龍彦

神をも恐れぬ性の饗宴に耽溺し、社会と良識に挑戦した十八世紀フランスの貴族、サドの真実を捉えた画期的評伝。〈解説〉出口裕弘〈巻末エッセイ〉三島由紀夫

206918-3

し-9-9
少女コレクション序説　澁澤龍彦

「可憐な少女をガラス箱にコレクションするのは万人の夢であろう」。多くの人々が「少女」に抱いた情熱にまつわる思索。〈巻末エッセイ〉朝吹真理子

206432-4

ち-8-12
給仕の室《へや》　日本近代プレBL短篇選　中央公論新社編

日本近代文学において「男性間の愛と絆」はどのように描かれてきたのか。国木田独歩から山本周五郎まで十五篇を精選。文庫オリジナル。〈解説〉佐伯順子

207247-3

な-77-1
長野まゆみの偏愛耽美作品集　長野まゆみ編

三島由紀夫、横溝正史、塚本邦雄……編者が10代で出会った耽美作品から、小説、随筆、詩歌を精選。美と幻想の世界へ誘う26作。全作に編者コメント付き。

207182-7